KB157682

韓國史研究叢書 88

은혜를 갚는 이야기

# 보훈의 역사와 문화

김종성

국학자료원

## 저자의 말

이 책은 나라를 위해 헌신한 사람들의 은혜를 갚는 이야기다. 동서양을 불문하고 전쟁을 통하여 많은 희생자가 발생했지만 그들의 은혜를 갚는 다는 것은 쉬운 일이 아니었다. 보훈을 하는 것은 또 다른 전쟁이었다. 그 것은 산악이나 들판이 아니라 정부와 당사자 사이의 싸움이었고, 무관심과의 싸움이었다. 당연히 해야 할 보훈을 하는데 있어서 무슨 전쟁을 운운하며 어려움을 얘기하는가 할지 모르지만 그렇지 않다. 그 안을 들여다보면 많은 갈등과 사연을 간직한 지극히 역동적인 과정임을 알 수 있다.

일찍이 전제 왕조국가가 성립되었던 중국에서는 나라를 위해 공을 세운 유공자에게 주는 은상恩賞제도가 발달해 있었고, 그와 관련된 내용을 개략적으로 나마 파악할 수 있다. 그러나 유럽 국가에서는 그렇지 못하다. 고대국가에서 보훈의 흔적을 발견할 수 있지만 구체적 내용을 파악하기란 매우 어렵다. 대부분의 자료가 보훈 제도가 본격적으로 시행된 근대 국민국가 이후의 것이다. 그렇다 보니 보훈의 역사를 정리한 자료는 거의 없을 뿐만 아니라 있다 치더라도 매우 단편적이고 외형적인 모습만을 보여줄 뿐이다. 그렇기 때문에 역사적 배경과 그것이 갖는 정치적 의미, 관련 집단 간의 갈등과 같은 역동성을 이해하기란 대단히 어렵다.

선진국들은 이른바 '보훈 정치'를 통하여 국민의 결속과 통합을 추구하고 있다. 나라를 위한 헌신 봉사와 보훈이 서로 상승작용을 하면서 노블레스 오블리주의 국민정신을 확산해 나가고 있다. 그런 면에서 보면 우리나라는 아직 부족한 점이 많다. 보훈의 역사를 돌이켜 보면 우리나라는 보훈의 실패가 적지 않았다. 더구나 우리 사회는 공적 헌신에 대한 관념이 갈수록 약화되고 평가절하되고 있다. 더 이상의 보훈의 실패는 미래를 어둡게 한다.

저자는 30여 년간 보훈하는 현장에 있었다. 우리나라의 발전 과정이 그랬듯이 보훈에 있어서도 대단히 중요한 시기였다. 보훈은 늘 우선순위에서 밀려 경제사회의 변화를 따르지 못했다. 그래서 오랫동안 망각과 무관심 속에서 음지에 머물러 있어야 했다. 비단 보상 수준만이 아니라 국민들의 관심에서도 국가유공자들의 자긍심에서 그랬다. 수많은 갈등구조 속에서 '원칙 없는 보훈', '땜질 보훈'이라는 비판도 들어야 했다.

사마천은 사기열전에서 숙손통叔孫通의 정치를 빗대어 "참으로 곧은길은 굽어보이는 법이다."라는 말을 남겼다. 가까이서 보면 삐뚤삐뚤하고 굽은 것 같아도 멀리서 보면 곧게 보이고 또 아름답기까지 하다. 가장 현실적인 것이 가장 이상적인 것일 수도 있다고 말하면 지나친 합리화일까? 이제 보훈은 음지에서 벗어나 양지에 들어야 한다. '애국심 있는 정치'가 '보훈의 성공'으로, '보훈의 성공'이 우리 사회를 '명예 존중의 건강한 사회'로 이어지는 선순환 구조를 만들어 내야한다.

이 책은 공동체를 위하여 헌신한 사람들과 그들의 은혜를 갚고 명예를 지키기 위하여 애쓰는 이야기를 담고 있다. 보훈 정책과 제도의 변화 과정에는 많은 사연이 숨어 있다. 기관에서 발행하는 백서나 역사 자료집이 있기는 하지만 대개 어떤 제도나 사업의 변화와 같은 표면적인 것을 담고 있을 뿐이다. 그렇기 때문에 그것이 이뤄진 배경이나 노정된 갈등의 조정과 같은 이면사는 잘 알려지지 않은 채 묻혀 있는 경우가 많다. 어쩌면 그것이 진실에 가까울 수 있는데도 말이다. 보훈의 흐름을 전후의 맥락 속에서 전체적으로 이해하는 것은 대단히 중요한 일이다. 이 책은 그 같은 요구에 부응하여 동서양에서 이뤄진 보훈의 역사적 뿌리와 문화를 찾아서 정리하고, 우리나라 보훈 정책이 걸어온 과정을 몇 가지 핵심 사례를 중심으로 풀어보며, 앞으로 나아가야 할 길을 물어보는 순서로 구성됐다. 다만, 우리나라 보훈 정책을 언급한 부분은 저자가 경험했던 것을 위주로 했지만 전후 맥락상 꼭 필요한 경우는 관련 자료에 의하여 보충하였다. 이 밖에도 더 중요한 테마가 있을 수 있지만 어디까지나 직접 수행했거나 경험했던 사실을 중심으로 다루고 있다는 것을 덧붙여 말씀드린다. 또한 이 책에는 중요한 부분이 누락되었거나 부정확한 부분이 있을 수 있다. 이 분야에 대한 새로운 연구의 시작이 되기를 기대한다.

2012년 10월, 김종성 씀

# 차례

# 제2부 대한민국 보훈리포트

# 은혜를 갚는다는 것

만리 길 나서는 날
처자를 내맡기며
맘놓고 갈 만한 사람
그 사람을 그대는 가졌는가

(함석헌, 「그 사람을 가졌는가」 중에서)

돌아올 것을 기약할 수 없는 전장으로 떠나면서 가족을 마음 놓고 맡겨도 좋을 그런 나라를 가졌는가? "그렇다."라고 말할 수 있는 나라, 그런 나라에서 국민들은 나라를 위하여 헌신한 사람들의 명예를 존중하고 역사의 주인공으로 현창한다. 사회 지도층은 스스로 양보하고 절제하며 희생하는 마음이 일상화되어 있다.

　우리의 젊은이들이 어떤 전쟁이라도 기꺼이 봉사하겠다는 마음을 갖게 하는 것은 그것을 어떻게 정당화할 수 있는가에 달려 있는 것이 아니라, 이전의 전쟁에 나갔던 군인들이 국가로부터 어떻게 대접받고 또 감사받았는지, 그것을 인식하는 정도에 직접적으로 비례한다.

독립전쟁을 승리로 이끌고 미합중국을 탄생시킨 조지 워싱턴 대통령이 남긴 말로 알려지고 있다. 나라 위한 헌신과 그에 따른 보답이 국민과 국가 사이에 변치 않는 믿음으로 존재할 때 국가도 튼튼하고 사회도 건강한 법이다. 보은의식, 즉 은혜를 입으면 갚아야 한다는 관념은 예로부터 존재해 왔다. 설원說苑에는 이런 구절이 있다. "가지는 그 뿌리를 잊을 수 없고 덕을 입었을 때에는 그 보답을 잊어서는 안 되며, 이로움을 보면 자신을 해칠 것이 아닌가를 반드시 염려해야 한다(枝無忘其根 德無忘其報 見利必念害身)." 『채근담菜根譚』에도 이와 비슷한 구절이 있다. "남에게 도움을 준 공이 있으면 생각하지 말아야 하고, 나에게 허물이 있으면 반드시 생각해야 한다. 남에게 은혜를 입었으면 잊지 말아야 하고, 원한이 있으면 잊어야 한다(我有功於人不可念 而過則不可不念 人有恩於我不可忘 而怨則不可不忘)."

보상이라 할 때는 대개 '도울 보補' 자를 쓴다. 그러나 '보은'이라 할 때는 반드시 '갚을 보報' 자를 쓴다. 그만큼 '보은'에는 개인의 덕성이나 윤리를 강조하는 의미가 강하게 내포돼 있다. 은혜를 갚는다는 것은 개인과 개인, 개인과 공동체 사이에는 물론이고 국가와 국가 사이에도 있다. 심지어 충견이나 반포보은反哺報恩의 이야기에서 보는 것처럼 사람과 동물, 동물과 동물 사이에도 존재한다. 그만큼 원초적 감정과 관련이 있는 행위라는 것이다. 사기의 자객열전에 등장하는 형가나 예양 같은 인물은 자기를 알아주는 것만으로도 목숨을 내놓는다. 전국시대 맹상군 전문은 제齊나라 사람으로 진秦나라에 초빙되어 재상으로 있었지만 의심을 사서 죽게 되었다. 마침 식객 중에 도둑질 잘하는 사람과 닭울음소리를 잘 내는 사람이 있어 진나라를 탈출할 수 있었고 나중에 전국시대 사군四君의 한사람으로 성장할 수 있었다. 이 계명구도鷄鳴狗盜의 고사는 남에게 은혜를 베풀면 언젠가 돌아온다는 것을 잘 보여 준다. 그러나 이런 것들은 개인적 의리에서 비롯된 보은이라 할 수 있다.

국가와 개인 사이의 헌신과 보은의 관계는 국가의 발생과 더불어 시작되었다. 문헌상으로 보면 주周나라 때부터 보은의 기록들이 보인다. 주나라 말, 열국들이 쟁패하던 전국시대에는 보은은 강병을 육성하기 위한 핵심전략의 하나였다. 통일 전제국가가 확립된 뒤에는 황제와 나라에 대한 충성을 담보하기 위한 치국의 원리였다. 그리고 유교적 전통이 확립되면서부터 인간적 수양과 처세의 지침으로, 공동체의 윤리로 자리 잡게 되었다.『논어論語』의 "이로운 것을 보거든 의로움을 생각하고 위태로운 것을 보거든 목숨을 주라(見利思義 見危授命)."는 공동체에서 개인이 가져야 할 도덕적 의무를 나타내는 대표적 경구라 할 수 있다.

국민 개개인이 그가 속한 공동체를 위하여 희생하고 헌신하는 것에 보답하기 위하여 국가가 행하는 보은 행위를 보훈報勳이라 한다. 보훈이 여타의 보은 행위와 다른 점은 국가 공동체와 그 성원이 지녀야 할 가장 기본적이고 윤리적 책임이라는 것, 반드시 갚아야 할 공통의 부채라는 것, 공동체가 발전하면 할수록 더 큰 부채 의식을 가져야 하고 더 잘 보답해야 할 무한적 책임이라는 것, 물질적 보답에서 끝나는 것이 아니라 그 희생과 공헌의 가치를 애국정신의 귀감으로 존중하고 계승하며 정체성으로 받아들여야 할 역사적 책임이라는 것에 있다.

사실 보훈이라는 말은 우리나라에서 처음 만들어 쓴 말이다. 보훈 이전에는 일본에서 쓰는 원호援護라는 말을 사용했다. 보훈은 물질적인 것뿐만 아니라 정신적인 것을 포함한다. 한 국가에서 보훈이 잘 이루어지기 위해서는 보훈 의식이 내면화돼 있어야 한다. 보훈 의식은 나를 대신하여 희생함으로써 나의 안위를 지켜준 다른 성원들에게 빚을 지고 있다는 부채 의식의 다른 표현이다. 그렇기 때문에 한 나라의 보훈 문화는 국민의 부채 의식의 정도에 좌우될 수밖에 없다. 부채 의식은 '기억함'에서 출발한다.

<미국 버지니아주 '루레이동굴' 안에 설치되어 있는 전사자 명비銘碑>

미국 버지니아의 루레이 동굴 깊은 곳에는 이 마을 출신으로 참전하여 전사한 장병들의 이름이 동판에 새겨져 있다. 호주에서는 전국 250개 소에 설치된 재향군인클럽(RSC)에서 매일 오후 6시에 'Lest We forget!'이라는 구호와 함께 묵념을 한다. Memorial Day나 Remembrance Day가 의미하는 것처럼 국가가 있는 한 결코 잊지 않겠다는 것이다.

꽃피고 바람 잔 우리들의 그날,
나를 잊지 마셔요.
그 음성 오늘 따라

더욱 가까이에 들리네
들리네.

(김춘수,「물망초」중에서)

기억하고 추모한다는 것은 어쩌면 물망초의 꽃말이 전하는 것처럼 자신을 잊지 말아달라는 간곡한 호소에 대한 살아남은 이들의 대답인지 모른다. 평화와 행복을 누리고 있을 때일수록 자신들을 기억해주기를 바라는…….
지금 국가보훈처는 '나라 사랑 큰 나무' 배지 달기 캠페인을 벌이고 있지만 실은 2000년대 초반 '물망초 꽃'을 보훈의 상징으로 검토한 적이 있다. '우리가 잊지 않겠다는 것'과 '나를  잊지 말아달라는 것'은 다르지 않을까 하는 생각에서 좀 더 검토하기로 했었다. 그런데 최근 한 납북자 단체에서 이것을 사용한다는 소식을 접하고 그들의 애절한 마음을 잘 표현하는 상징이라는 생각이 들었다.

보훈은 자신이 속한 국가 공동체에 대한 자긍심과 애착심에 근거하여 자발적으로 헌신, 봉사하고자 하며, 그 과정에서 입은 희생을 기억하고 정당하게 평가하며, 보답에 대한 확고한 믿음을 통하여 강한 국민을 만들고 명예 존중의 국민정신이 뿌리내리게 함으로써 국가 공동체의 영속적 발전을 도모하는 기제라 할 수 있다.

국가를 위하여 희생한 사람들에 대한 보훈의 유형적 형태를 보상報償이라 한다. 보상報償은 또 다른 보상補償이나 배상賠償과는 역사적으로나 법률적으로나 차이가 있다. 우리 선조들은 이들 용어를 각각 다른 뜻으로 사용했을까? 조선왕조실록을 보면 보상報償은 은혜 또는 빚을 갚는다는 뜻으로, 보상補償은 보탠다는 뜻으로 쓰였다는 것을 확인할 수 있다. 현재의 법규를 보면 보상補償은 인명이나 재산상 손실을 메워주는 것을, 배상賠償은 불법행위에 대한 책임을 의미한다. 이에 비해 보상報償은 보훈관계 법에서 유일하게 사용되어 온 말로서 불법행위 책임이나 손실보상과 달리 국가를 위한 희생과 공헌에 보답한다는 도덕적 책임이라는 의미가 담겨 있다.

우리나라에서 보상이라는 말이 법률 용어로 쓰인 것은 1961년 「군사원호보상법」이 처음이다. 일본에서 은급恩給이나 부조扶助, 중국에서 무휼撫恤 등의 용어가 사용되었음에 비하여 사려 깊은 선택이었다. 은급은 천황제 국가에서 주는 은혜로운 급여

報恩
報償 補償
援護 報勳 撫恤
compensation
benefits

를 말하며, 무휼은 불쌍히 여겨 위로하고 도움을 준다는 뜻이 아닌가. 용어가 전부는 아니지만 여전히 전근대적 관념에서 탈피하지 못하고 있음을 엿볼 수 있다.

그러나 이러한 보상報償 개념에도 약점은 있다. 국가를 위한 희생에 대한 보답은 법적 책임 이상의 도덕적 책무로서 최고 수준의 보답은 당연한 것이지만 현실에서는 불충분하거나 또는 갚지 못해도 할 수 없다는 모호함이 숨어 있기 때문이다. 이 때문에 개인과 공동체 사이에는 보훈을 둘러싸고 갈등과 긴장이 존재해왔다. 이 책이 풀어가야 할 숙제가 바로 여기에 있다.

# 제1부
# 역사 속의 보훈이야기

# 여섯 가지 공(功)

지금은 공훈功勳이라는 말이 더 많이 사용되지만 원래는 훈공勳功이었다. 예로부터 훈과 공은 관념적으로나 제도적으로나 차이가 있었다. 훈이 왕조의 사직과 관련된 아주 특별한 업적이라면 공은 국가나 백성을 위한 업적으로서 보다 넓은 개념이다. 훈은 외적을 격퇴하거나 반란을 수습함으로써 왕조의 사직을 지키는데 큰 공을 세운 것을 말한다. 원훈元勳, 훈벌勳伐, 훈신勳臣, 훈작勳爵 등에서 보는 바와 같이 훈은 최상위의 개념이었다. 이런 것은 '훈적을 새겨 남긴다(銘記勳績).'라 쓴 고구려 광개토대왕의 비문을 통해서도 확인할 수 있다.

은(殷·商과 같다)나라에 무상懋賞이라는 제도가 있었다고 하지만 구체적인 내용이 전하는 것은 주周나라의 사훈司勳이 처음이다. 주의 관제를 정한 주례周禮를 보면 사훈이라는 기관이 나온다. 하관夏官 사마정관司馬政官職 70개 중의 하나였다. 사훈에는 사훈 상사上士 2인, 하사下士 4인, 부

府 2인, 사史 4인, 서胥 2인, 도徒 20인 등 34인을 두었고, '유공자'를 훈勳, 공功, 용庸, 노勞, 력力, 다多 등 여섯 가지로 정하고 있었음을 알 수 있다. 오늘날로 말하면 정부의 포상업무와 국가유공자에 대한 보훈 업무를 담당하는 부서였다고 할 수 있다.

<주례의 사훈 관련 부분>

> 사훈은 그 공에 따른 등급에 의하여 육향의 땅을 상으로 주는 법을 관장한다. 왕에 대한 공을 훈(勳), 나라에 대한 공을 공(功), 백성에 대한 공을 용(庸), 일에 대한 공을 노(勞), 다스림에 대한 공을 력(力), 전쟁에 대한 공을 다(多)라 한다. 모든 유공자의 이름을 왕의 대상(大常·깃발)에 써서 대증(大烝)의 제사에서 사훈이 신에게 아뢴다.

'勳' 자는 원래 '勛'의 자형으로 갑골문에서는 🐾, 금문에서는 🐾의 형태였다가 전서篆書에 와서 지금의 자형 '勛'으로 바뀌게 되었다 한다. '勛'은 솥(鼎)의 정면을 상형한 '員'과 팔의 근력을 상형한 '力'을 합한 형성자로서 '임금을 위한 봉직' 또는 '임금을 위한 공적'을 뜻한다. 전국 구정九鼎의 이야기에서 볼 수 있는 것처럼 솥은 천자를 상징하는 것이었다. 솥을 만든다는 것은 전쟁이 끝나 무기를 거두어들인다는 뜻, 지배권이 확립되었다는 뜻이 있다. 한 개의 솥을 움직이는데 수만 명의 힘이 필요했다고 하니 '勛'은 곧 임금을 위한 공적이라 할 만하다. 왕궁에 가면 대전 양측에 세워놓은 구리 솥을 볼 수 있는데 이것은 전국 구정의 유풍이라 할 수 있다.

임금을 위해 세운 공을 나라를 위해 세운 공보다 상위에 올려놓는 것은 오늘날의 시각으로 보면 이해가 잘 안 가지만 당시 통치구조와 관련이 있다. 기원전 12세기 은나라 말 폭군 주왕을 몰아내고 들어선 주 왕조 초기에는 여러 제후국을 통할하면서 왕실을 반석에 올려놓는 것이 최우선 과제였다. 주 왕실에 대한 공이 우선이고 제후국에 대한 것은 그 뒤였다. 그래서 왕을 위해 세운 공로를 훈勳이라 하고 그 예로서 주공

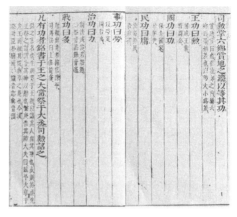

<주례의 육공과 그에 대한 주석>

단旦이 성왕을 보좌한 공이 그와 같다고 했다. 주공은 주나라를 세운 무왕의 동생으로서 조카인 어린 성왕을 보필하여 숙부로서, 신하로서, 제후로서 도리를 다했다. 앞에서 본 주례가 주공 단에 의하여 편찬되었다고 전할 정도로 새로운 나라의 기틀을 닦은 주인공이다. 이후 중국에서 왕권을 둘러싸고 반란과 찬탈의 역사가 반복되었지만 그 같은 주공의 처신은 후인들의 칭송을 받아왔다.

　비근한 예로 단종 3년(1455년) 1월, 수양대군을 정난 1등 공신에 책봉하면서 "아아! 경은 주공周公의 훌륭한 재질이 있고, 또 주공의 큰 공을 겸하였고, 나는 성왕成王의 나이의 어림으로 또 성왕의 다난多難함을 만났다. 이에 성왕이 주공에게 책임하는 것으로써 숙부에게 책임 하였으니, 마땅히 주공이 성왕을 돕는 것으로 과궁寡躬을 도와서 위와 아래가 서로 닦으면 무슨 근심을 구제하지 못하랴. 그대의 충성과 공렬을 돌아보니 의지함이 실로 깊다."는 하교가 단종실록에 보인다. 그러나 단종의 기대와 달리 수양대군은 주공으로 남지 못했다.

공功은 나라를 보존하고 안정시킨 공로를 말하는 것으로서 탕湯을 도와 은나라를 창업하고 3대를 보좌했던 명 제상 이윤伊尹이 그와 같다. 용庸은 민생을 잘 돌보았다는 공로를 말하는 것으로서 주나라의 시조 후직后稷이 그에 해당한다. 후직은 요임금의 농관이 되어 백성을 위하여 농경을 크게 발전시켜 농경의 신으로 받들어지고 있다. 노勞는 일에 진력함으로써 나라를 안정시킨 공로를 말하는 것으로서 우임금이 이에 해당된다. 우는 황하의 치수에 성공한 공로로 순임금의 선위를 받아 중국 최초의 세습왕조인 하

<설문해자주의 勳>　<설문해자주의 勛>

夏나라를 열었다. 물길을 막는 방법이 아니라 물길을 만드는 방법으로 치수에 성공했다는 것은 지금도 역발상의 사례로 거론될 정도로 유명한 이야기다. 력力은 법을 세워 백성을 잘 다스린 공로를 말하는 것으로서 순임금 때 형법을 담당하는 사士를 맡아 백성들이 편안하게 생업에 종사할 수 있도록 하는 통치의 기본을 세운 구요咎繇와 같은 공을 말한다. 고요皐繇라고 더 잘 알려진 구요는 자신의 공에도 불구하고 순임금이 죽자 우禹를 적극 추천하여 새 왕조를 여는데 기여했다. 다多는 적을 토벌한 공로로 초한전쟁 때 유방을 도와 한漢왕조를 세운 한신이나 진평의 공과 같은 것을 말한다.

이와 같이 주나라에서는 일찍이 유공자와 공훈의 종류를 여섯 가지를 분류하고 있다. 마치 오늘날 여러 유형으로 구분돼 있는 국가유공자의 원형을 보는 것 같다. 물론 당시에 국가는 제후국이나 소국을 뜻했기 때문에 지금의 '국가유공자' 개념과는 차이가 있다. 왕은 주나라에만 있었고 각 지역을 맡아 다스리던 제후국에는 공이 있었을 뿐이었다. 이런 전통은 계속되어 주 왕실의 통치력이 현저히 약화된 전국시대조차도 초楚를 제외하고는 왕을 칭하지 않았다. 이런 연유로 "왕을 위한 공을 훈勳이라 한다."는 최고의 개념이 성립될 수 있었던 것이다.

오늘날 흔히 사용하는 공훈, 공로, 노력 등의 말들도 알고 보면 오랜 연원이 있음을 알 수 있다. 이제 봉건시대에 만들어진 훈과 공의 구분은 없어졌지만 훈이 가지고 있었던 최고의 공로라는 의미는 지금도 여전히 유지되고 있다. 정부업무에서 사용되고 상훈, 서훈, 훈장 등의 용어가 그것이다. 훈장의 종류가 공로의 성격과 내용에 따라서 다양하고 또 공로의 경중에 따라 여러 등급으로 차등화되어 있는 것 역시 그렇다.

# 부국강병의 길

　　춘추전국시대는 패도가 극에 달했던 시대였다. 가히 백가쟁명이라 할 정도로 많은 제자백가들이 나타나 저마다 전란을 종식하고 평화를 되찾기 위한 치국의 도를 설파했다. 그 중에서도 관중, 오기, 상앙, 한비자, 이사를 비롯한 법가는 부국강병의 길을 법치에서 찾았다. 주周나라의 통치는 예치를 주로 하고 법치를 종으로 하여 '주왕—제후—경·대부—사'에 이르는 지배층에는 예로써, 서인과 백성에는 법으로써 사회질서를 유치하고자 했다. 그러나 주나라가 점차 쇠퇴하고 사회가 어지러워지자 법치의 중요성이 더 절실해졌다. 이에 따라 법술과 상벌을 아울러 중시하는 법가들을 중용하게 된다. 이때 변방의 후진국 진秦나라를 부국강병으로 이끌어 천하통일의 기초를 닦은 인물이 상앙商鞅이다. 상앙은 사기 상군열전商君列傳에 기록될 정도로 전국시대의 탁월한 정치가였다. 상앙만큼 여러 이름을 가진 사람도 드물다. 공손앙公孫鞅이 원래 이름이지만 위衛나라의 공족 출신이라서 위앙衛鞅으로 불렸다. 진나라에서 상商이라는 지방을 봉지로 받았기 때문에 상앙이나 상군이라는 이름이 더 널리 알려졌다.

상앙은 진 효공(재위, 기원전 361~338)에 의하여 등용되어 변법 개혁을 주도하게 된다. 호적제도, 오가작통법, 이십등작제, 군현제, 토지제도 및 세제 개편, 함양으로의 왕도 이전 등 많은 개혁정책을 추진함으로써 부국강병의 기초를 마련했다. 이 가운데 이십등작제二十等爵制는 녹봉·관직·작위 등을 군공의 정도에 일치시키는 제도로서 강병을 육성하는 데 가장 큰 역할을 했다. 군공의 정도에 따라 상급, 중급, 하급으로 나누어 병사나 서민도 하급의 작위를 받을 수 있게 했다. 작위를 받은 사람에게는 부역을 면제하고 논밭과 집을 내어주며 입직의 자격을 주고 노비를 하사하는 등의 특전을 주었다. 이에 따라 군공이 많으면 작위가 높고 그만큼 더 많은 영예를 누릴 수 있었다. 또한 상앙은 농업을 중시하고 상업을 억제하는 중농억상 정책을 실시했는데 이 역시 농촌의 장정을 육성하여 병력 자원을 예비하는 데 목적이 있었다.

상앙의 이런 정책이 성공할 수 있었던 것은 법을 어긴 태자에게까지 죄를 물을 정도로 신상필벌을 예외 없이 실행함으로써 신뢰를 얻을 수 있었기 때문이다. 물론 그의 뒤에는 변법에 대한 효공의 흔들림 없는 믿음과 후원이 있었다. 상앙은 "이 나무를 북문에 옮겨 놓으면 10금을 주겠다."고 공개적으로 약속했다. 그러나 선뜻 나서는 사람이 없었다. 다시 "50금을 주겠다."며 액수를 높였다. 그러자 나무를 옮기는 사람이 나타났고 그에게 어김없이 50금이 주어졌다. 이 '이목지신移木之信'의 고사에서 보는 바와 같이 상앙은 정책이 성공하기 위해서는 백성들의 믿음을 사는 것이 제일이라 보았다.

이와 같이 진나라는 왕족이나 귀족과 같은 기득권 계층을 배제하고 출신 성분과 무관하게 군공의 높고 낮음에 의하여 보상하는 20등급 봉작제도를 확립함으로써 단기간 내 최대 강국으로 부상할 수 있었다. 그도 그럴 것이 이전의 봉작제도는 상商나라 3작제, 주나라 5작제 등으로 되어 있었고 제후를 비롯한 일부 계층에 국한된 특권적 장치였다. 5작제는 우리 역사에서도 조선 초까지 사용되다가 그 숫자가 늘어나면서 점차 사라졌다고 한다. 유럽에서 귀족의 작위 역시 Duke, Marquis, Count(영국, Earl), Viscount, Baron 등 5작 제였다. 각각 공작, 후작, 백작, 자작, 남작 등으로 번역되고 있지만 명칭의 유래나 특권 등의 내용은 중국의 그것과 많이 달랐다.

# 아홉 가지 특권 1

## — 구석을 행하다

일찍이 전제왕권이 성립된 중국에서 황제는 절대 권력의 소유자였다. 공식 의례에서부터 일반 생활에 이르기까지 황제를 정점으로 위계질서가 확립돼 있었다. 황제는 황금수레를 타고 치도馳道라는 전용 도로를 다니며 황제의 이름을 부르는 것은 물론이고 이름과 같은 글자를 사용할 수도 없었다. 그러나 큰 공을 세운 제후나 신하에게는 은상恩賞으로서 황제에 버금가는 특권을 누리게 했다. 그렇지만 그것은 어디까지나 왕권을 강화하는 데 목적이 있었다.

<주례의 구명 관련 부분>

주周나라에는 구명九命이 있었다. 주례에 의하면 수직受職, 수복受服, 수위受位, 수기受器, 사칙賜則, 사관賜官, 사국賜國, 작목作牧, 작백作伯 등이다. 구

명에서 비롯되었다고 전하는 구석九錫은 황제가 내리는 최고의 은상이었다. 구석의 석錫 자는 하사한다는 사賜의 뜻도 있어 아홉 가지 특전을 내린다는 뜻이다. '구석'을 주었다는 기록은 기원전 128년 한서 무제기에 처음 나타난다.

"무릇 열 집의 작은 마을이라도 반드시 충신(忠信)한 자가 있으며, 세 사람이 함께 길을 가도 스승이 있다고 했다. 지금 혹시 모든 군(郡)에 이르러 한 사람이라도 천거하지 않는다면 교화가 아래로 미치지 못하고 많은 덕행을 쌓은 군자가 위로 올라올 길이 막혀 있는 것이다. 2천 석 관장(官長)은 기강과 인륜을 펴서 장차 어떻게 짐을 보필해 숨은 것을 밝히고 착한 뜻을 권하며 뭇 백성들을 단련해 향당의 가르침을 숭앙케 하겠는가? 또 현인을 나아가게 하면 높은 상을 받고, 현인을 감춰두면 드러내어 죽이는 것이 옛날로부터 법도이다. 2천 석 예관·박사들은 천거치 않은 자의 죄를 의논하라" 유사(有司)가 아뢰기를 "옛날에 제후가 공사(貢士)함에, 한 번 그런 이를 얻으면 이를 좋은 덕이라 하였고, 두 번하면 어질고 어질다하였으며, 세 번하면 공이 있다 하여 이에 구석(九錫)을 더해주었습니다."(한서 무제기, 원삭 원년 11월)

무제가 훌륭한 인재를 천거하라고 독촉하는 장면이다. 한나라에는 인재를 천거하는 공거貢擧제도가 있었다. 제후가 천자에게 인재를 바치는 것을 공사貢士라 하고 향리가 제왕에게 바치는 것을 거인擧人이라 했다. 후한시대 응소應劭에 의하면 구석은 거마車馬, 의복衣服, 악기樂器, 주호朱戶, 납폐納陛, 호분 백인虎賁百人, 부월鈇鉞, 궁시弓矢, 거창秬鬯 등이었다.

그러나 이것만으로는 구석을 주는 의미나 구체적 내용을 알기 어렵다. 자료들 마다 차이가 있어 명확히 이해하기 어렵지만 진수의 삼국지 위서 무제기의 기록이 가장 신빙성이 있는 것으로 보인다. 위서에 의하면 조조가 건안 18년(213년) 후한 마지막 황제 헌제로부터 10개 군을 하사받고 위공魏公에 책봉되어 구석을 받는 과정이 자세히 나와 있다. 조조가 의군을 일으킨 것은 조정을 바로잡고 국가를 안정시키기 위한 충정에서 비롯된 것임을 믿고 있던 순욱의 반대에도 불구하고 결국 위공의 위를 받아 삼국 가운데 최대 판도를 가진 위나라 창업의 길을 열었다. 책봉조서 가운데 구석 부분만 보자.

그대에게 구석을 주겠으니, 공경하는 마음으로 나의 명을 경청하라. 그대는 예법을 정리하고, 백성들을 위해 규범을 제정하여 그들이 안정되게 일하고 동요하려는 마음을 품지 않도록 하였다. 그러니 그대에게 대로(大輅)와 융로(戎輅)를 각각 한 대씩 내리고 수레마다 검은 흑마 여덟 필을 주겠다. 그대는 백성들이 서로 돕고 살도록 장려하고 농업의 진흥에 노력한 결과 농민들은 일에 힘쓰고 곡물과 비단은 쌓이고, 대업은 흥하게 되었다. 그

<한서 무제기의 구석 관련 부분>

러니 그대에게 곤면복(袞冕服 · 천자가 입는 옷과 관)과 적석(赤舄 · 바닥이 두 겹으로 된 붉은 신)을 주겠다. 그대가 겸양을 존중한 결과 백성들의 품행이 배양되고 연장자와 연소자 사이에 예의가 확립되고 상급자와 하급자가 화목하게 되었다. 그러니 그대에게 헌현(軒縣 · 제후의 집 3면에 걸어놓는 타악기)과 육일무(六佾舞 · 제후의 춤, 36명이 가로 세로 6열로 서서 춘다)를 주겠다. 그대가 풍속의 교화를 드높여 사방까지 널리 퍼뜨린 결과 먼 곳의 무례한 사람이 잘못을 뉘우치고 새로이 시작하였기에 나라는 강해지고 풍요로워졌다. 그러니 그대에게 주호(朱虎 · 천자만 살 수 있는 붉은 집)를 주어 살게 하겠다. 그대는 선왕의 지혜를 익히고 요임금과 순임금조차 행하기 어려웠다던 인재 선발을 잘 시행하여 재능 있는 자에게 관직을 주고, 현명한 사람을 임명하고, 선행이 있는 사람을 반드시 기용하였다. 그러니 그대에게 납폐(納陛 · 섬돌)

를 주어 전에 오르게 하겠다. 그대는 국가의 권력을 쥐고 엄정하고 공평하게 일을 처리하니, 만일 단 한 점의 악이라도 있다면 그대에게 척결하게 하겠다. 그러니 그대에게 호분(虎賁)의 용사 300명을 주겠다. 그대는 조정의 형벌을 삼가 신중하게 감독 관찰하여 죄 있는 자를 분명하게 밝히고, 나라의 기강을 범한 자를 주살했다. 그러니 그대에게 부(鈇)와 월(鉞)을 하나씩 주겠다. 그대는 용이 고개를 들고 호랑이가 보는 것처럼 팔방을 두루 살피고 토벌하여 천하의 적을 사라지게 했다. 그러니 그대에게 붉은 활 한 개, 붉은 화살 8개, 검은 활 10개, 검은 화살 1,000개를 주겠다. 그대는 온화함과 공경스러움을 기초로 하고, 효행과 우애를 도덕으로 삼았으며, 신의를 지키고 독실하며 충성스러운 태도로 짐의 마음을 감동시켰다. 그러니 그대에게 거창 술과 규찬(圭瓚·옥으로 만든 국자)을 주겠다.(김원웅 역, 「삼국지 위서」 중에서)

한서와 삼국지의 기록에 의거하여 구석을 하나하나 정리해보면 다음과 같다. 첫 번째, 거마는 행차시의 특전으로 말 여덟 마리가 끄는 수레를 탈 수 있는 특전이다. 거마를 내리는 것은 나라의 기틀을 바로 세웠다는 뜻이 있다. 큰 황금수레인 대로와 작은 병차인 융로가 한 대씩 주어졌다. 대로는 천자가 하늘에 제사 지낼 때 타는 수레를, 융로는 천자가 전쟁터에 나갈 때 타는 수레를 말한다. 삼국지 무제기에는 '검은 말 여덟 마리'로 돼 있지만, '검은 소 두 마리와 황마 8마리'라는 자료도 있다. 구석을 받는 시기와 사람에 따라 달랐기 때문이 아닌가 싶다. 두 번째, 의복은 왕의 복장을 말한다. 붉은 신발에 곤룡포를 입고 면류관을 쓰는 예복을 말한다. 백성의 생활을 윤택하게 했다는 뜻이 있다. 세 번째, 호분은 300명의 호위군을 붙여주는 것을 말한다. 악을 응징했다는 뜻이 있다. 삼국지와 달리 한서에는 1백 명으로 기록돼 있다. 네 번째, 악기는 헌현이라 불리는 타악기를 내려주어 관청이나 집에서 육일무라는 가무음곡을 허용하는 특전이다. 백성을 화목하게 했다는 뜻이 있다. 다섯 번째, 납폐는 원래 대전을 오르내릴 때 비를 맞지 않도록 하기 위하여 기단부를 파서 처마 안으로 만든 계단을 의미했다. 납폐는 황제 전용의 가운데 계단으로 오를 수 있는 한 특권을 말한다. 그 밖의 신료들은 당연히 좌, 우측 계단을 이용해야 했다. 대전의 문은 들고날 때도 마찬가지였다. 납폐를 주는 것은 나라의 동량이 될 좋은 인재를 발탁했다는 공에 보답하는 것으로서 신하를 후대한다는 뜻으로 전의되었다고 한다. 지금도 사찰의 본전이나 사당에 들어갈 때 가운데 길과 정문을 피하고 좌우측 길과 측문을 이용하게 하는 것도 그 같은 예법과 관련이 있다. 황궁의 계단뿐 아니라 황제가 탄 수레 길도 따로 있었다. 한 무제 때 황태자가 화급한 일로 황제 전용 도로인 치도로 달렸다가 음해를 당해 결국 자살에 이르는 사례도 있었다. 폐陛는 황제가 집무를 보는 정전의 섬돌을 말하는 것으로서 폐하陛下는 황제를 직접 부를 수 없어 섬돌 아래 시종을 부르던 말이었다. 여섯 번째, 주호는 천자처럼 홍색 대문과 붉은 집에 살 수 있도록 하는 특전을 말한다. 백성을 교화하고 미풍양속을 장려했다는 뜻이 있다. 일곱 번째, 궁시는 활과 화살을 하사하는 것으로서 고문서에는 대개 붉은 활 한 벌과, 붉은 화살 백 개, 그리고 검은 활 열 벌과 화살 3천 개로 나와 있다. 그러나 위에서 본 조조의 경우는 붉은 활 한 개, 붉은 화살 8개, 검은 활 10개, 검은 화살 1천 개로 돼 있다. 적을 물리친 공로를 기린다는 뜻이 있다. 여덟 번째, 부월은 큰 도끼와 작은 도끼 각 한 벌씩 내리는 것을 말한다. 죄지은 자를 응징하여 기강을 세웠다는 뜻이 있다. 아홉 번째, 거창은 제사 때 쓰이는 검은 수수로 빚은 술을 말한다. 옥으로 만든 국자인 규찬을 함께 내린다. 효도와 선행의 뜻이 있다.

이와 같이 구석은 황제에 준하는 특권을 주는 것이기 때문에 창업 공신이나 제후 등에게 주어지는 아주 특별하고도 귀한 은상이었다. 권력 기반을 강화하기 위하여 시행했던 것이었지만 오히려 왕권을 위협하는 수단이 되기도 했다. 구석을 요구하기도 했으며 왕권을 찬탈하고 새로운 나라를 여는 기회를 제공한 결과를 초래하기도 했다. 전한시대의 왕망을 시작으로 후한시대의 조조와 그 아들 조비, 위魏의 사마소 등이 그랬고 남북조시대를 거쳐 수隋나라에 이르기까지 비슷한 일이 끊이지 않았다.

조조가 위공과 구석을 받아 정권을 장악한 후 아들 조비가 제위를 찬탈하였지만 그 후손들 역시 실권자 사마씨에게 구석을 강요당한 끝에 종국에는 나라를 넘겨주어야만 했다. 이에 비해 촉蜀나라의 제갈량은 위나라를 멸망시킨 후에 받겠다며 구석을 사양했다고 한다. 이와 관련하여 조선왕조실록에 흥미로운 대목이 있다. 선조가 신하들과 통감강목을 진강하는 장면이다. 촉한정통론에 입각하여 조조를 비판하고 유비를 비롯한 촉한 창업 공신들의 인품을 기리고 촉의 멸망을 안타깝게 생각했던 당시 조정의 인식세계를 엿볼 수 있다.

> 조조의 갖은 악은 그만 두고라도, 그가 세 고을의 식호를 양보하면서 어찌 위왕의 봉작과 구석의 가급은 양보하지 않았을까. 이는 제 심술을 천하에 보인 것에 불과하다. 그렇다면 누구를 속일 것인가. 이는 하늘을 속인 것이다. (…) "사자(嗣子 · 유비의 대를 이을 아들)가 하잘 것 없다면 그대가 스스로 차지하라." 하였으니, 이 어찌 천하를 공공물로 여기는 마음이 아니겠으며 제갈량이 아니면 어찌 그 말을 들을 수 있었겠는가.

우리 역사에서 구석은 어떤 모습으로 나타났을까? 삼국시대에는 기록이 보이지 않는다. 다만, 삼국사기 열전을 보면 신라가 백제를 멸한 후 문무왕 8년(668년) 김유신에게 특별한 은상을 내리는데 그 내용이 구석과 비슷하다.

> "지금 유신이 할아버지, 아버지의 일을 계승하여 사직을 지키는 신하

가 되어 나가서는 장수가 되고 들어와서는 재상이 되어 그 공적이 많았다. 만일 공의 한 집안에 의지하지 않았더라면 나라의 흥망이 어떻게 되었을지 알 수 없다. 그의 직과 상을 어떻게 하면 좋겠는가?" 여러 신하들이 "참으로 대왕의 생각하심과 같습니다."고 하였다. "이에 태대서발한(太大舒發翰·太大角干과 같음)의 직위와 식읍 오백 호를 주었으며, 이어 수레와 지팡이를 하사하고 대궐에 오름에 있어서 몸을 굽히지 않도록 하였다."

고려 때는 현종 22년에 왕기에게, 예종 4년에 왕효에게 구석의 예를 했다는 기록이 고려사에 나온다. 조선시대에는 구석을 행한 기록이 보이지 않지만 정조가 쓴 '충무공 이순신 신도비문'에 그와 비슷한 내용이 나온다. 직접적 표현은 없지만 최고의 예우를 구석과 같은 것으로 이해하고 있었다는 것을 짐작할 수 있다.

살았을 제는 수레와 옷을 주어 영화롭게 하고 잔치를 베풀어 위무하고 음악을 널리 빛내며 죽은 뒤에는 다섯 솥의 융숭한 제물로 제사를 올리며 대대로 녹을 내려 봉양하게 하고 기폭에 공로를 새겨 밝은 빛과 아름다운 절개가 천지에 빛나고 산천에 짝하게 함으로서 호국하는 직책을 주관하고 백성에게 좋은 복을 입혀 주도록 함은 선왕들이 공신을 표창하는 바이다.

정조가 충무공을 존경하는 마음으로 쓴 비문의 앞부분이다. 임금이 신하의 비문을 쓴다는 것은 전례가 없는 일이었지만 정조는 이렇게 비문에 남기고 있다. "내 선조께서 나라를 다시 일으킨 공로에 기초가 된 것은 오직 충무공 한 분의 힘, 바로 그것에 의함이라 내 이제 충무공에게 특별한 비명을 짓지 않고 누구 비명을 쓴다 하랴." 충무공에 대한 정조의 사모하는 마음이 자심하기도 하지만 지금 시대의 호국보훈의 대강으로 삼아도 좋을 정도로 뜻이 깊다.

# 아홉 가지 특권 2

## ─ 이름을 내리다

    중국에서는 언어 그 자체에도 계급성이 있었다. 예를 들면 씨氏는 복희씨, 신농씨와 같이 가장 높은 자리에 있는 임금을 뜻하는 말이었지만 왕, 대왕, 황제 등의 더 권위적이고 신격화된 말로 대체되면서 씨는 평민의 것으로 절하됐다. 진시황 때 처음 사용된 '황제'는 '삼황三皇과 오제五帝'보다도 높은 존재라는 뜻이다. 민民도 마찬가지다. 처음에는 노예를 의미했지만 일반 백성을 통칭하는 말로 변화되었다 한다.

    중국적 전통에서는 이름도 하나의 은상이자 특권의 상징이었다. 훈공이 쌓일 때마다 봉작이나 품계, 직위 등이 늘어나 모두 나열하기도 어려울 정도였다. 그렇기 때문에 이름을 주는 것도 보훈의 모습일 수 있다. 아주 높은 훈공이 있으면 '불명의 예'라 하여 황제 앞에서도 관등과 이름을 대지 않을 수 있는 특권이 주어지기도 했다. 이름의 무게를 더해주는 것뿐만 아니라 황제를 편하게 대할 수 있도록 해주는 것도 특별한 예우였다. 말하자면 이름의 권위성이나 신비감 역시 위계질서의 하나로 활용했다는 것이다. 그래서 나라의 이름에서부터 임금이나 훈신들을 부르는 경칭, 심지어 지역 이름까지도 그런 의미를 내포하고 있었다. 그렇기 때문에 이름을 주는 것도 하나의 은상이며 보훈의 모습일 수 있다.

천자라는 말이 상징하듯 황제는 최고의 권위를 가진 신격화된 존재였다. 황제의 이름, 휘諱는 함부로 부를 수도, 다른 명칭으로 사용할 수도 없었다. 요녕성의 성도인 선양의 당안관에는 청 황실의 세보가 보관돼 있는데 역대 황제의 이름 위에 종이를 덧씌워 그냥은 볼 수 없게 돼 있다. 이름을 보거나 부르거나 또는 사용하는 것을 금기시한 것은 중국의 오랜 예법이었다. 진시황 영정嬴政의 '政' 자나 한고조 유방劉邦의 '邦' 자 등이 그것이다. 당 고조 이연李淵의 이름자와 같다고 하여 고구려의 연개소문淵蓋蘇文이 중국 사서에 천개소문泉蓋蘇文으로 기록되었다는 설이 있을 정도다.

황제의 이름뿐 아니라 공자의 이름 '구됴' 자도 마찬가지였다. 언덕 '됴' 자는 중국에서는 물론이고 우리나라도 함부로 쓸 수 없었던 시대가 있었다. 예컨대 대구大邱는 신라 경덕왕 때 지명의 한자화가 진행되면서 757년 달구화현이 대구大됴로 개칭되었고, 조선 정조 때 언덕 '됴' 자가 '邱' 자로 바뀌어 현재의 대구大邱로 되었다는 것이다. 청淸나라 옹정제 때 공자의 이름 '됴' 자를 쓸 수 없도록 교시하고 '邱' 자로 바꾸게 한 것이 그 유래라 한다. 감히 공자님 이름 '됴' 자를 지명에 쓸 수 있겠느냐는 것이었다. 그러나 그로부터 상당 기간이 지난 1780년을 전후하여 '大邱'로 된 것을 볼 때 아마 청의 간섭 때문이라기보다는 유학계 스스로 '됴' 자를 피하고자 했던 것으로 짐작된다. 영조 때에 어떤 유생이 '됴'를 사용하는 것이 불경스럽다는 상소를 올린 것이 발단이 되었다는 설이 있다. 조선왕조실록을 보면 '大邱'라는 지명은 1778년 정조 2년에 처음으로 등장하지만 이후 철종 때까지도 '大丘'와 같이 혼용되다가 고종 이후 쭉 '大邱'로 고착되었음을 알 수 있다.

제후국에서는 황제, 폐하, 짐과 같은 이름을 못 쓰게 하고 건축물의 크기도 제한했다. 요즘 우리 역사를 다룬 드라마에서는 흔히 '황제'나 '폐하'라는 경칭을 사용하고 있지만 언제까지 그랬는지는 알 수 없다. 사대교린을 표방했던 조선시대에는 어디까지나 '전하'였다. 폐하 아래 전하殿下, 나하摩下, 각하閣下, 절하節下, 합하閤下 등으로 계급화 되어 있었던 것이 중국의 위계질서였다. 물론 서양에도 Majesty, Highness, Excellency 등의 경칭이 있었다. 권위주의 시대 국가원수에 대한 경칭으로 사용되었던 '각하'도 알고 보면 왕조시대 장리長吏의 경칭에 불과했다. 요즘에도 가끔 언론을 통해 접하게 되는 각의閣議나 내각內閣 같은 용어도 알고 보면 왕조시대의 느낌이 강하다.

천자는 하늘에 제사를 올리지만 제후는 산천에 제사를 올리게 되어 있었던 것이 중국의 예법이었다. 그 때 제물로 바치는 희우犧牛나 희양犧羊에도 위계질서에 따른 차별이 있었다. 그뿐 아니라 문법에도 차이가 있었다. 황제에게 올리는 글을 표表라 하고 임금에 올리는 것을 소疏라 하여 차이를 두었다. 심지어 중국의 주변국들은 나라 이름까지도 마음대로 정할 수 없었다. 월남(越南·베트남)은 당초 국호를 남월南越로 정하고자 했지만 청淸나라의 간섭으로 포기해야 했다. 역사적으로 월越나라는 중국의 나라였으므로 '월의 남쪽'이라는 뜻으로 월남이나 안남安南을 강요했다는 것이다. 안남은 당唐나라가 고구려를 멸망시키고 설치했던 안동도호부와 거의 같은 시기에 설치했던 안남도호부에서 비롯된 이름이다.

# 향기로운 술

 혼히 유럽에서 술을 '신의 물방울'로, '악마의 유혹'으로 불러왔다. 행복감에 빠지게 하는 미약 효과와 함께 탐닉에 빠트리는 치명적 약점을 동시에 가지고 있다는 뜻일 것이다. 중국 하夏나라 때 의적이 술을 빚어 올리자 우왕이 의적과 술을 멀리했다는 이야기도 참을 수 없는 유혹을 경계한 탓일 것이다. 메소포타미아에서는 9천 년 전에 이미 맥주를 만들어 마셨고 고대 그리스에서 포도주의 신 '디오니소스'를 섬길 정도로 포도주가 광범위하게 이용되었다 한다. 이야기의 초점이 다르지만 디오니소스의 신화는 곡식과 과일의 씨앗이 썩어 싹을 틔우고 다시 열매를 맺는 부활과 생산이라는 복잡한 의미를 담고 있다 한다. 그래서 포도주는 썩음으로써 부활한 신비의 영약이며 생명수였다.

 중국에서는 하나라 때 소강이 수수로 술을 빚었다는 기록이 설문해자에 전하는 것에 미루어 곡주가 먼저 나온 것 같다. 곡식을 재료로 하다 보니 조상에게 제사를 지낼 때 쓰는 아주 귀한 것이었다. 앞서 얘기한 대로 구석의 하나로 거창이라는 술을 내렸던 이유도 여기에 있었던 것 같다. 술 주酒 자는 물 수水 자와 술항아리 유酉 자가 결합된 글자로 술이 든 항아리를 뜻한다. '尊' 자는 '존귀할 존' 자도 되지만 '술잔 준' 자이기도 하여 조상에게 술잔을 공손히 올린다는 존경과 귀함의 뜻을 담고 있다. 고대 제사장을 뜻하는 추장酋長도 술에서 연유되었고 공작, 백작이라 하는 작위爵位도 의식에서 사용하는 음주기의 명칭에서 비롯되었다 한다.

술이 귀한 것이다 보니 흔히 전쟁이나 흉년이 들면 금주령이 내려지기도 했다. 조선시대에는 자주 있는 일이었다. 이백의 '월하독작月下獨酌'이라는 시에 '청비성 탁여현清比聖 濁如賢'이라는 구절이 나온다. 이것을 평면적으로 읽으면 "청주는 성인에 비하고 탁주는 현인과 같다."는 뜻이지만 이 역시 금주령과 관련이 있다고 한다. 위魏나라를 세운 조조가 술이라는 말을 입에 올리지도 말라는 포고령을 내리자 술 마시자는 은어로서 오늘은 "성인이 되어보자, 아니면 현인이 되어보자."는 식으로 서로 소통했다는 것이다. 이백이 시를 쓰면서 이 고사를 인용했던 것이다. 흔히 쓰는 수작酬酌도 마찬가지다. 주인이 권하는 잔이 수酬이고 객이 받아 나누는 잔이 작酌이다.

한 무제 원수 2년(기원전 121년) 곽거병이 흉노를 정벌할 때 하사받은 술 한 동이를 물에 부어 부하들의 공을 치하하면서 나누어 마셨다는 이야기가 전한다. 황제가 하사한 술을 나눠 마시고 사기가 충천하여 전쟁에서 승리하였음은 물론

<주천 성문>(출처: 위키피디아 중문판)

이다. 이때부터 만리장성의 서쪽 끝 가욕관, 즉 서역으로 들어가는 입구에 있는 금천하수金泉夏水가 주천酒泉으로 불리게 되었고 '성 아래 샘이 있고 그 물은 술과 같다(城下有泉 其水若酒)'는 말을 얻게 되었다는 것이다. 곽거병은 18세에 대장군 위청의 흉노 정벌에 참가하여 혁혁한 공을 세우고 21세에 표기장군에 올라 흉노를 격멸하고 24세에 요절한 청년 영웅이었다.

이같이 술과 관련된 이야기들은 모두 귀한 것을 나눈다는 의미가 들어 있다. 또한 술을 함께 마신다는 것은 상하 간에 친구 간에, 이웃 간에 의기투합의 의미가 있다. 술을 주고받는 이런 전통은 오랜 기간 유지되어 온 일상적인 풍속이나 문화의 하나였다. 불과 이삼십 년 전까지만 해도 가까운 친인척이나 선후배 그리고 지인들이 맞은 귀한 날에 술 한 병 보내 성의를 표시하는 것을 흔히 볼 수 있었다. 그만큼 술은 상대를 인정하고 따뜻하게 배려하는 하나의 성품이었다. 근로의 대가로 받는 급여를 보수報酬라 부르는 것도 이런 관념이 남아 있기 때문이다. 급여를 뜻하는 영어 salary는 로마 시대의 군인들은 급료의 일부를 소금salt으로 준 데서 비롯되었다고 한다. 술과 소금의 차이, 술은 대단히 상징적이고 소금은 실용적이지 않은가. 이런 데서도 동서양의 차이가 발견된다.

이쯤 되면 왜 보훈이 술과 관련이 있는가 짐작이 될 것이다. 예로부터 군공을 세운 장수들에게는 여러 형태의 특별한 혜택이 주어졌다. 가장 먼저 술을 내려 장졸들을 위로 격려했을 것이다. 앞서 본대로 거창은 종묘제례에 쓰이는 귀한 술로서 구석의 한 가지로 임금이 직접 하사했다. 술은 처음에는 전장에서, 돌아온 뒤에, 또 유가족들에게 보훈의 뜻으로 더 넓은 범위로 하사되었을 것이다. 그래서 지금의 보훈과 같은 말, 수훈酬勳이라는 말까지 생겨난 것인지 모른다.

# 기린각에 화상을 걸다

태양 숭배나 경천 의식이 강했던 동아시아의 상징은 유럽의 그것과 차이가 있다. 흔히 용, 봉황, 삼족오 등의 문양이 그런 상징을 보여준다. 용은 황하의 치수와 관련이 있는 남방문화를, 봉황이나 삼족오는 태양 숭배의 북방문화를 상징하는 것이라 한다. 태극팔괘는 음양오행사상을 나타내는 철학적 상징이다. 남미 잉카문명에서는 현실에서 존재하는 콘도르, 퓨마, 뱀을 각각 하늘, 땅, 지하세계의 상징으로 여겼다.

중국에서는 고래로부터 공신으로 책정되어 화상이 걸리는 것을 가장 명예롭게 생각했다. 한나라 무제가 기린을 얻고 나서 기린각麒麟閣을 세웠는데 기원전 51년 무제의 아들 선제가 곽광을 비롯한 공신 열한 명의 화상을 그려 걸었다 한다. 기린아라 하면 지혜와 재주가 썩 뛰어난 사람을 가리키는 것처럼 기린각에 화상을 건다는 것은 나라를 위하여 뛰어난 훈공을 세운 인물을 사표로 삼는다는 뜻이다. 기린은 용과 암말에서 나왔다고 하는 동물로서 용·봉황·해치와 더불어 상상 속의 영물이다. 용이나 봉황이 임금을 상징한다면 해치는 선악을 가리는 신수를, 기린은 뛰어난 원훈을 상징한 것이라 할 수 있다. 기린은 흉을 길로, 위험을 안전으로 바꾸는 태평의 상징이다. 후한시대 명제 때 운대雲臺를 세워 광무제 유수의 중흥에 공을 세운 28명의 화상을 걸었고, 당 태종은 능연각凌煙閣이라는 누각을 지어 장손무기, 위징을 비롯한 공신 24명의 화상을 걸었다는 기록이 전하고 있다.

시대에 따라 이름은 달랐지만 공신각을 짓고 화상을 걸어 이름을 남기는 것, 이름에 권위를 더하는 것은 보훈의 가장 중요한 요소였다. 이외에도 청동으로 만든 종정(鍾鼎, 종과 솥)에 공신의 이름을 새기는 것, 그리고 단서철권丹書鐵券이라 하여 쇳조각에 붉은 글씨로 쓴 증표를 주어 대대로 면죄부를 주었던 것은 모두 국가유공자에 대한 최고의 예우인 동시에 보훈의 상징적 조치였다. 이보다 훨씬 후대에 와서 만들어진 것으로 보이지만 공이 있는 집안에는 불천지위不遷之位의 특전을 주어 가문의 명예를 더해 주었다. 4대조까지 제사를 모시면 신위를 땅에 묻고 끝내는 것이지만 불천위의 특전을 받으면 그러지 않고 계속 모실 수 있었다.

기린각의 전통은 고려에 전승되어 태조 왕건은 "공이 있는 자에게 상을 주지 않으면 장래 사람을 고무할 도리가 없다."는 포고문을 내리고 공신당을 지어 그 이름을 후세에 전하도록 했다. 여러 전란을 거치면서 국초의 개국공신과 삼한공신에서 배향공신과 벽상공신 등의 형태로 늘어났다. 조선시대 태조 때는 개국공신 39인에 대한 논공행상을 행하고 비를 세워 공을 기록하고 장생전을 세워 화상을 그려 붙이도록 했다. 그러나 태종 때 와서 태조의 어진과 공신의 화상을 함께 거는 것은 전례가 없는 일이라 하여 장생전을 사훈각으로 개칭하게 된다. 그 과정이 조선왕조실록에 잘 나와 있다.

　　장생전을 고쳐 사훈각이라 하였다. 처음에 태조가 공신들의 초상을 장생전에 그려 두려 하고, 또 어진을 이곳에 봉안하게 하였으므로, 이때에 이르러 예조에 명하여 고제를 상고하게 하였다. 예조에서 상언하기를, "오직 주나라에서 주공이 성왕을 안은 그림을 그렸을 뿐이고, 한나라 영대와 당나라의 능연각은 공신만을 그렸을 뿐이며, 어진을 봉안한 예는 없었습니다." 하니 임금이 말하기를, "이는 국초에 옛일을 상고하지도 않고, 한갓 공신에게 내린 글에, 각(閣)을 세워 얼굴을 그린다."는 구절이 있기 때문에, 전(殿)을 세운 것이다. 또 전조(前朝)의 진영전을 살펴본다 하더라도, 태조 혼자만이 들어 있지, 공신은 참여하지 않았다. 옛일이 이미 이와 같으니, 우리나라가 비록 작다 하더라도, 모든 시행하는 일들을 반드시 옛 것을 본받아야 군신이 함께 편안할 것이다. 만약 옛 법이 없다면 마땅히 전을 헐고, 다만 능연각의 제도를 모방하여 공신의 상만 걸도록 해야 할 것이다. (…) 이리하여 전을 고쳐 각을 만들고 '사훈'이라 하였다.

그런데 이 일이 잘 시행되지 않았던 모양이다. 수시로 전각을 세운다면 땅이 남아나지 않을 것이라며 반대하는 신하들에게 태종이 다시 엄히 지시한다.

　　임금이 여러 대언(代言)에게 명하여 허조에게 묻기를, "옛날 신묘년 간에 경이 예조 참의가 되었을 때 장생전을 개칭하여 사훈각으로 하고, 태조의 신어(神御)와 공신의 영정을 모시고자 하였는데, 무슨 까닭으로 일을 중지하고 시행하지 않았는가?" 하니, 허조가 아뢰기를, "고전에 없는 바였기 때문에 의정부와 여러 공신으로 하여금 같이 의논하게 하였으나 중지되었습니다." 하였다. (…) 임금이 말하였다. "그러나, 한나라·당나라의 공신은 어찌 20여 인·30여 인에 그쳤는가? 우리나라의 공신은 수가 50여 인에 이르는데, 종묘에 배향된 자는 오직 4인뿐이다. 나의 일은 한나라·당나라·송나라 왕조의 일과 합치하니, 나는 그것을 궁구(窮究)하여 시행하겠다. 또 여러 공신이 모두 함께 의논하라."

이런 논란은 이후에도 끊이지 않아 중종 4년(1507년) 때는 대간들이 한나라 고조 때 공신이 31명에 불과했다며 남용해서는 안 된다는 상소를 올린 기록도 보인다.

신 등은 들으니, 예로부터 공신이 많기로는 한나라나 당나라와 같은 경우가 없다고 합니다. 그런데 한나라 고조가 나라를 열 때에는 공신이 소하 등 31인에 지나지 않았고, 후한 광무제가 중흥할 때에는 등우 등 28명의 장수에 지나지 않았고, 효선제의 중흥할 때에는 곽광 등 16인에 지나지 않았고, 당 태종이 창업할 때에는 장손무기 등 24인에 지나지 않았는데, 전하께서는 정국(靖國)하는 처음에 책훈이 이미 1백 인을 넘었으니, 한·당 이대의 숫자를 합쳐도 오히려 대적할 수 없으므로, 외람됨을 이루 말할 수 없는데, 전하께서는 이를 뉘우치지 않으시고 지금 또 노영손 이외의 20여 인에게 정난공신의 칭호를 함부로 내려 주시니, 일국의 신민들이 놀라고 의아히 여기지 않는 사람이 없습니다. 단서와 철권이 진흙같이 천해졌으니, 족히 유공자에게 권장함이 될 수가 없습니다. 저 한나라나 당나라 3백, 4백 년 사이에 또한 어찌 논의할 만한 공신이 없었겠습니까만, 백마·기린·운대·능연 이후로는 들어본 일이 전혀 없습니다.

# 여산대수의 서사

　　진나라 말, 약 8년에 걸친 전쟁 끝에 초패왕 항우를 꺾고 기원전 202년 천하를 통일한 유방은 황제에 오르라는 신하들의 추대에도 불구하고 세 번을 사양한 끝에 "제군諸君들이 이로써 반드시 편하다고 한다면 국가를 편하도록 하겠다."며 황제에 즉위했다. 그리고 창업 공신들에게 봉지를 나눠주고 단서철권을 주면서 여산대수礪山帶水의 서사誓辭를 했다.

　　　황하가 허리띠 같이 되고 태산이 숫돌과 같이 평지가 될 때까지 한의
　　　종묘가 있는 한 대대로 끊이지 않을 것이다.

　　한 고조 때 정치가 육가陸賈의 「초한춘추」에 나온다는 이 서사는 줄여서 '대여帶礪의 맹서'라고도 한다. 이는 한나라의 창업에 공을 세운 공신들에게는 자자손손 대를 이어 끝까지 책임지겠다는 한고조 유방의 군신맹약이었다. 그 이후 이 서사는 새로운 왕조가 들어설 때마다 되풀이 된다.

고려사나 조선왕조실록을 보면 우리 역사에서도 '여산대수의 서사'를 행한 기록을 발견할 수 있다. 고려 마지막 임금 공양왕이 이성계에게 내린 교서를 보자.

그 공은 실로 태조의 개국 공신의 아래에 있지 아니하다. 황하가 띠와 같이 좁아지고 태산이 숫돌과 같이 작게 되도록 공을 잊기 어려우니, 벽상에 얼굴을 그리고, 부모와 처에게 작을 봉하고, 자손은 음직을 주고, 유사(宥赦 · 죄를 면하게 함)는 10대까지 미치게 하라.

공양왕으로부터 이런 교서를 받은 이성계였지만 중국에서 구석을 받은 많은 인물들이 그랬던 것처럼 역성혁명으로 새로운 나라를 열었다. 그리고 그 역시 개국공신들에게 대여의 맹서를 한다.

천 명의 거취와 인심의 향배를 알고, 백성과 사직의 대의로써 의심을 판단하고 계책을 결정하여, 과궁(寡躬 · 자신을 낮추어 지칭한 말)을 추대하여 대업을 함께 이루어 그 공이 매우 컸으니, 황하가 띠와 같이 좁아지고 태산이 숫돌과 같이 작게 되어도 잊기가 어렵도다!

이같이 한 고조 유방의 '여산대수의 서사'는 봉건왕조시대이기는 하지만 훈공을 세운 사람과 그 후손들을 끝까지 챙기겠다는 임금의 약속이며 최고의 수사였다. 단서철권이라는 증서를 내려 죄가 있어도 사면을 받을 수 있는 특권을 주었으며 관직을 수여하거나 증직을 해주는 등의 방법으로 공훈에 보답했다. 아울러 군공과 작위에 상응하는 토지와 가옥을 내려주었다.

전사한 장병의 자제들을 황제의 친위부대에 편입하여 국가의 동량으로 육성한 사례도 있다. 한 무제는 황제를 호위하고 궁성의 수비를 책임지는 광록훈이라는 책임자를 두고 그 예하에 오관·좌군·우군·호분군·우림군 등 다섯 중랑장을 두었다. 여기서 호분군虎賁軍은 호랑이처럼 날쌘 군대라는 뜻으로 주나라 때부터 있었던 친위군을 말하며, 우림군羽林軍은 한 무제의 명에 의하여 흉노 정벌을 위해 종군하다 전사한 장병들의 자제로 따로 편성한 1천 명 규모의 친위군으로서 '우림고아'라 불렀다. 고아는 웬 고아냐 할지 모르지만 당시에는 그렇지 않았던 모양이다. 오늘날의 시각으로 보면 전사 장병의 후손은 병역을 면제해 주는 것이 마땅하다고 생각할 수 있다. 그러나 당시 황제의 친위부대 근무는 최고의 혜택이자 특권이었고 출세의 통로였다.

우리 역사에서도 중국의 우림군과 비슷한 우대제도가 있었다. 조선시대의 입직제도가 그것이다. 조선시대 중앙군인 오위에 왕을 호위하는 특수부대를 설치하여 공신들의 자제들에게 시험 없이 입대할 수 있게 하고 일정기간 복무한 후에 관직에 진출할 수 있도록 했다. 오위 가운데 충의위에는 정공신의 자제를, 충찬위와 충익위에는 원종공신의 자제를, 그리고 충장위에는 지방의 군공자와 전사자의 자제를 입대대상으로 했다.

# 보훈 포고령


중국에서는 주周나라 후기에 전공을 장려하기 위하여 군사에게 농토를 내려주기 시작했다. 제후국에 대한 통제력이 약화된 전국시대에 들어가면서 천하쟁패를 놓고 전쟁이 빈번해짐에 따라 사졸에게까지 여러 가지 은상제도가 시행되었다. 앞서 얘기한 대로 진秦나라는 부국강병을 위한 전략으로서 군공작제를 엄격하게 시행했고, 한漢나라는 고조 때 법령에 의하여 군공을 세운 유공자에게 토지와 가옥을 내려주었다.

후한 말에서 삼국시대에 걸치는 조조의 보훈 정책은 군사, 경제, 인사 정책이 결합된 것으로서 개념적으로는 오늘날과 다르지 않다. 조조는 황건적을 격퇴하고 투항한 황건적 30만 명을 포함해서 그의 의군을 편성하게 된다. 이것이 조조의 '청주병'이다. 조조는 황건적을 따르던 백만 명에 달하는 백성까지 얻음으로써 큰 세력을 형성하고 천하제패의 발판을 마련할 수 있었다. 이어 천자를 받들어 천하를 자신에게 유리한 구도로 이

끌 수 있었다.

여기에 능력 위주의 인사정책과 둔전제 그리고 군사정책을 바탕으로 강한 군대를 만들 수 있었다. 둔전제는 후에 조조의 우림감(羽林監 · 숙위 대장)으로 임명되는 조지라는 관리의 제안으로 시작되었다. 생활근거를 잃어버리고 유민으로 전락한 황건적 출신 농민에게 농토를 나눠주고 세를 거두는 제도로서 자기가 소를 내어 농사를 지은 경우에는 5할을, 관에서 소를 빌려주는 경우에는 6할의 세를 거두었다. 전통적으로 15분의 1 내지 20분의 1을 받던 것에 비하면 대단히 높은 세율이지만 당시의 상황에서는 유민들의 생활을 안정시키면서 세수를 크게 증대하는 효과가 있었다.

이러한 정책을 통하여 축적된 경제력을 기반으로 모병이 용이해졌고 전사 장병에 대한 보훈을 위한 물적 기초를 마련할 수 있었다. 조조는 건안 7년(202년) 근 8년에 걸친 전쟁을 마무리하고 회군하던 중 그의 고향인 초현에 들렀지만 전란으로 인하여 아는 사람을 찾을 수 없었다. 이에 조조는 징발되었던 병사들의 귀향을 허락하면서 이들에 대한 우대 조치와 함께 특전을 주어 철저히 시행하라는 포고령을 내렸다.

내가 의로운 병사를 일으킨 것은 천하의 폭력과 혼란을 없애기 위함이었다. 옛 땅의 백성들은 대부분 사망했고, 나라 안에서 온종일 걸어다녀도 아는 사람을 만날 수 없는 지경이 되어 비통하고 상심해 있다. 의로운 군사를 일으킨 이래로 죽어 후사가 없는 병사를 위해서는 그 친척을 찾아내어 뒤를 잇게 하고 땅을 나누어 주고, 관가에서는 농사짓는 소를 지급해 주며, 학교를 세우고 교사를 두어 그 자식을 교육시키도록 하라. 살아남은 병사를 위해서는 종묘를 세워 조상에게 제사 지내게 하라. 만일 죽은 자에게 영혼이 있어 이 일을 안다면 내가 죽은 후에라

도 더 무슨 유감이 있겠는가!(진수 지음, 김원중 옮김, 「정사 삼국지 위
서1」 중에서)

조조의 포고령은 중국에 있어서 최초의 보훈포고령이라 할 수 있다. 그
것은 뛰어난 전공을 세운 소수의 제후나 훈신에 대한 은상제도를 넘어 일
반 병사들을 대상으로, 의식주뿐만 아니라 생업과 자녀 교육에 대한 배려
까지를 포함하는 보편적 제도의 성격을 띠고 있었기 때문이다.

# 최초의 전사자 추모연설

    고대 그리스의 아테네는 세 차례에 걸친 페르시아전쟁에서 승리함으로써 지중해 세계에서 가장 먼저 패자에 오를 수 있었다. 특히 3차 살라미스해전에서는 귀족들과 중산시민 뿐만 아니라 일반 시민들이 참전함으로써 페르시아의 서진을 저지하고 기원전 5세기의 황금기를 열 수 있었다. 당시 아테네의 군사 제도는 18세가 되면 병적에 올라 20세가 되면 군사 훈련을 받고 60세까지 참전 의무를 지는 시민병과 소액의 급여를 제공받는 소수의 보병 지휘관으로 구성되어 있었다.

    전사를 했거나 부상을 입은 군인에 대한 보상에 관한 구체적인 기록은 알 수 없지만, 경관 좋은 곳에 국립묘지를 설치하여 추모하고 자녀가 성인이 될 때까지 양육비를 주었다는 것을 투키디데스Thucydides의 '펠로폰네소스전쟁사'를 통하여 확인할 수 있다. 기원전 431년 아테네의 정치지도자 페리클레스Pericles가 행한 전사자 추모 연설(epitaphios logos)을 보자.

전체적으로 보면 연설은 스파르타에 대한 아테네의 강한 자부심과 경쟁의식을 드러내면서 그것을 통하여 왜 전사자를 예찬하며 왜 나라를 지켜야 하는 가에 대하여 말하고 있다. 페리클레스는 그 논거로서 아테네의 정치체제, 군사정책, 시민정신을 차례로 들면서 전사자에 대한 존경과 추모 그리고 유가족에 대한 약속으로 추모 연설을 마무리하고 있다.

<페리클레스>(출처: 브리태니커)

우리의 정체는 이웃의 관례에 따른 것이 아니며 남의 것을 모방한 것이 아니라 오히려 남들의 모범이 되고 있습니다. 그 명칭도 정치책임이 소수자에 있지 않고 다수자 사이에 골고루 나뉘어 있기 때문에 '데모크라티아'라 불리고 있습니다. (…) 그들은 아주 어릴 때부터 엄격한 훈련으로 용기의 함양을 추구하고 있지만 우리는 자유롭게 뇌두면서도 그들에 대항에서 조금도 밀리지 않고 있습니다. (…) 우리는 아름다움을 추구하면서도 사치로 흐르지 않고 지(智)를 사랑하면서도 유약함에 빠지지 않습니다. (…) 우리의 용기 앞에 굴복한 모든 바다와 육지는 함께 길을 열어 우리를 받아들였고 세상 구석구석에 이르기까지 우리는 성쇠(盛衰)의 기념비를 남겼습니다. 이토록 위대한 아테네를 위해 이 사람들은 이 도시를 잃어버려서는 안 된다고 과감하게 결단을 내리고 고귀하게 싸우며 죽어간 것입니다. 그런 까닭에 이 도시를 위해 모든 것을 다 바쳐 고난을 헤쳐 나가는 것이야말로 남은 사람들의 의무인 것입니다. (…) 내가 찬양한 이 도시를 빛낸 것은 여기에 잠든 사람들의 수훈이기 때문입니다. 이 수훈과 예찬이 여기에서 산화한 사람들의 경우와 같이 서로 완전하게 일치하는 예는 헬라스 어디에도 찾아볼 수 없을 것입니다. (…) 그들의 영명(英名)은 영원히 기억되고 일이 있을 때마다 사람들의 언동 속에서 영원히 기념될 것입니다. 요컨대 대지는 모두 영웅들의 묘지가 되어 모국에서 묘석의 비문에 드러날 뿐만 아니라 아무 관련이 없는 땅에서도 무언의

기념비로서 사람들의 마음에 깃들 것이기 때문입니다. (…) 이 전몰자들과 그 유족에게 나라가 주는 그들에 대한 승리의 관으로서 그들의 자식들이 성인이 될 때까지의 양육비를 아테네가 국고를 통해 오늘부터 보증합니다.(투키디데스 저, 박광순 옮김, 「펠로폰네소스전쟁사 상」 중에서)

아테네가 중심이 된 델로스동맹이 페르시아를 꺾은 후 아테네와 스파르타는 지중해의 주도권을 둘러싸고 서로 반목하게 된다. 기원전 431년 봄, 스파르타 측의 공격으로 펠로폰네소스전쟁이 시작되었다. 페리클레스는 아테네 시민들의 좌절감을 불식하고 힘을 과시하기 위하여 중장보병 1만 명, 거류외인 중장보병 3천 명과 다수의 보병으로 응징에 나섰다.

그 해 겨울, 최초의 전사자를 위하여 장례식이 거행되었다. 유골을 임시로 안치했다가 3일째 되는 날 삼나무로 만든 관에 넣어 마차로 운구하여 아테네 북서쪽 교외의 가장 아름다운 곳, 케라마이코스kerameikos의 국립묘지에 안장했다. 장례 행렬은 부족마다 한 대씩 10대의 마차를 사용했고 사체를 수습하지 못한 전사자를 위하여 덮개가 씌워진 마차 한 대가 그 뒤를 따르도록 했다. 오늘날 유해를 수습하지 못한 전사자의 위패를 봉안하는 것과 별로 다르지 않다. 국가가 주관하여 전사자의 장례를 행하고 국립묘지를 만들어 예우하는 아테네의 현충의식은 동서양을 불문하고 근대 이전에는 그 예를 찾아보기 어려운 매우 독특한 것이었다.

지금 많은 사람들의 입에 오르내리고 있는 페리클레스의 전사자 추모 연설은 장례식에서 행한 조사였다. 장례와 연설이 법으로 정해진 관례였다고 하는 것에 미루어 추모 연설은 훨씬 이전부터 행하여지고 있었던 것으로 보인다. 그러면 언제부터 전사자 장례식이 법으로 정해졌을까? 멀리는 솔론(Solon, B.C. 630~560) 시대를 들기도 하지만 확인된 것은 아니다. 페리클레스의 추모 연설 역시 이때가 처음은 아니었다. 자세한 내용은 알 수 없지만 기원전 440년 시모스 반란을 제압하고 돌아와 추모 연설을 했다는 기록이 있다. 이밖에도 아테네 최고의 연설가 데모스테네스, 휘페레이테스 등의 추모 연설이 전해지고 있다고 한다. 이들이 활동했던 시기는 마케도니아의 팽창주의에 맞서고 있던 아테네의 쇠망기였다. 휘페레이테스의 추모 연설 한 부분을 보자.

> 우리들의 도시 아테네는 칭송받을 자격이 충분합니다. 위대한 선택을 하였기 때문입니다. 아테네의 선택은 이전에 이루어진 일들에 버금가는, 아니 그보다 훨씬 더 위대한 것이었습니다. 또한 전사한 용사들도 칭송받을 자격이 충분합니다. 그들은 전쟁에서 용맹스러움을 보여주었고, 선조들의 탁월함을 결코 부끄럽지 않게 하였기 때문입니다.(김헌, 「위대한 연설」 중에서)

실제 장례식에서 행했던 것은 아니지만 플라톤의 「메넥세노스」에는 소크라테스의 이름을 빌린 추모사가 남아 있다. 플라톤이 추모사를 쓴 이유에 관해서는 여러 가지 해석이 있지만 여기서는 그런 것은 차치하고 전사자에 대한 예우 부분만 살펴보자.

> 자식들은 자신들의 부모들을 본받기 바라며 다른 한편 부모들께서도 스스로를 위해 힘을 내십시오. 왜냐하면 우리는 사적으로건 공적으로건 우리 각자가 여러분들의 가족들 각자와 어디에서 만나건 간에 당신들의 노후를 맡아 돌볼 것이기 때문입니다. 당신들 자신 또한 국가의 배려를 잘 알아두시길 바랍니다. 즉, 국가는 전장에서 목숨을 바친 분들의 자식들과 양친에 관한 법률을 정하여 그들을 돌보고 있고, 그분들의 부모들이 부당한 일을 당하는 일이 없도록 하기 위해 다른 시민들에 우선하여 각별히 보호 하도록 나라가 최고통치기관에 명하고 있다는 것

<플라톤>(출처: 네이버 지식백과)

을 말입니다. 또한 국가는 직접 자식들의 양육에 동참하고 있습니다. 즉, 국가는 아직 어린 그들에 대해 아버지의 역할을 맡아 그들이 최대한 고아임을 못 느끼게 되도록 애쓰고 있으며, 아이가 성인 남자로 성장하게 되면 그들을 완전무장 시켜서 그들 자신의 집으로 돌려보냅니다. 그것은 부친의 용맹이 깃든 무기를 수여하여 부친의 위업을 보여주고 마음으로 되새기게 함과 동시에 상서로운 무기를 갖춰 가장으로서 권세를 갖고 부친의 화덕을 관장하기 위해 그곳으로 출발할 수 있도록 하기 위한 것입니다. 또 국가는 전몰자 그분들을 추앙하는 일을 결코 소홀히 하지 않습니다. 즉, 국가는 매년 사적으로 각각의 집에서 이루어지는 것과 똑같은 제례를 직접 모든 분들에 대해 공적으로 행하고 있고, 또 거기에 덧붙여 육상경기와 경마경기, 그리고 모든 종류의 학예 경연을 개최하고 있습니다. 요컨대 국가는 전몰자들에 대해서는 상속인과 이들의 몫을 맡아하며 그들 자식에 대해서는 보호자의 역할을 맡아, 모든 사람들의 보살핌을 시종일관 끊임없이 행하는 것입니다.(플라톤 저, 이정호 옮김, 「메넥세노스」 중에서)

플라톤이 남긴 이 추모 연설은 전사자에 대한 국가의 공식적 추모와 전사자의 부모와 자녀에 대한 국가적 보호가 법에 의하여 보장되고 있음을 보여주고 있다. 약 2,500년 전의 일이지만 아테네는 오늘날과 다름없는 보훈 철학을 가지고 있었음을 알 수 있다.

# 병역과 보훈 1
## － 유럽국가들

## 병역특권의 시대

고대 그리스와 로마에서 시민들은 투표권을 특별한 권리로 생각했고 반드시 의무가 수반된다고 보았다. 투표권을 가지고 있는 시민들은 그들의 공동체를 지키기 위하여 전쟁이 나면 출정하는 것을 당연한 의무로 생각하고 있었다. 그렇기 평상시 군사훈련조차도 의무교육의 일부로 받아들이고 있었다. 종군의 의무는 귀족에서 점차 중산시민으로 또 자유 시민으로 확대됐다.

'방패 하나에 투표권 하나'라는 말이 있을 정도로 병역은 고대 그리스에서 명예와 특권의 상징이었다. 근대 초의 일이지만 유럽에서 선거권이 주어지는 과정 역시 기본적 관념에 있어서는 이와 다르지 않았다. 아테네는 기원전 5세기 말부터 시작된 마라톤전쟁에서 페르시아의 공격을 맞아 비교가 안 될 정도의 수적 열세에도 불구하고 중장 보병 밀집 전술로 큰 승리를 거두었다. 이때는 귀족 뿐만 아니라 중산시민이 참전했다. 그리고 이어 벌어진 살라미스해전에서는 무산계급이 보조병사로 참전했다. 물론 이들은 자신의 책임으로 급료도 없이 출정했다. 따지고 보면 아테네 민주주의는 중산시민과 무산계급의 참전에 따른 정치적 발언권의 강화와 관련이 있다. 앞에서 본대로 페리클레스의 전사자 추모연설에서 자녀에 대한 부양책임을 선언한 것은 더 이상 시민의 자원에 의존하는 병역구조로는 지탱하기 어려워졌다는 것을 반증하는 것인

&lt;로마군대의 보병&gt;

지도 모른다. 기원전 405년 아테네에 이어 지중해 세계의 패권을 차지하는 스파르타는 전사들의 나라였으며 병영국가였다. 남자는 일곱 살이 되면 '아고라'라는 교육기관에 입소하여 18세 성인이 될 때까지 공동생활을 했다. 당연히 가족과의 관계는 국가와의 관계로 대체됐다. 여성들은 교육을 통하여 전사를 뒷바라지하는 강한 아내로, 어머니로 길러졌다. 시민들은 모두 전사였으며 생산 활동은 '헤일로타이'라 불린 이민족 노예집단의 몫이었다.

아담 스미스가 『국부론』에서 사회가 진보하면 국민은 전쟁을 좋아하지 않게 된다고 한 것처럼 아테네 사회도 더 이상 그런 병역제도를 받아들이지 않게 되었다. 식민지로부터 부가 유입됨에 따라 화폐경제가 발달하였고 이에 따라 토지소유자인 중산시민이 점차 몰락하게 되었다. 때마침 전염병의 확산으로 시민의 수가 격감하자 하는 수 없이 용병을 도입하기 시작했다.

로마의 군사 제도는 소수의 보병 지휘관을 기간요원으로 하여 농번 기를 피하여 출정하고 전쟁이 끝나면 바로 해산하는 병농일치의 민병 제를 기초로 하고 있었다. 보병 지휘관은 전쟁이 끝나면 귀향하는 민병과 달리 군대에 남는 베테라누스, 즉 장기복무 군인을 의미했다. 오늘날 제대군인, 숙련공, 전문가를 지칭하는 베테랑은 바로 이 말에서 유래했다. 로마의 중장보병체제는 많은 비용을 필요로 했고 귀족층이 스

<로마군단의 군기> 금빛 독수리는 독일·오스트리아·러시아·폴란드·스페인·미국 등의 국가 문장으로 사용되고 있다.

스로 책임을 맡아야 했다. 17세에서 45세의 남자 시민권자로서 일정한 자산을 보유하고 키가 165.5센티미터 이상의 조건을 충족해야 복무할 자격이 주어졌으며 의무라기보다는 특권이었다. 이들은 로마군단을 상징하는 '금빛 독수리' 군기 앞에서 엄숙하게 선서를 하고 복무에 임했다. 그러나 점차 귀족의 힘만으로 병역수요를 충당하기 어려운 상황이 되자 토지를 소유한 자영농에게 '노빌레Nobile'라는 신귀족의 명예와 특권을 주는 대신에 스스로 장비를 마련하여 전쟁에 참여할 의무를 지도록 했다.

로마에서는 시민을 자산의 액수에 따라 5등급으로 구분하고 중류 이상에 해당하는 1등급 내지 3등급은 중장보병으로, 4등급인 평민은 경장보병으로, 5등급 프롤레타리아는 예비역이나 면제대상이었다. 중장보병은 당연히 귀족과 중산층의 몫이었다. 이러한 군사 제도는 출정이 잦아지고 또 장기화되면서 자영농의 피폐를 초래하였고 점차 라티푼디아, 즉 대규

모 농장에 고용된 무산계급으로 전락하기에 이르렀다. 이렇게 하여 늘어난 무산계급에게 빵과 서커스를 제공하면서 불만을 잠재우고자 했지만 반란의 위기를 피할 수 없었다. 크라수스 형제의 개혁은 이 같은 상황에서 토지소유권을 회복하고 군사력을 재건하기 위한 것이었지만 실패로 돌아가고 말았다.

이 시기 전사자와 부상자에 대한 보훈의 개념은 있었을까? 페리클레스 연설이나 플라톤의 「메넥세노스」를 통하여 알 수 있는 것처럼 아테네는 전사자에 대한 국가적 예우를 법으로 정하고 있었던 것으로 보인다. 그러나 로마의 경우는 이와 관련된 기록이 보이지 않는다. 병역이 특권이었고 참전의 대가도 주어지지 않았다는 시기였다는 점에 미루어 이때까지 보훈 개념은 생겨나기 어려웠던 것으로 보인다.

## 지원병제

드디어 병역제도의 변화가 올 시점이 된 것인가? 기원전 107년 집정관 마리우스는 종래의 징병제를 지원병제로 전환하여 병사들에게 급료를 지급하게 되었다. 병력 조달의 이유도 있었지만 실업대책의 목적도 있었다. 물론 높은 급료와 토지 분배 등의 유인책이 필요했다. 그러나 늘 함께 싸우면서도 로마 시민권을 가지지 못한 동맹군 병사들에게는 이런 혜택이 주어지지 않았다. 급기야 기원전 71년, '동맹자 전쟁'이 발생하는 사태까지 생겼다. 결국 동맹군 병사에게 시민권이 주어짐으로써 군사력을 강화할 수 있었다. 그러나 문제는 군 내부에 있었다. 군대는 사령관 개인에게 충성하는 사병집단으로 전락했다. 전리품을 안겨주고 퇴역 후까지 챙겨주는 사령관에 복종하는 사유물이 되어버린 것이다. 이에 따라 원로원이 사령관의 임지를 정하고 임기를 1년으로 제한하는 한편, 군무가 완료되면 즉시 군대를 해산하도록 하는 조치를 취했음에도 불구하고 사병화의 문제는 해결되지 않았다.

병역특권의 시대와 달리 급료가 지급되었고 때로는 병력조달의 유인책으로 급료를 자주 올려주고 또 토지를 나눠주는 경우도 있었지만 이 시기에도 보훈의 모습은 찾기 어렵다.

## 상비군제

카이사르의 후계자 옥타비아누스, 즉 아우구스투스 황제는 50만 명에 달했던 로마군단을 3분의 1로 축소하여 15만 명의 상비군체제로 개편했다. 그러나 축소된 병력으로 확대된 방위선을 보호하는 데 어려움이 있었기 때문에 속주의 자유민을 정규병에 포함했다. 이때 로마군단은 전투에 참가하는 15만 명의 군단병사와 경계임무를 수행하는 15만 명의 보조병사로 구성되었다. 군단병사는 20년을 복무하며 급료 외에 의식주를 보장받고 퇴직금을 받았고 보조병사는 30년을 복무하면 로마 시민권이 주어지는 혜택이 있었다.

로마는 아우구스투스의 군제 개편과 재정 개혁을 통하여 오현제 마르쿠스 아우렐리우스까지 200년간의 팍스 로마나의 전성기를 구가할 수 있었지만 말기에 접어들면서 국경의 수비대가 자신의 사령관을 황제로 옹위하는 일이 자주 벌어졌다. 여기에다 속주를 포함하여 로마제국 내 모든 자유민에게 시

<율리우스 카이사르>

민권을 주게 되자 군대 지원자가 격감했다. 부족한 병력 자원을 게르만 용병으로 메울 수밖에 없었고 끝내 쇠망에 이르고 말았다.

아우구스투스가 시행한 군인 퇴직금 제도는 상비군 로마군단을 지탱해준 중요한 인프라로서 오늘날 공·사조직을 불문하고 보편화된 퇴직금 제도의 원형이라 할 수 있다. 아우쿠스투스는 이 퇴직금 재원을 위하여 상속세라는 새로운 세까지 창안했다. 이 퇴직금 제도에 따라 군대에 복무하던 중 전사하였거나 또는 부상을 입고 제대했을 때 퇴직금이 지급되었을 것이다. 그러나 그것이 보상적 성격을 가지고 있었던 것인지 또는 어떤 형태로 지급되었는지 기록으로 확인하기는 어렵다. 다만, 미국 보훈부가

<옥타비아누스>

<로마 번영과 쇠망의 상징, 콜로세움>

자신들의 보훈 제도가 로마와 9세기 영국의 전통을 따랐다고 한 점에 미루어 보상적 성격을 갖는 특별 퇴직금이 존재했을 가능성이 있다. 보조병사에게는 퇴직금이 없었다는 사실도 이를 뒷받침한다. 그러나 후기에는 퇴직금 제도가 흐지부지 되었거나 변질되었던 것으로 보인다. 로마군단은 3세기 말 디오클레티아누스 때 국경수비대(limitanei)와 기동야전군 (comitatenses) 등 2개 체제로 개편됐다. 다음 황제인 콘스탄티누스 때에

와서 국경수비대의 규모는 기동야전군에게 역전되기에 이르렀다. 더구나 45세까지 복무 후 제대하여 국경수비대에 들어갈 경우에는 퇴직금 대신에 농지를 주어 군사와 농사를 겸하도록 하는 일종의 둔전병으로 변화되었다. 이 같은 변화는 막강했던 로마군단의 약화를 불러온 또 하나의 원인이 되었다. 그러나 상비군 시대가 이전의 시대와 다른 것은 장기간 복무하고 퇴역하는 군인에게 퇴직금이 지급되었고 법에 의하여 제대군인에게 면세 혜택이 주어졌다는 점이다.

## 직업전사의 시대

로마 몰락 이후 서유럽의 모든 토지는 대토지 소유자에 의하여 독점되었고 무산층은 농노로 전락했다. 중세 봉건사회에서 군사 제도는 봉건 영주들이 이끄는 소수의 기병부대를 주축으로 용병(mercenary)이 일반화되었다. 스위스 용병과 남독일 용병, 즉 란츠크네흐트와 같은 직업적 용병이 유럽 전체를 횡행했다.

봉건제도는 게르만의 가부장적 전통에 뿌리를 둔 프랑크왕국의 가신제도와 로마의 은대지제도가 결합한 것으로 가신에게 봉토를 나누어 주고 군신협약을 맺는 이른바 장원제를 기반으로 했다. 주군은 가신을 보호하고 생계를 책임지는 대신에 가신은 주군에게 군사력을 제공하는 계약관계에 기초했다. 국왕과 그 아래의 영주 그리고 영주에게 충성을 다하는 기사계급이 있었다.

8세기 프랑크왕국의 카를 대제는 8세기 초반 이슬람교도를 격퇴하기 위해 종래의 보병 대신에 대규모 기병을 양성하였는데 이들에게는 토지가 대가로 지급되었다. 봉건제도가 전체 유럽으로 전파되자 급기야 영주들 사이에 전쟁을 불러왔고 전쟁의 주역은 직업적 전사인 기사들이었다. 전쟁을 담당하는 사람 사이에도 분업이 일어났다는 아담 스미스의 말처럼 싸우는 사람과 경작하는 사람으로 구분됐다. 그리고 직업적 전사들을 팔고 사는 용병 시장까지 생겨났다.

아담 스미스는 분업의 필요성이 군사 제도의 변화를 가져왔다는 재미있는 분석을 내놓고 있다. 수렵자인 동시에 전사였던 수렵 민족에 있어서는 전장에 보낼 준비를 하거나 그가 전장에 있는 동안 부양비가 별도로 필요 없기 때문에 군사비가 들지 않았다. 유목민족 역시 출정할 때 모든 자원을 가지고 이동하기 때문에 부족장이 따로 경비를 부담할 필요가 없었다. 일상생활 그 자체가 이미 군사훈련이었고 약탈의 기회가 곧 보수였다. 그렇기 때문에 유목민족은 수렵민족이 감당할 수 없는 20 내지 30만 명에 달하는 큰 군사력을 가질 수 있었다는 것이다. 그리스나 로마와 같은 농업민족에서도 농민들은 쉽게 전사의 역할로 전환될 수 있는데다가 전체 인구의 4분의 1 내지 5분의 1 정도가 농번기를 피하여 전쟁에 나갔다 돌아오기 때문에 생업에 큰 지장이 없이, 별도의 보수 없이도 종군이 가능했다는 것이다. 그러나 제조업과 전쟁기술의 발전으로 전장에 나가는 사람에게 급료가 필요하게 되었다. 농민과 달리 제조업에 종사하는 장인들이 출정하면 달리 생계 대책이 없기 때문이다. 기원전 40년 에트루리아 베이이 포위 공격이 종전의 출정과 달리 겨울까지 계속되자 의식주의 해결과 장비의 준비에 필요한 비용을 처음으로 국고에서 지급해주었다. 그러자 재원이 부족하게 되었고 정복지의 배상금이나 전리품으로 충당했던 초기와 달리 가난한 게르만을 상대하면서부터는 그것도 기대할 수 없게 되었다. 비용의 증가와 함께 전쟁의 양상이 복잡해지면서 기술적 차원에서 병역에서도 분업이 필요하게 되었다. 이에 따라 시민들이 각각 한 가지 직업에 전념하는 것이 더 좋다는 것을 알게 되었고 아무리 복무와 군기를 강화해도 민병이 상비군보다 우수할 수 없다는 것이 판명되었다는 것이다.

이렇게 하여 중세사회는 승려, 전사, 농민의 세 직업으로 분화되었고 기사계급은 은대지제도와 함께 봉건제를 뒷받침하는 영주의 군사적 기반이었다. 이 시기 기사들을 포함한 참전자들에 대한 보상은 대체로 토지로 지급되는 형태였지만 국왕이나 영주에게 예속되어 있었기 때문에 상황에 따라 상이했고 또 반드시 보증되는 것도 아니었다. 대가가 토지가 아닌 현금으로 지급되는 용병에 대해서는 로마의 보충병과 마찬가지로 보상이라는 개념이 있을 수 없었다. 피의 대가가 있을 뿐이었다. 때로는 그 대가를 제대로 주지 않는 경우도 많았다. 장창부대로 이름이 높았던 스위스 용병은 산악지대 위치하여 아무런 산업이 없었던 시절 '피 수출국'의 오명을 쓸 수밖에 없었던 스위스의 슬픈 역사를 상징한다. 15세기 후반부터 300년간 50만 명이 프랑스 왕실에 고용되어 싸웠다. 때로는 아버지와 아들이, 형과 아우가 서로 적이 되어 싸우게 되는 비극적인 상황이 벌어지기도 했다. 오죽했으면 스위스 용병이 흘린 피로 파리에서 바젤에 이르는 강을 메울 수 있다고 했을까. 루체른에는 암벽에 새겨진 '빈사瀕死의 사자'라는 이름의 조각이 있다. 루이 16세의 근위병으로 있던 786명 모두가 전사했던 고통의 역사를 보여주는 장소다.

9세기 영국에서 군사 제도에 중대한 변화가 일어났다. 잉글랜드 중부 지역 웨섹스의 왕 알프레드는 바이킹의 한 갈래, 데인인을 격퇴하여 앵글로-색슨족을 통합한 최초의 왕이 되었다. 알프레드는 직업군인으로 해군을 창설하고 방위군을 조직화했다. 요새와 교역도시를 겸한 부르흐(burh·성벽)를 만들고 그 방어체제로서 방위군을 편성했다. 주민들은 교량공사와 요새공사 그리고 군복무를 공동 부담해야할 책임이 주어졌다. 군복무는 한 가족을 부양할 수 있을 정도의 땅을 의미하는 하이드hide당 한 명씩 보내도록 하되 절반씩 교대로 복무하도록 하여 집에서 생업에 종사하면서 식량과 돈을 내게 했다. 또한 군복무로 집을 떠나 있을 때 도둑이 침입할 경우에는 두 배로 배상하도록 해서 남은 가족을 보호해주었다. 이렇게 하여 왕의 직할지가 된 부르흐 주민들은 영주 대신 왕에 충성함으로써 새로운 권력 기반이 되었다.

미국 보훈부는 자신들의 보훈 제도가 9세기 영국의 선례를 참고하였다고 기록하고 있다. 알프레드 대왕 때에 보훈 제도와 유사한 제도가 존재했다는 뜻이다. 영국에서는 다른 나라에 비하여 이른 시기에 군대를 국왕의 직할에 두고 영주를 지방장관체제로 개편하는 등의 중앙집권화가 진행되고 있었다. 그 과정에서 군인에 대한 적절한 지원책이 필요했을 것이다. 적어도 상비군 체제였던 해군에는 어떤 형태로든 지원 제도가 있었을 것이다. 영국에서 보훈 제도가 해군에서 시작되었던 사실도 이를 뒷받침한다. 그러나 당시의 법령을 살펴보면 보훈과 관련된 내용을 확인하기 어렵다. 법령이 주로 국왕과 영주와 교회를 보호하고 살인 · 상해 · 절도죄 등에 대한 처벌과 배상에 관한 사항을 규정하는 형사법 성격이었기 때문이다. 이에 미루어 상비군을 대상으로 한 보훈이 행하여졌다 하더라도 법령에 의한 것이 아니라 국왕의 은전에 의하여 행하여졌던 것으로 짐작된다.

영주와 기사 및 속민들의 관계는 십자군의 원정 이후에 본격적인 변화를 맞게 된다. 11세기 말부터 200년간 8차에 걸친 원정으로 인하여 영주와 기사들은 몰락하고 농민들은 피폐해진 반면에 국왕과 도시민들의 영향력은 크게 강화되었다. 오랜 기간 유럽을 지배했던 봉건제도가 막을 내리고 국왕과 신흥 상인층의 결탁 속에 중상주의가 싹트게 되었다. 또한 종교전쟁 후 체결된 베스트팔렌조약으로 신성로마제국은 종언을 고하고 국가 의식이 성장하는 계기가 되었다.

프랑스에서는 백년전쟁이 끝난 후 귀족세력이 약화되고 왕권이 크게 강화되면서 상비군이 편성되기에 이른다. 백년전쟁의 과정에서 결집된 민족의식을 바탕으로 조세제도를 시행하고 그에 의하여 확보된 재정을 기반으로 상비군을 보유할 수 있었다. 이에 따라 루이 14세 때는 30만 명에 달하는 상비군을 보유하게 되었다. 그렇지만 그 절반이 용병이었을 정도로 여전히 외부 수혈에 의존하는 상황이었다. 영국에서는 장미전쟁을 겪은 후 튜더왕조에 의하여 중앙집권체제가 확립됨으로써 봉건귀족의 사병이 폐지되고 군대가 편성되었다. 이러한 흐름은 프로이센에서도 마찬가지였다. 군국주의적 절대주의를 추구한 프리드리히 2세는 최초로 의무교육제를 실시하고 군대를 육성함으로써 1세기 후 유럽 최강국의 하나로 등장할 수 있었다.

## 국민군과 징병제

유럽 제국들은 중세 말에 이르러 상비군을 보유하게 되었지만 주변국과 경쟁 속에서 막대한 재정이 소요됨에 따라 점차 국민개병제와 징병제를 채택하게 되었다. 징집에 의한 최초의 근대적 군대는 1620년 구스타프 2세에 의하여 조직된 스웨덴 군대로서 15세 이상 남자를 10명씩 세워 이 중 1명을 선발하고 나머지 9명에게 비용을 징수하는 선발방식이었다.

1792년 프랑스 혁명의 와중에서 각 지방에서 조직된 의용군은 오스트리아 · 프로이센 동맹군에 맞섰다. '상 퀼로트Sans-Culotte'라 불리는 시민계급이 주축이 된 의용군은 국왕의 군대가 아니라 조국을 위한 군대, 즉최초의 국민군이었다. 이때 의용군들이 행진하면서 부르던 '라 마르세유'는 프랑스 공화국의 국가가 되었다. 1793년 혁명정부는 국민의회 제3신분 의원에 당선된 시에예스E.J. Sieyès의 제안으로 18세부터 25세까지 국민을 대상으로 징집령을 내려 대규모 군대를 조직했다.

> 앞으로 적이 공화국 영토에서 축출될 때까지 모든 프랑스인들은 군에 복무하기 위하여 강제 동원된다. 청년들은 전장에 나갈 것이며 기혼자들은 무기를 만들고 식량을 운반할 것이며, 부녀자들은 천막과 옷을 만들어 병원에서 일할 것이다. 어린애들은 낡은 마포를 풀어 군수품 제조를 도울 것이며, 노인들은 공공장소에 나아가 전사들을 고무하고 적국에 대한 증오심을 선동해서 공화국의 통일을 권고할 것이다.(징집 포고문 일부)

상비군의 편성으로 영주와의 보호관계에 기초한 임의적 성격의 군인보호제도는 국왕의 명에 의한 은전으로서 점차 보편성을 갖게 되었다. 전상군인을 위한 전용 병원과 안식원이 설치되었고 초기 형태이기는 하지만 연금제도가 시행되었다. 그러다가 국민개병제와 징병제가 시행됨에 따라 보훈 제도는 권리의 성격을 갖는 보편적 제도로 발전하게 된다. 이 부분은 뒤에서 다시 구체적으로 다룬다.

# 병역과 보훈 2
## - 중국

　중국에서도 고대에는 유럽과 다르지 않았다. 상商나라에서는 왕족과 귀족을 주력군으로 하여 평민은 보병으로 참가하였으며 노예들은 잡역에 투입됐다. 주周나라에서는 도성을 중심으로 한 주국周國과 그 밖의 야인野人으로 구분하고 주국에서 병역을 담당하였으나 후기로 가면서 야인도 포함되었다. 이와 같이 중국의 초기 역사에서 병역은 왕족이나 귀족을 비롯한 권력층의 특권이었고 권력을 유지하는 방편이기도 했다.

　그러나 중국에서 병역이 특권이었던 기간은 그리 길지 않았다. 제후들이 천하를 놓고 쟁탈을 벌이던 춘추전국시대는 부국강병책으로 강한 군사력이 필요했다. 전국 7웅 가운데 가장 앞섰던 제齊나라에서는 사士의 계층에만 병역이 주어졌지만 진秦나라에서는 달랐다. 대표적 법가의 인물인 상앙은 왕족이나 귀족과 같은 기득권 계층을 배제하고 출신성분과 무관하게 군공의 높고 낮음에 의하여 보상하는 봉작제도를 확립함으로써 강력한 군대를 만들고자 했다. 이에 따라 대개 16세에서 60세까지 병역 의무가 있었고 군사의 규모도 크게 확대되었다.

전국을 통일한 진나라는 군현제를 통하여 중앙집권체제를 구축하고 전국 단위의 개병제를 실시했다. 군역은 2년으로 하되 매년 한 달씩 복무하도록 되어 있었고, 자비 부담을 원칙으로 하였다. 한漢나라의 행정체제는 군현제와 분봉제가 병존하는 군국제郡國制였다. 한서 고제기에 의하면 23세가 되면 2년간 정병으로 복무했다. 삼국시대를 거쳐 남북조시대 초기에는 군역이 세습되는 세병제世兵制가 실시되었다. 세병제는 군인의 신분과 군역의 의무를 세습하는 군호軍戶를 구성하고 군인전軍人田을 주어 전투 장비와 생활비를 조달하도록 하는 제도였다. 수隋와 당唐의 병제는 부병제府兵制였다. 부병제는 20세에서 60세까지의 정남丁男에게 번番의 순서에 따라 병역을 부담하는 병농일치제로서 균전제均田制에 의하여 전답을 받고 생업에 종사하면서 전쟁이 나면 나갈 의무가 주어졌다. 그러나 당唐나라 말에 와서 급료를 주고 군인을 모집하기 시작한 이래 송宋나라까지 모병제가 실시되어 일단 모집되면 종신 복무토록 하였다. 원元나라는 군호제軍戶制를 실시하여 군호당 1명의 병사를 의무적으로 보내게 하여 60세까지 복무토록 하였다. 군대에 복무하는 정군호正軍戶와 군유지에서 경작을 담당하는 첩군호貼軍戶로 나눠 있었다. 몽골군의 편성은 천호제와 친위대로 되어 있었다. 세 개의 만호萬戶 밑에 95개의 천호를 두고 그 밑에 백호, 십호를 두는 체제였다. 칸의 친위대는 각 호장들이 보낸 자제들로 편성되었다. 명明나라에서도 기본적인 병역제도는 다르지 않았다. 군호제에 의하여 평생 복무토록 하였으며 군역은 세습되었다. 이를 뒷받침하기 위하여 전방에 3명이 복무하면 남은 7명이 둔전屯田에서 농사를 지어 생산물을 공급하는 방식으로 운영됐다. 청淸나라는 누르하치가 만든 팔기군八旗軍을 주력으로 했다. 군사, 행정, 생산을 하나로 묶어 통치하는 제도로서 엄격한 군령과 상벌로서 작지만 강한 군대를 만들었다. 300명당 한 명을 단위 지휘관으로 하고 그 다섯 중 한 명을 상급 지휘관으로, 같은 방식으로 상급 지휘관 중의 한 명을 최고 지휘관으로 했다.

중국에서 보훈을 담당하는 기구로는 주대의 사훈을 시작으로 수·당 때는 사훈부라 칭했다. 이들 보훈 기구에서는 관직을 내리거나 '사득수상 전士得受賞田'이라 하여 병사들에게 토지와 가옥을 주고 생계를 돌보아 주었다. 앞에서 본 대로 진秦나라의 군공작제는 매우 정교한 포상제도였고 조조의 보훈포고령은 오늘날과 흡사할 정도로 일반적 보훈 제도의 성격을 띠고 있었다. 탁월한 공이 있는 사람에게는 구석을 주고, 기린각과 같은 사당을 지어 화상을 걸고 그 공을 기렸으며, 단서철권이라 하여 후손에게 주는 특권을 증표로서 남기기도 했다.

# 병역과 보훈 3

## – 우리나라

　우리나라의 병역제도와 보훈의 전통 역시 중국의 그것과 크게 다르지 않다. 우리 역사에서도 병역이 특권이었던 시기가 있었다. 부여와 고구려는 전투를 담당하는 가加와 식량운반을 담당하는 하호下戶가 있었으며, 가 밑에 대가大家와 호민豪民이 전쟁을 수행했다. 이들은 군사와 무장을 보유할 수 있었다. 고구려의 중앙군사 제도는 자세한 기록이 없으나 지방군은 지방행정조직이 곧 군사조직의 역할을 담당했다. 성에 일정한 규모의 군대를 두고 있었고 수련집단인 경당이 지방군의 보충을 담당하였던 것으로 보인다. 신라는 주 단위에 6정을 두고 그 밑에 모병방식으로 조달했을 것으로 추정되는 9서당을 두었다. 6정은 골품제에 의하여 17등급으로 구분하여 귀족 출신으로 조직된 명망군으로서 왕경인에 의하여 통솔되었다. 성주가 통솔하는 지방군은 행정조직으로서 성주가 통솔하였고 성주 위에는 욕살·방령·군주가 있었다. 병역은 의무가 아니라 명예로운 권리였으며 대표적인 수련집단인 화랑은 명망군의 자원을 보충해 주는 역할을 하였다. 이와 같이 삼국시대의 군대는 명망군을 주축으로 하는 점에 있어서 그리스나 로마 초기의 군사적 전통과 크게 다르지 않았다.

그러나 고려시대로 넘어오면서 달라진다. 중앙군으로서 친위군인 2군과 위수와 변경방위 및 치안 등을 담당하는 6위를 두고 그 밑에 각각 1천 명을 단위로 하여 45개 영을 두었다. 지방에는 주현군을 설치하여 각 도에 보승과 정용 및 일품군을 두었다. 지휘관은 군호 중에서 선발되었고 병사들의 충원은 의무적 군역으로 운용되었다. 조선시대의 군사 제도는 오위도총부와 진관체제를 주축으로 하였다. 중앙군인 오위는 각 지방을 분담하였고 전문적 군인인 갑사와 양인 중에서 의무적으로 군역을 담당하는 정병으로 구성되었고 각 도에 설치된 영진군에는 양인인 농민이 교대로 복무하게 하였다. 군역은 16세에서 60세까지 양민을 대상으로 하였고 양반의 자제는 군역에서 제외되었다. 양민도 병역물납제인 군포제를 통하여 군역을 면제받을 수 있었다.

조선 초기의 진관체제는 지방의 수령들의 책임으로 지휘·통솔하는 것으로서 대규모 전란에 대응하기는 어려운 군사운용체계였다. 더구나 군역을 회피하는 사례가 늘어나면서 유지가 어려워졌다. 진관체제鎭管體制의 문제점을 보완하기 위하여 명종 10년(1555년) 을묘왜변을 전후하여 제승방략制勝方略 체제가 시행됐다. 제승방략은 군현의 군대를 순변사, 방어사, 조방장, 도원수 그리고 각도의 병사와 수사들 아래 흩어 소속시키는 방식으로 각 군현의 수령이 자기 휘하 군사를 통솔하여 전략 요충지 또는 전투지역으로 이동하게 하고 중앙에서 내려오는 장수의 지휘를 받도록 하는 제도였다. 그러나 이 제승방략은 그것을 받쳐줄 후방 병력이 없기 때문에 한 번 무너지면 속속 무너지고 마는 취약점이 임진왜란에서 여실히 증명됐다. 이에 따라 조선은 다시 종전의 진관체제로 복귀하고 병력을 조달하기 위하여 양반과 천민이 포함된 속오군을 편성하였지만 점차 천민 부대로 변질되고 말았다. 결국 부실한 군사체계가 다시 전란을 불러오고 조선의 쇠망으로 이어졌다.

보훈에 관한 기록은 삼국시대부터 보인다. 신라는 전공자에 대한 상사 업무를 관장하는 기구로서 상사서를 두었다. 상사의 주요 내용은 군공자에 대한 관직의 제수와 음서, 식읍 · 토지 · 곡식 · 주택 · 물품 · 의복 · 노비의 하사, 장례 · 제사 · 수묘 · 법회 등이었다. 고구려나 백제 역시 비슷한 제도가 있었던 것으로 짐작되지만 자세한 기록은 보이지 않는다. 신라의 상사제도는 진흥왕 순수비문을 통해서 확인할 수 있다.

만약 충성과 신의와 정성이 있거나 재주가 뛰어나고 기미를 잘 살피며 적에게 용감하고 싸움에 강하며 나라를 위해 충절을 다한 공이 있는 자들에게는 상(賞)과 작(爵)을 더하여 그 훈로(勳勞)를 표창하고자 한다. (마운령비 비문 중에서)

고려의 군사 제도는 삼국시대와 달리 상비군, 직업군적 성격을 띠고 있었던 만큼 보훈 제도 역시 더 발전적 형태였다. 보훈담당 기구로 국초에 사적史籍이라는 기구를 두었다가 고공사考功司, 상서고공尙書考功 등으로 변화되었다. 공신의 책봉 · 기록 · 공음 · 추증 등의 관직이나 관계의 수여를 비롯하여 급전 · 학교 · 면역 등의 우대제도가 시행되었으며, 공신당을 지어 공을 기리거나 법회 등을 통하여 추념하는 행사가 있었다. 중반기를 지나면서 배향공신이 추가되고 후손에 대한 음서가 확대되었다. 음서는 최초 6공신의 현손까지 관직이 없으면 초직을 제수하고 직이 있으면 관급을 더하게 하였다. 관직 제수 외에 토지 분급으로서 자식 없이 죽은 군인의 처와 자손이나 친족이 없는 70세 이상에게 지급하는 구분전 제도가 있었다. 이와 같이 고려시대의 보훈 제도는 삼국시대에 비하여 진일보한 형태였다.

역성혁명으로 개국된 조선시대의 보훈 제도는 정치적, 체제유지적인 성격이 매우 강했다. 앞서 이야기 한 대로 개국과 함께 공신 39인에 대한 논공행상을 행하고 비를 세워 공을 기록하고 장생전을 세워 화상을 그리도록 하였다. 또한 토전과 노비를 내리고 삼대 조고祖考를 추증하였고 아들에게 직첩을 내렸으며 아들이 없으면 생질과 사위를 등용토록 하였다. 그리고 적장손에게는 직을 세습할 수 있도록 하여 그 녹을 유지하도록 하였고, 자손들 가운데 허물이 있더라도 용서받을 수 있도록 신표를 써주었다. 병자에게는 의원을 보내 치료하고 위문하거나 장례에 조문을 행하는 등의 예우가 주어졌다.

공신은 유교의 발전과 왕도정치의 실현과 관련된 배향공신과 전공과 관련된 훈봉공신으로 구분되었다. 배향공신은 모두 83명이 책봉되었고, 훈봉공신은 28회에 걸쳐 977명이 책봉되었으며 정공신과 원종공신으로 구분되었다. 우대와 특권은 배향공신, 정공신, 원종공신 순으로 주어졌다. 그러나 많은 정변으로 여러 형태의 공신 책정이 있었지만 삭제와 복원이 거듭되는 등의 난맥상이 끊이지 않았다.

임진왜란이 수습된 후 선조는 의병의 공적을 기념하고 천인 출신에게는 양인의 신분을 주고, 평민 가운데서 군공을 세운 자에게 역을 면제해주었고 단·사우·묘우 등을 세워 그 공을 기리도록 했다. 조선왕조실록에 의하면 특히 왜적을 친 제장과 명의 군사와 군량지원을 청한 사신 등

18명을 선무공신으로 책정하고 그 화상을 그려 후세에 전하도록 하였고, 등급에 따라 본인 및 가족의 관작과 품계를 1등급 내지 3등급을 올려주었고 적장자에게 세습토록 하였다. 경제적 은전으로는 전지·은자·노비·내구마를 내렸다. 또한 전투에서 공을 세웠거나 군수품 조달에 기여하였거나 전사한 장병 등 총 9,060명의 선무원종공신을 선정하여 1계급 올려주었고 자손에게 음서를 허락하였다고 기록하고 있다.

조선의 보훈 기구는 1392년(태조 1년) 임시기구로 공신도감을 설치하여 공신의 선정과 대우에 관한 일을 맡도록 한데서 비롯된다. 공신도감은 충훈사를 거쳐 세조 때 충훈부로 승격되었다. 충훈부는 고종 31년(1894년) 기공국, 광무 3년(1899년) 표훈원으로 개편되었다.

이와 같이 중국이나 우리나라는 일찍이 중앙집권적 전제국가가 성립되었기 때문에 보훈 제도의 역사는 매우 길고 또 체계성을 갖추고 있었다. 그러나 근대국가로 발전하면서 그런 전통은 유지될 수 없었다. 특수계층에 대한 특권적 형태의 보훈은 더 이상 국민국가의 시대에 맞지 않기 때문이다.

# 민족과 보훈이 만나다

우리에게 1989년 자유화 운동의 기수 바웬사의 나라로 익숙한 폴란드는 10세기 후반 잠시 동유럽의 강력한 국가로 성장하였지만 얼마 가지 못하여 영토의 일부가 체코와 헝가리에 병합되는 수모를 겪었다. 11세기 후반, 국가가 재건되었지만 독일에 예속되고 말았다. 공국으로 전락한 폴란드는 주변 세력의 간섭으로 200년간 소국으로 분할되었다가 14세기 중반에 가서야 통일국가의 모습을 어느 정도 갖출 수 있었다. 그러다가 18세기 후반 강국으로 등장한 러시아 · 프로이센 · 오스트리아 3국에 123년간 분할 통치를 받았다. 제1차 세계대전의 종전과 함께 1918년 독립하였지만 또 다시 1939년 나치 독일의 침입으로 독일과 소련에 의하여 분할 점령되고 수많은 국민이 대량 학살당하는 비극을 겪었다.

이 같은 폴란드 비극적 상황은 구한말 국권을 상실하고 식민지 강점을 겪어야 했던 우리와 흡사하다. 시기적으로는 다르지만 폴란드 분할과정이나 구한말 우리나라의 분할과정이나 크게 다르지 않았다. 다 같이 강대국들의 이해관계에 따라 이루어진 정략적 분할 지배로 인하여 지도상에서 나라가 사라지는 역사를 경험했다. 유럽 제국이 전쟁에 휘말린 상황에서 망명정부를 세우고 의용군을 편성하여 독립을 얻고자 고군분투했던 것도 우리의 독립투쟁과 크게 다르지 않았다. 또한 망명정부 산하의 국내군과 폴란드 노동자당 산하의 인민군이 따로 있었던 것과 마찬가지로 항일 무장세력 역시 임시정부 산하의 광복군과 소련의 영향력 하에 있던 동북항일연군, 중국 공산당과 협력했던 조선의용군 등이 있었다. 폴란드는 1945년 해방에도 불구하고 소련의 영향력에 의하여 1952년 사회주의 정권이 들어서게 되었고 한반도에서는 남·북한으로 분단되는 비운을 맞이했다.

에릭 홉스봄Eric J. Hobsbawm은 민족주의는 근대국가 형성을 위한 정치적 이데올로기라 했다. 고난과 희생을 함께 나눈 민족의 집단적 기억은 민족국가라는 새로운 국가의 형성과 통합의 기제가 되었다. 보훈 정책은 민족이나 민족국가와 불가분의 관계에 있다. 민족의 집단적 기억을 공적 영역으로 확산하고 후세에 전승함으로써 국가에 대한 애착심과 결속력을 고무하는 것, 그것이 보훈 정책의 본질적 기능이며 역할이기 때문이다.

계몽주의 시대의 장 쟈크 루소가 폴란드의 회생을 위해 내놓은 '민족적 제도'는 보훈 정책과 민족주의와의 관계를 잘 설명해 준다. 폴란드가 기울어져 가고 있을 때 폴란드의 한 백작은 루소에게 어떻게 하면 폴란드가 다시 일어설 수 있겠는가 하고 묻는다. 이에 대한 답변으로 1772년에 써준 글이 '폴란드의 정치에 관한 논문'으로 알려져 있다. 이 논문에서 루소는 자유, 평등을 주장한 계몽주의 사상가로서는 특이하게 민족정신의 중요성을 말하고 있다. 폴란드의 독립을 위해서는 민족적 관습을 부활하

<루소>(출처: 네이버 지식 백과)

고 국민 교육과 국민 개병제를 통하여 민족주의를 고무해야 한다는 것이다. 나아가 유태와 스파르타 및 로마가 '민족적 제도'를 만들어 한 민족을 애국주의에 불타는 민족으로 갱생한 것처럼 민족적 유업을 계승하고 기념비를 건립하여 민심을 진작하며, 주기적으로 민족 성전을 개최하여 조국을 위하여 헌신한 자를 찬양하며, 유가족들에게 영예로운 특권을 주도록 해야 한다고 주장했다. 루소의 이 주장이 유럽의 근대 보훈 제도를 형성하는데 얼마나 영향을 미쳤는지는 알 수 없지만 새로운 보훈의 방향을 제시했다 해도 좋을만큼 지금의 보훈 정책과 흡사하다. 루소는 또한 자유와 조국애, 인도와 조국 그리고 세계주의와 민족주의의 교직과 융합을 통하여 각 민족이 제각각 민족문화를 계승·발전하는 것이야말로 인류 진보의 공동목표에 기여하는 것이라 보았다. 루소가 왜 스파르타를 이상국가로 생각했을까? 스파르타는 공교육을 통하여 다른 민족에게는 찾아보기 어려운 고결한 덕성과 용기를 지닌 시민, 조국에 대한 사랑과 열정으로 불타는 애국적 시민을 만들었다고 보았기 때문이었다.

고대 그리스나 로마 세계를 바라보는 루소의 이 같은 시각은 그의 사회계약론에서 국민의 희생과 헌신을 정당화하는 것으로 나타난다. 그것은 사회계약 당사자의 생명 보존의 목적에서 나온 필연적 귀결일 수밖에 없다. 남을 희생시키면서 자기 자신의 생명을 보존하려 한다면 필요한 경우엔 또 남을 위해 자신의 생명을 내던져야 한다는 전제를 깔고 있기 때문이다. 그렇기 때문에 국가를 위해 목숨을 던져야 한다면 당연히 그렇게 해야 한다는 것이다. 그것은 계약 당사자로서의 의무이기도 하지만 동시에 자신의 생명을 지키기 위한 권리이기도 하다는 것이다. 루소는 시민의 안전은 계약에 의한 권리와 의무를 다할 것을 전제로 하는 '국가의 조건부 선물'이라고까지 말한다. 나아가 루소는 "국가가 잘 조직될수록 시민은 사적인 일보다 공적인 일을 중요시 한다."고 말하고, "정말로 자유로운 나라에서는 자기 의무를 피하기 위해 돈을 지불하기는커녕 돈을 지불하고서라도 자기의 의무를 스스로 다하려고 할 것이다."라고 했다. 아울러 전쟁에 나가야 할 때 돈으로 대체하는 상황에 이르면 그 국가는 멸망 앞에 놓인다고 하여 군 입대나 참전과 같은 신체적 의무의 직접적 수행을 강조했다. 루소의 이러한 생각은 근대 국민국가, 민족국가를 만드는데 있어 사상적 기초가 되었음은 두말할 나위가 없다.

민족 개념의 성장에는 당시 유럽의 사상적 흐름이었던 국가이성론·사회유기체설·공리주의·낭만주의의 역할도 있었다. 독일에서는 사회유기체설과 낭만주의 사조가 깊이 작용했다. 유기체의 생명과 마찬가지로 한 민족의 흥망도 조국을 위한 희생이 민족 생존의 자양분이 된다고 보았다. 독일 낭만주의는 민족문학과 같은 고전문예 활동을 통하여 집단기억을 불러일으킴으로써 민족의식을 고취했

&lt;J.G. 피히테&gt;(출처: 다음)

다. 나폴레옹의 침략을 맞아 독일 국민의 분발을 촉구한 연설, '독일국민에게 고함'으로 유명한 피히테는 민족의 정신적 동일성을 '내적 국경'이라

는 개념으로 설파했다. 국가와 국가를 나누는 것은 영토적 국경이 아니라 언어공동체를 기초로 한 정신적 국경에 있다는 것이다. 그래서 외적인 국경을 제패당해도 '내적 국경'이 무사하다면 도덕 재무장을 통하여 회복할 수 있다고 보았다. 피히테의 '내적 국경'은 "교육과 역사가 망하지 않으면 그 나라는 망하지 않는다(國敎國史不亡則 其國不亡也)."라고 했던 백암 박은식 선생의 '국혼國魂' 개념과 다르지 않다. '내적 국경'이나 '국혼'은 오늘날의 국가 정체성과 같은 말이다.

그러나 프랑스의 민족 개념은 달랐다. 주관적 성격이 강한 독일의 민족 개념과 달리 프랑스는 소속 의지, 즉 함께 살려는 의지를 중시했다. 에르네스트 르낭의 얘기를 들어보자.

<에르네스트 르낭>
(출처: 위키피디아)

하나의 민족은 하나의 영혼이며 정신적인 원리입니다. 둘이면서도 하나인 것이 바로 이 영혼, 즉 정신적인 원리를 구성하고 있습니다. 한쪽은 과거에 있는 것이며, 다른 한쪽은 현재에 있는 것입니다. 한쪽은 풍요로운 추억을 가진 유산을 공동으로 소유하는 것이며, 다른 한쪽은 현재의 묵시적인 동의, 함께 살려는 욕구, 각자가 받은 유산을 계속해서 발전시키고자 하는 의지입니다. (…) 개인과 마찬가지로 민족 역시 노력과 희생, 그리고 오랜 헌신으로 일구어내는 기나긴 과거의 결실인 것입니다. 조상들에 대한 숭배는 지극히 정당한 것입니다. 조상들 덕분에 현재의 우리가 있으니까요. 위대한 인물들, 영광스러운 영웅적인 과거, 그러한 것들이 바로 우리가 민족적인 사고의 토대를 두고 있는 사회적 자산입니다. (…) 위대한 일을 함께 이루었고 여전히 그것을 함께 하고자 하는 것이야말로 한 인민이 되기 위한 본질적인 조건들인 것입니다. (…) 국민이란 과거에 이미 치렀고 여전히 치를 준비가 되어 있는 희생의 욕구에 의해서 구성된 커다란 결속입니다. (…) 한 민족의 존재는 개개인의 존재가 삶의 영속적인 확인인 것과 마찬가지로 매일매일의 국민투표입니다. (…) 인간들의 대결집, 건전한 정신과 뜨거운 심장이야말로 민족이라 부르는 도덕적 양심을 창출합니다. 이 도덕적 양심이 공동체를 위해서 개인을 버린 그 희생들을 바탕으로 하여 자신의 힘을 증명하는 한, 그것은 정당하며 존재할 권리가 있습니다.(에르네스트 르낭 지음, 신행선 옮김, 「민족이란 무엇인가」 중에서)

르낭의 민족에 대한 정의는 '희생'의 경험과 의지를 매개로 한다. 르낭이 민족의 본질을 희생으로 결속된 소속의지이며 도덕적 양심이라 본 것은 곧 애국심에 봉사하는 민족적 개성으로 본 루소의 그것과 다를 바 없다. 과거의 영광과 희생에 대한 공통의 기억으로 결속하여 그 공동체를 지켜나가고자 의지를 뒷받침하는 데 있어 여러 가지 형태의 상징적 기제가 필요했다. 그것이 근대 민족국가에서의 보훈이 중요한 의미를 갖게 된 이유이기도 하다.

# 은전에서 권리로 나아가다

　전통적 보훈 제도는 국왕의 은전이나 시혜의 성격이었다. 근대적 보훈 제도는 법적 권리가 인정되는 청구권의 성격으로의 변화를 의미한다. 근대적 보훈 제도는 미국, 영국, 프랑스 등에서 가장 먼저 확립되었고 제2차 세계대전 이후에 세계적으로 확산되었다.

　영국은 섬나라로서의 지리적 여건이나 전략적 필요에 의하여 육군보다는 해군력 강화에 주력했다. 이에 따라 엘리자베스 1세의 재위 기간인 1581년 체탐 금고(Chetham Chest)를 설치하여 해군상조제도를 시행했다. 해군 복무자로 하여금 봉급에서 일정액을 갹출토록 하고 그 재원으로 상이군인과 미망인에게 연금을 지급하도록 했다. 1593년 군인구제법이 제정됨으로써 육군 상이군인에게도 연금이 지급되었다. 그 후 1806년 연금법이 제정됨으로써 법적 권리가 인정되는 최초의 근대적 전쟁연금제도가 마련되었다. 그러나 전쟁연금제도는 예기치 못한 여러 문제를 노출함으로써 1826년 법적 권리가 부인되고 은전의 성격으로 회귀했다. 그러다가 1914년 제1차 세계대전의 발발로 군인 외에 일반 시민의 참전이 늘어나고 징병제가 시행됨에 따라 전사상 군인과 유족의 법적 보상권리가 인정되는 근대적 보훈 제도로 발전할 수 있었다. 이 때 연금제도는 생활 수단의 상실에 대한 법적 보상의 성격으로 재정립됐다. 개인적 능력과 환경에 관계없이 상이 정도에 따라 보상하되 그 상이 정도는 같은 연령의 건강한 자와 비교하여 결정하도록 했다.

미국에서는 1636년 최초 정착지인 플리머스Plymouth Colony에서 인디언과의 전투에서 부상당한 군인에게 연금을 지급하기 위한 법률이 제정되었다. 여기서 "누구든지 군인 신분으로서 전쟁터에 나아가 불구가 되어 돌아왔을 때에는 식민지 당국에 의하여 그의 일생 동안 적절히 보살핌을 받게 된다."는 원칙이 선언됐다. 이러한 원칙에 따라 각 주 별로 상이군인 연금 지급을 위한 법률이 제정·시행됐다. 영국과 달리 미국은 처음부터 법적 권리가 인정되는 근대적 제도였다. 연방 차원의 연금제도는 독립전쟁 때 시행된 징병제를 뒷받침하기 위하여 1778년에 도입되었고 전쟁 승리의 중요한 요소가 되었다. 1789년 구성된 최초의 의회는 연금의 연방 정부 책임원칙을 재확인하고 관련 법률을 제정함으로써 연방보훈 제도를 확립했다. 그 이후 남북전쟁과 1, 2차 세계대전을 거치면서 세계에서 가장 앞선 보훈 제도를 갖게 되었다. 수혜자 급증으로 인한 재정 부담을 완화하기 위하여 1820년에 일정 소득 이상자의 연금수급권을 배제하는 조치가 있었지만 1832년 소득에 관계없이 수급권을 회복하는 조치가 이뤄졌다.

프랑스 보훈 제도는 17세기 절대왕정을 뒷받침하기 위하여 시작되었다. 1674년 루이 14세의 명으로 부상을 입은 군인의 요양을 위한 앵발리드Hôtel des Invalides가 설립되었고 1779년부터 상이군인에게 급여가 지급되었다. 이것이 1831년에 법제화됨으로써 근대적 보훈 제도가 확립될 수 있었고 보불전쟁과 1, 2차 세계대전을 겪으면서 보훈 업무는 더욱 확대됐다.

<앵발리드> 지금은 군사박물관으로 사용되고 있다.(출처: 다음 해외정보)

유럽과 달리 동아시아에서는 근대적 보훈 제도를 발전시키지 못했다. 제2차 세계대전이 끝난 후 새로운 국가가 수립되면서 근대적 틀을 갖추기 시작했다. 그러면 동아시아에서 가장 먼저 근대화의 길을 걸었던 일본은 어떠했을까? 원래 일본은 공사公私의 개념이 중국이나 우리의 그것과 달랐다. 공公은 공정이나 공평과 같은 공적 개념이 아니라 자신이 섬기는 주인에 대한 충성을 의미했다. 루스 베네딕트가 「국화와 칼」에서 예리하게 분석한 것처럼 천황—쇼군—다이묘—사무라이 사이의 위계질서는 '오야붕(親分)'과 '꼬붕(子分)'의 사적 관계로 얽혀 있는 구조였다. 이런 사회에서는 전사상자가 발생해도 그것은 국가를 위한 공적 희생이 아니라 주군을 위한 사적 희생일 뿐이다. 이런 이유로 개인이나 친족, 지역공동

체에 의한 구조가 원칙이었고 국가는 보충적이었다. 유럽에서 징병제는 보훈 제도의 발전을 가져온 결정적 요인이 되었지만 일본에서는 그렇지 않았다. 환난을 지역적 차원에서 해결하는 인보적 전통이 강했기 때문이다. 국민 개병제와 징병제가 실시된 이후에도 병역의무의 수행에 따라 발생한 손실은 여전히 사회가 부담해야 한다고 생각했다. 국가가 물질적인 보상을 해주는 것은 병역의무를 금전화 하는 것으로 국민개병제의 골간을 훼손하고 징병제의 시행을 위태롭게 할 수 있다는 논리였다. 다시 말하면 국가의 필요성에 의하여 동원되기는 하지만 그렇다고 해서 국가에 보상을 요구할 것은 아니지 않는가 하는 것이었다. 유럽 국가들과 전혀 다르게 인식하고 있었음을 알 수 있다. 그러나 일본도 러일전쟁과 제1차 세계대전을 거치면서 공공부조제도로 전환되었고 중일전쟁과 제2차 세계대전 이후에는 전사상자에 대한 구조가 국가책임에 의한 권리로서 보장되었다.

# 이름 없는 용사에 경의를 표하다

　제례는 경천사상에서 비롯된 것으로서 세습제도가 정착되는 과정에서 점차 자리를 잡고 한漢나라 때 예법으로 뿌리를 내렸다 한다. 공자는 인仁과 의義에 형식을 주는 것이 바로 예禮라고 하였다. 생활에서 예를 실천하면 사회질서가 잘 유지된다는 뜻이기도 하다. 예는 행동 양식을 규율하는 틀로서 법치보다는 예치로서 이상 사회를 더 잘 구현할 수 있다는 치세의 도였다. 공자의 제자 자공은 제사 지낼 때 양을 죽여서 제물로 바치는 희양犧羊의 예를 번거롭고 불편한 것으로 생각했다. 그래서 "희양을 없애는 것이 어떻습니까?" 하고 공자에게 물었다. "자네는 양을 아까워 하지만 나는 예가 죽어가는 것을 안타까워한다."는 것이 공자의 답변이었다. 이와 같이 예는 비록 성가시고 또 겉치레로 흐르기 쉽지만 사람과 사람, 나와 조상, 인간과 하늘 또는 절대자를 이어주는 일체화 과정이라 할 수 있다.

예법 가운데 가장 기본이 되는 것이 제례라 할 수 있다. 제례는 서경의 홍범洪範에서 말하는 팔정八政의 하나로서 정치의 중요한 수단이었다. 팔정은 식(食 · 양식) · 화(貨 · 재화) · 사(祀 · 제사) · 사공(司空 · 건설) · 사도(司徒 · 교육) · 사구(司寇 · 형벌) · 빈(賓 · 외교) · 사(師 · 군대) 등이다. 조선 고종 32년(1895년) 갑오개혁의 대강을 「홍범14조」라는 이름을 붙였던 것처럼 홍범은 지금의 헌법과 같은 것이다.

중국에서 봉선封禪은 최고의 제례의식이었다. 황제가 하늘에 제를 올리는 의식으로서 경천사상의 발로이기도 하지만 권력의 강화를 위한 것이기도 했다. 봉선이 행하여졌던 산동성 태산泰山은 지금도 많은 사람들이 찾는 곳이다. 우리 역사에서도 부여의 영고, 고구려의 동맹, 동예의 무천과 같은 제천의식이 있었다. 봉선 다음에는 종묘사직宗廟社稷에 대한 제례의식이 있다. 종묘제례는 역대 왕들에게 제사를 지내는 것으로 아버지, 혈통, 하늘과 맞닿아 있으며 사직단은 곡식의 신, 땅, 어머니와 연결되어 있다고 한다. 봉선이든 종묘제례든 왕조와 나라가 영원히 계속되기를 기원하는 의식임은 두말할 나위가 없다. 국가적 제례는 유교와 더불어 자기 조상에 대한 제례로 확대되었다. 조상에게 제사를 지내는 것도 초기에는 신분에 따라 차이가 있었지만 나중에는 신분과 무관하게 사대봉사四代奉祀를 원칙으로 했다. 그러나 특별한 공훈이 있는 경우에는 이에 관계없이 불천위不遷位라 하여 사당을 지어 제사를 지낼 수 있도록 예우했다. 때로는 사액賜額, 즉 사당이나 사우의 이름을 내려주기도 했다. 이는 왕조의 정통성과 유교의식이 결합된 것으로서 충군애민忠君愛民의 사회적 기풍을 진작하기 위한 것이었다.

그러나 전쟁에 나가 목숨을 바친 전사자에 대하여 국가적 제례를 행한 사례를 찾아보기 어렵다. 삼국사기 제사지에 의하면 신라에서는 종묘제사, 사직제사, 농경제사 및 별제, 명산대천제사 등이 있었다. 이 가운데 명산대천제사는 정복지역을 순행하며 제사를 지내는 것으로서 영토에 대한 지배를 표현하는 의미가 있었다. 그러나 그 지역을 정복하는 과정에서 전사한 사람들의 영혼을 위로하는 성격이 포함되어 있었는지는 분명하지 않다. 고려사 예지에 의하면 유교·불교·민간신앙 등 제례의 종류가 매우 다양했다. 국가의 공적 제례뿐만 아니라 지역공동체 차원의 제례도 많이 있었다. 이 가운데 호국적 성격이 강했던 팔관회는 전사자의 영혼을 위로하는 자리가 되기도 했을 것으로 짐작되지만 어디까지나 불교행사였다. 대체로 고려의 제례를 따랐던 조선시대 역시 전사자에 대한 국가적 제례에 관한 기록은 찾아보기 어렵다. 그렇지만 임진왜란 때 순절한 조헌을 비롯한 700명의 의병과 승병의 시신을 수습하여 만든 칠백의총七百義塚의 춘추제향은 임금의 친제親祭는 아니었지만 국가적 제례에 준하는 성격이 있었던 것으로 보인다. 1895년 을미사변 때 순국한 시위대장 홍계훈을 비롯한 장졸들을 위하여 장충단獎忠壇을 세우고 군악과 조총의식으로 춘추제향을 올린 것을 보면 근대적 현충의식이 생겨나고 있었음을 알 수 있다.

「상상의 공동체」를 쓴 베네딕트 앤더슨B. Anderson은 "근대 민족문화의 상징으로 무명용사의 기념비나 무덤보다 더 인상적인 것은 없다. 일부러 비워 놓았거나 누가 그 안에 누워 있는지를 모른다는 바로 그 사실 때문에 무명용사의 기념비와 무덤에 공식적으로 의례적 경의를 표한다는 것은 일찍이 전례가 없었던 일이다."라고 했다. 아테네에서 페리클레스가 전사자 추모 연설을 하고, 시신을 거두지 못한 전사자를 위하여 별도의 빈 수레를 운구했다는 기록이 전한다. 그러나 이름이 알려지지 않은 '무명용사'를 위한 기념비나 묘지가 있었다는 기록은 없다. 앤더슨에 의하면 그때도 기념비는 있었지만 시신을 찾지 못한 특정 전사자를 위한 것이었지 시신이나 유해는 찾았지만 그가 누구인지 알지 못하는 '무명용사'를 위한 것은 아니었다. 국가적 숭배의 대상이 왕가나 귀족으로 되어 있던 중세시대에 무명용사에 경의를 표한다는 것은 더욱 상상하기 어려운 일이었다. 왕이나 영주들이 기사들을 두고 그 밑에 용병(mercenary)을 고용하여 운영하는 군사체제 하에서는 그런 관심을 기울일 필요가 없었다. 그러나 근대국가, 국민의 군대에서는 이런 것이 달라졌다.

이 묘석 아래에는
이름도 계급도 알 수 없는
영국 군인이 잠들어 있다.
프랑스에서 운구하여
1920년 11월 11일 종전기념일에
국왕 조지 5세
각료들
장군들
그리고 수많은 국민들이 참관한 가운데
가장 걸출한 위인들과 나란히 묻혔다.
1914년부터 1918년에 걸친 위대한 전쟁 중에
신을 위해
국왕과 조국을 위해
사랑하는 가족과 제국을 위해
정의와 자유의 신성한 대의를 위해
가장 소중한 생명을 온전히 바친
모든 이들을 추모하노니
신과 조국에 대한 본분을 다하였으므로
역대 국왕들 사이에 묻히노라.

일개 평민이 국왕과 같은 예우를 받게 되었다는 것은 국민이 주권자가 되었음을 단적으로 보여주는 것이다. 영국은 제1차 대전이 끝난 이듬해

1920년 11월 11일 격전지였던 프랑스에서 무명용사 한 명의 유해를 봉환하여 웨스트민스터 사원에 안치했다. "신과 조국을 위해 본분을 다했으므로 역대 왕들의 사이에 묻히노라."라 쓴 묘비명은 단순한 찬사가 아니다. 이름조차 알 수 없는 무명용사에게 영광을 바치고 왕과 같은 반열에 올리게 된 것, 그것이 바로 시대의 변화를 극명하게 보여주는 것이다. 당초 이 아이디어는 1916년 데이비드 레일튼David Railton이라는 목사에게서 나왔다고 한다. 서부전선의 군목으로 있을 때 'An Unknown Soldier'라고 연필로 쓴 조악한 십자가가 꼽힌 묘지를 본적이 있는 그는 그 유해를 발굴하여 웨스트민스터 사원의 의식으로 역대 왕들 사이에 안치하자는 제안을 하였고, 사제장과 데이비드 로이드David Rloyd 총리가 적극 호응함으로써 무명용사묘(tomb of the unknown soldier)가 만들어질 수 있었다.

<영국 Westminster Abbey, 무명용사묘지 묘지명>(출처: 위키피디아)

프랑스는 1920년 11월 11일을 기하여 개선문 아래 무명용사묘지를 설치하고 50만여 명의 전사자를 상징하는 한 명의 무명용사 유해를 안치했다. 프랑스 제3공화국 50주년을 기념하고 보불전쟁 당시 방어전을 지휘했으며 제3공화국 수립에 공헌하고 총리를 지낸 레옹 강베타의 유해를 팡테옹에 이장하는 행사와 함께 이뤄졌다. 이때 무명용사의 유해를 전쟁터에서 모서와 매장한 것은 농업국가인 프랑스를 스스로 지켜온 농부 병사들의 '토지로서의 귀환과 토지를 통한 구원'의 의미를 극대화하기 위한 것이었다. 또한 이는 프랑스 공화국, 새로운 민족국가의 승리를 강조하기 위한 것이기도 했다. 프랑스의 무명용사묘가 갖는 의미는 신과 국왕의 영광과 함께 하는 것을 강조하

는 영국의 그것과 다르다. 무명용사라는 상징에는 그 나라의 특수한 문화적 전통이나 정치적 함의가 깃들어 있기 때문이다. 제1차 세계대전 전쟁 영웅 페탱Philippe Pétain 원수가 1935년 11월 17일 농민기념비 제막식에서 행한 연설을 보면 더욱 분명해진다.

> 그의 영웅적 인내로 프랑스를 만들어 내고, 프랑스의 경제적 · 정신적 형평을 확보해주는 사람이 바로 농부병사이며, 그는 도덕적 원천이다. 왜냐하면 그는 그 힘을 바로 조국의 땅으로부터 끌어내기 때문이다.
> (피에르 노라 외 지음, 김인중 · 유희수 외 옮김, 「기억의 장소」 중에서)

미국은 1921년 11월 11일 프랑스로부터 제1차 세계대전 전사자의 유해를 운구하여 알링턴 국립묘지에 무명용사묘를, 1954년 필라델피아 워싱턴광장에 독립전쟁 무명용사비를 설치했다. 이탈리아 역시 1921년 11월, 로마 중심부에 위치한 베네치아 광장의 '빅토리오 에마누엘레 2세 기념관'에 설치된 '조국의 재단' 밑에 무명용사묘를 설치했다. 그러나 미국이나 이탈리아는 영국이나 프랑스와 달리 이름은 알려져 있으나 시신을 찾지 못한 전사자를 모신 곳이다. 무명용사묘는 이후 캐나다, 호주, 러시아 등 전쟁을 경험한 대부분의 국가로 확산되어 최고의 국가 의식이 행하여지는 성소聖所 자리를 잡게 되었다.

우리나라의 경우 6 · 25전쟁 때 낙동강 전선 포항전투에서 전사하여 가매장되어 있던 이름을 알 수 없는 학도병 48명의 유골을 수습하여 1948년에 국립묘지에 안치하고 '무명용사영현'이라는 이름으로 모시고 있다. 그러나 앞서 살펴본 다른 나라들의 무명용사묘와 달리 학도의용군 전사자의 영현을 안치하고 위령과 추모를 위한 복합시설물이다. 현충탑 밑 지하 납골당에는 이름을 알 수 없는 무명용사 5,700여 분의 유골이 안

치되어 있다. 외부로 드
러나는 장소가 아니다보
니 영국이나 프랑스의 무
명용사묘가 갖는 의미와
상징성을 충분히 드러내
지 못하는 한계가 있어 보
인다.

&lt;국립 서울 현충원&gt;
'학도의용군 무명용사탑'과 '학도의용군의 묘'

　앤더슨은 "종교적 사고는 일반적으로 숙명을 연속성으로 변화시킴으
로써 불멸성의 모호한 암시에 또한 반응한다. 이런 방법으로 죽은 자와
아직 태어나지 않은 자 사이의 연결과 재생의 신비에 관심을 갖는다."라
고 말한다. 이 같은 종교적 사고 양태가 퇴조했던 근대의 여명기에 숙명
을 연속성으로, 우연을 의미 있는 일로 전환시키는 데 있어 민족이라는
개념보다 적합한 개념은 별로 없었다는 것이다. 근대국가에서 무명용사
묘를 만들고 그들에게 국가적 경의를 표하게 된 것은 생명의 불멸성과 재
생이라는 종교적 사고를 민족이나 국가로 확대한 것이라 할 수 있다. 그
것은 또한 혈연공동체, 지역공동체를 넘어 국가와 민족이라는 운명 공동
체로 합체된 것이라 할 수 있다. "신을 위해 국왕과 조국을 위해 사랑하는
가족과 제국을 위해 정의와 자유의 신성한 대의를 위해"라고 쓴 영국의
무명용사 묘지명은 '신, 국왕, 국가, 가족, 대의'를 하나의 가치로 연결하
고 있음을 알 수 있다. 우리 현충일 노래 중에 "임들은 불멸하는 민족혼의
상징"이라는 가사나 "여기는 민족의 얼이 서린 곳 조국과 함께 영원히 하
는 이들 해와 달이 이 언덕을 보호하리라."는 동작동 국립묘지 현충탑의
비명 역시 순국선열과 전몰장병의 희생을 민족정신의 가치로 승화한 것
이다.

<국립 서울 현충원 현충탑 비명>

이와 같이 무명용사묘에서 시작된 국가의 가장 큰 제례인 현충의식은 전적으로 근대국가의 산물이다. 전사자 추모에서 오랜 전통이 있는 아테네에서 조차도 국가가 주관하는 장례, 즉 국장은 있었지만 현충일은 없었다. 현충일은 나라를 세우고 지킨 선열과 호국영령의 충혼을 위로하고 유지를 계승하여 온 국민이 나라 발전에 헌신할 것을 다짐하는 날이다. 국가를 위한 공적 헌신을 기억하고 현창하기 위한 최고의 의례로서 정통성을 확인하는 행위라 할 수 있다. 그렇기 때문에 국가원수가 직접 집전하여 추모식을 거행하는 국민국가 최고의 국가제전으로 자리 잡고 있다.

유럽 국가들 가운데 제1차 세계대전 전승국인 영국과 영연방 국가, 프랑스 등은 종전협정 서명 시각에 맞추어 11월 11일 11시에 현충일 (Remembrance Day)행사를 거행한다. 미국은 유럽과 달리 5월 마지막 주 월요일을 현충일(Memorial Day)로, 11월 11일은 제대군인의 날(Veteran's Day)로 정하고 있다. 미국의 현충일은 남북전쟁이 끝난 후 3년 후인 1868

년에 북군 출신 참전자 단체로서 지금도 활동 중인 총공화군(GAR)에서 만든 '헌화의 날(Decoration Day)'에서 비롯되었다. 이날은 전사자의 무덤을 찾아 꽃을 장식하는 날이라는 뜻으로 5월 말로 정한 것은 꽃이 만발하는 때이기 때문이다.

이와 같이 사람과 사람 사이에 예의가 있듯이 나라에는 국가 의식이 있고, 그 가운데 가장 상징적 의미가 큰 의식이 현충의식이다. 국가 공동체를 위한 희생을 기리고 그 공동체를 지키고자 다짐하는 국민제전으로서 어느 나라에서든지 가장 큰 행사로서 최고의 의미를 부여하고 있다.

# 양귀비꽃과 꺼지지 않는 불꽃

　예로부터 유럽에서는 그림문자 또는 상像으로써 종교나 가문을 나타내는 전통이 강했다. 우리가 사용하는 컴퓨터 화면의 아이콘은 그리스정교회의 이콘(icon · 성화상)에서 따온 것으로서 유사물을 의미하는 그리스어 에이콘eicon에서 유래했다 한다. 영국 윈저성에 가보면 왕가와 기사들이 사용했던 문장紋章을 모아 전시해 놓은 것을 볼 수 있다. 기사들이 사용했던 방패를 보아도 왕가나 영주를 상징하는 문양이 들어 있는 것을 알 수 있다.

<들판에 핀 양귀비꽃>(출처: 영국 재향군인회)

　보훈의 상징은 전사자를 추모하기 위한 일종의 형상을 말한다. 양귀비꽃(Poppy)과 '꺼지지 않는 불꽃(Eternal Flame)'은 유럽에서 시작된 대표적 보훈의 상징이다. 양귀비꽃의 유래

는 이렇다. 제1차 세계대전 중인 1915년 격전지였던 프랑스 북부의 플랑드르 들판에 피어난 양귀비꽃을 보고 캐나다군 의무장교 존 맥크레John McCrae 중령이 쓴 「플랑드르 들판에서(In Flanders Field)」라는 시에서 연유한다.

<전사자 추모>(출처: 미국 보훈부)

> 플랑드르 들판에 양귀비꽃이
> 십자가들 사이로 줄줄이 흔들리네,
> 그 자리가 우리가 누운 곳이라네.
> 하늘에는 종달새들이 여전히 용감히 노래하며 날지만
> 저 밑 총소리 때문에 들리지 않네.
>
> 우리는 죽은 자.
> 며칠 전 우리는 살아 있었고, 새벽을 느꼈고,
> 불타는 석양을 바라보았네.
> 사랑했었고, 또 사랑받았지만 이제 우리는 누워 있네
> 플랑드르 들판에.
>
> 적들과 싸움을 시작하라.
> 스러진 손으로 우리가 당신들에게 던지는
> 햇불, 이제 당신들이 높이 들어야 하네.
> 만약 당신들이 죽은 우리와의 신의를 깬다면
> 우리는 잠들지 못할 것이네, 양귀비꽃이 자라도
> 플랑드르 들판에.

유럽에서 현충일을 흔히 포피 데이Poppy Day라 부르는 이유가 여기에 있다. '플랑드르 들판에서'라는 시에 감명을 받은 미국인 미첼이 처음 양

귀비꽃을 옷에 달게 되었고, 그녀의 동료 궤
린Guerin이 양귀비꽃 조화를 만들어 판매하
자는 제안을 했다. 영국의 조지 하우슨Geor
ge Howson 경이 재향군인회(Royal British Le
gion)에 공식 제안함으로써 양귀비꽃은 전
사자를 추모하는 아이콘이 되었다. 그 후 양

&lt;Poppy Appeal&gt;
(출처: 영국 재향군인회)

귀비꽃은 영국뿐 만 아니라 캐나다, 아일랜드, 호주, 미국 등 많은 국가에
서 공통으로 사용하는 가장 중요한 보훈의 상징이 되었다. 현충일을 전후
하여 양귀비꽃 조화를 패용하고 또 양귀비꽃을 전사자 묘지나 추모비에
바친다. 특히 영국 재향군인회는 매년 11월 11일을 전후하여 '포피 어필
Poppy Appeal'이라 불리는 양귀비꽃 추모운동을 통하여 전사자를 추모하고
기금을 조성하고 있다. 영국이 '포피 어필'에 얼마나 열심인지는 양귀비
꽃으로 가득 찬 재향군인회 홈페이지를 보면 금방 알 수 있다.

　유럽에서 또 하나의 상징
은 '꺼지지 않는 불꽃'이다.
프랑스는 1920년 무명용사
묘와 함께 '꺼지지 않는 불
꽃' 조형물을 설치했다. 이
불꽃은 누군지 알 수 없는
무명용사의 기억으로 타올라

&lt;1928년부터 매년 11월, 복무 중전사한 군인을 기리
는 십자가를 사원에 꼽는다&gt; (출처: 영국 재향 군인회)

영원히 꺼지지 않는다는 뜻을 담고 있다. 프랑스가 왜 하필이면 이 같은
불꽃을 생각했을까? 로마에는 4세기까지 베스타 신전에서 불을 지키는
호화정녀護火貞女, 베스탈레Vestale라는 여사제가 있었다. 불을 지킨다는
것은 왕국의 영원함을 지킨다는 뜻이다. '불'은 고대 그리스 · 로마의 신
화 속에서도 찾아볼 수 있다. 불의 신 프로메테우스는 신들의 불을 훔쳐

와 인간에게 주었다는 이유로 독수리에게 간을 파 먹히는 형벌을 받는다. 불은 신들만 누릴 수 있는 영생의 특권이었기 때문이다. 신화의 세계에서 불은 영원성의 상징이었다. 그렇기 때문에 '꺼지지 않는 불꽃'은 근대 유럽에서 재현된 국가 영속성의 상징이라 할 수 있다.

<프랑스 개선문 밑 무명용사묘와
'꺼지지 않는 불꽃'>(출처: 위키피디아)

이렇게 하여 프랑스에서 다시 시작된 '꺼지지 않는 불꽃'은 양귀비 꽃과 마찬가지로 이탈리아를 비롯한 유럽의 다른 나라들, 캐나다, 호주, 미국, 러시아 등지로 확산되었다. 그러나 영국의 경우는 조금 다르다. 런던 중심부의 화이트 홀 White Hall에 현충탑(Cenotaph)이 있고, 웨스트민스터 사원에는 전사자 현판과 각 군의 상징물 그리고 무명용사 및 전쟁희생자의 유해가 안치돼 있지만 '꺼지지 않는 불꽃'은 설치되어 있지 않다. 당초 현충탑 아래 설치하려던 무명용사묘가 웨스트민스트사원으로 변경됐기 때문이라는 말이 있다. 그러나 그 이후에도 '꺼지지 않는 불꽃'을 설치한 예를 찾아보기 어려운 것을 보면 종교적 이유가 있는 것이 아닌가 한다. 불을 지키는 여사제 베스탈레가 기독교를 국교로 선포한 데오도시우스 1세에 의하여 우상으로 금지되었던 사실과 관련이 있는 것은 아닌지 모르겠다.

'꺼지지 않는 불꽃'은 불멸하는 충혼을 기리고 그 불꽃이 꺼지지 않는 한 나라가 영원할 것이라는 것을 상징한다. 그렇기 때문에 이 불꽃은 비단 보훈의 상징만이 아니라 다양한 목적으로 사용되고 있다. 캐나다 수도 오타와 국회의사당 앞 광장에 있는 설치되어 있는 것처럼 국민통합의 상징일 수 있고 자유와 평화의 상징일 수도 있다.

&lt;캐나다 오타와 국회의사당 앞 광장의 Centennial Flame&gt; 1967년 연방 결성 100주년을 기념하기 위해 설치했다. 둘레 석조형물에는 12개 주화州花를 조각하여 국가통합을 표현하고 있다.

(출처: 국가보훈처)

유럽에서 보훈의 상징인 '양귀비꽃'이나 '꺼지지 않는 불꽃'은 강한 대중적 흡인력이 있는데 비하여 중국이나 우리나라 역사에서 나타나고 있는 단서철권, 공신각 등의 상징은 권위성과 특권성이 매우 강한 특징이 있다. 그렇기 때문에 근대적 보훈의 상징을 우리의 역사와 문화적 전통에서 찾기는 어렵다. 그렇다고 다른 나라의 전통을 가져다 쓰는 것도 간단한 것은 아니다. 국가의 상징에는 그 나라 국민이 흘린 피와 땀과 눈물 그리고 나라마다의 독특한 문화가 서려 있기 때문이다. '꺼지지 않는 불꽃'의 전통만 하더라도 아시아의 전통과는 거리가 있다. 아시아에서는 인도네시아, 일본, 필리핀 그리고 우리나라 올림픽공원의 '평화의 불꽃' 정도에 불과하다. 인도네시아의 경우는 인공물이 아니라 자연적으로 분출된 불꽃으로 종교의식에 사용되고 있다. 일본에서는 원폭 피해자를 위하여 설치된 것과 사찰의 전통으로 이어져 온 것이 있다. 필리핀 태평양전쟁기념관의 '꺼지지 않는 자유의 불꽃'은 전사자를 추모하기 위한 것이기는 하지만 1938년에 미국 정부에 의하여 설치된 것이다.

# 갈등의 정치

어떤 나라든지 보훈을 한다는 것은 또 하나의 전쟁이었다. 그것은 국가를 위한 희생과 공헌에 대한 정당한 보상과 예우를 받고자 하는 요구였으며, 사회적 몰이해와 푸대접과의 싸움이었다. 또한 자신들이 싸워 지킨 국가의 정체성 유지를 위한 투쟁이기도 했다.

스스로 자신들이 세계 최고 수준의 보훈 제도를 갖추고 있다고 말할 만큼 미국은 보훈에서도 가장 앞선 나라다. 참전 제대군인 2,270만 명에 한 해 예산이 130억 달러(2012년)로 우리나라 정부예산의 절반을 넘는다. 보훈부와 그 산하기관에서 일하는 직원도 28만여 명에 달한다. 미국이 아무리 큰 나라라고는 하지만 상상하기 어려운 규모다. 상·하원에 상임위원회, 사법부에 제대군인특별법원을 두어 삼부가 모두 보훈 업무에 관계하고 있다. 산하기관은 보훈병원(171), 외래진료소(870), 요양원(134), 정양원(42), 사회적응상담소(207), 국립묘지(141) 등으로 매우 방대하다.

1636년 피쿼드 인디언Pequot Indians과의 전쟁에서 부상당한 병사들에 대한 지원을 처음으로 법제화한 이래 여러 전쟁을 거치면서 지금의 보훈 제도로 발전했다. 그러나 미국이라고 큰 마찰이나 갈등 없이 지금과 같은 완벽한 제도가 마련될 수 있었던 것은 아니다. 오히려 다른 나라와 비교할 수 없을 만큼 대규모의 집단 민원을 경험했다. 짧은 역사에도 불구하고 초기의 인디언 전쟁에서 독립전쟁, 남북전쟁, 멕시코전쟁, 스페인전쟁 그리고 1, 2차 세계대전, 한국전, 베트남전 등 수 많은 전쟁을 치르다 보니 참전군인 문제는 가히 보훈 정치라 할 만큼 정치권의 핵심적 논쟁거리였다.

1776년 독립전쟁을 수행하기 위하여 징병제를 시행한 대륙의회(Continental Congress)는 이탈자 방지와 군의 사기진작을 위하여 상이군인과 장교에 대한 연금지급을 약속했다. 그러나 실제로는 개별 주정부에 맡겨졌고 각 주마다 많은 편차가 있었다. 1789년 연방 규약이 비준된 후 구성된 연방의회(U.S. Congress)는 주정부의 연금지급 권한을 연방의회로 이전하고 독립전쟁의 상이군인과 장교에게 연금을 지급하기 위한 최초의 연방연금법을 제정했다. 이 과정에서 독립전쟁의 의의를 기리기 위해 1783년 5월 창립된 신시내티협회(The Society of Cincinnati)가 주도적인 역할을 했다. 사적 단체가 보훈 정치의 기능을 수행한 첫 번째 사례가 아닌가 한다. 이 협회의 초대 회장은 독립전쟁 영웅 조지 워싱턴이 맡았고 지금까지 저명인사들의 모임으로 활동하고 있다. 이 협회의 이름 '신시네티'는 로마의 민병대 영웅 킨킨나투스Cincinnatus의 이름에서 연유한다. 조지 워싱턴은 킨킨나투스가 그랬던 것처럼 민병대를 조직하여 독립전쟁에서 승리한 후에 군대의 지휘권을 반납하고 고향으로 돌아갔다. 이런 이유로 사람들을 조지 워싱턴을 '서쪽의 킨킨나투스(Cincinnatus of West)'로 불렀다 한다.

이렇게 하여 독립전쟁 부상자 문제는 해결되었지만 다른 문제가 남아 있었다. 연금을 둘러싸고 의회와 정부 사이에 서로 책임을 주고받는 혼란한 상황이 지속되었고 지급대상과 관련한 논란도 계속됐다. 그러다가 1803년에 연금 업무가 의회에서 전쟁부(War Department)로 이관되었고 연금 대상에 민병대와 주정부군 출신이 포함되었다. 그러나 연금과 관련한 민원은 끊이지 않았고 그 책임이 의회로 환원되었다. 1818년 의회는 복무연금법(Service Pension Law)을 제정하여 연금 대상에 상이군인 외에 독립전쟁에 참전한 모든 생존자를 포함했다.

이렇게 하여 독립전쟁 참전자에 대한 연금제도가 마련되었지만 연금 대상의 대폭적 확대로 인하여 재정 부담이 급증하게 되었다. 1820년 연금 대상을 축소하기 위하여 의무적으로 재산과 수입을 신고하게 함으로써 생활이 어렵지 않는 수천 명의 수혜 자격이 박탈됐다. 이 조치로 참전 군인들의 격렬한 반발을 야기하게 되자 1832년 자산과 소득을 기준으로 한 연금수급권 제한을 폐지하고 생활정도에 관계없이 연금을 지급토록 했다. 부자에게 연금을 지급하는 것은 특권적 제도로서 귀족적 질서의 기반을 놓는 것이 아니냐는 비판이 없지 않았다. 그러나 연금은 개인적 빈곤에 대한 위로가 아니라 양심적인 부채의 청산이며 복무에 대한 보답이라는 원칙이 인정되었고 그 이후에도 이 원칙은 확고하게 지켜졌다. 1858년부터 본인뿐만 아니라 미망인과 16세 이하 유자녀에게도 연금이 지급되기 시작했다. 이로써 연금제도는 참전 상이군인과 독립전쟁 참전자 그리고 전사자의 미망인과 유자녀를 포함하게 되었다.

남북전쟁 이후에는 평시 복무자와 북군 출신 제대군인이 연금 대상에 포함됐다. 이로써 1861년 8만 명에 불과하던 수급자는 1865년 190만 명으로 엄청나게 늘어났다. 당시 연금국(Bureau of Pension)은 내무부 소속 기관이었지만 정치기구나 다름이 없었다. 1885년에서 1887년 사이 하원 입법의 40%, 상원 입법의 55%가 연금과 관련된 입법이었다. 상황이 이렇다 보니 '금요일은 연금의 밤'이라는 말이 생겨날 정도로 혼란스러웠다. 더구나 1865년에서 1901년까지 재임한 대통령 여덟 명 가운데 다섯 명이 참전자였다. 이와 함께 빼놓을 수 없는 것이 1866년에 창립된 '총공화군(GAR)'이라 불리는 남북전쟁에 종군했던 북군참전용사 단체다. GAR의 막강한 정치적 영향력으로 인해 당시 연금국은 공화당의 정치적 도구로 전락했다는 비판을 받아야 했다.

<1914년 GAR 퍼레이드>(출처: GAR 홈페이지)

상황이 이렇게 되다 보니 링컨 대통령의 남북통합 노력에도 불구하고 남군 출신 참전군인은 1958년 의회가 사면할 때까지 연방보훈에서 배제되었다. 보훈의 정치적 성격이 여실히 드러나는 부분이다. 참전군인 단체의 활동은 제1차 세계대전까지 최고조에 달하여 보훈  정책의 변화에 큰 영향을 미치게 되었고, 드디어 1930년에 보훈처(The Veterans Administration)를 창설하게 된다.

미국에 있어서 보훈 제도의 변화는 역사인 동시에 정치 그 자체였다. 그 속에는 '보너스 마치Bonus March'라 불리는 비극적 장면도 있었다. 여기에는 허버트 후버Herbert Hoover, 더글러스 맥아더Douglas MacArthur, 드와이트 아이젠하워Dwight D. Eisenhower, 조지 패튼George S. Patton, 프랭클린 루즈벨트Franklin D. Roosevelt 등 미국의 중요한 인물들이 관련돼 있다. 이 비극적 사건의 시말은 이렇다.

1776년 독립전쟁의 원활한 병력 조달을 목적으로 전시 군복무 보너스 제도를 도입했다. 이 제도는 군인으로서 받는 급여와 입대하지 않았으면 벌 수 있는 수입의 차액을 보너스로 지급하는 것이었지만 시행과정에 문제가 있었다. 1781년에 참전군인들이 보너스를 요구하는 최초의 '보너스 마치'가 있었고, 그 2년 뒤 수백 명 필라델피아에 모여 의사당을 둘러싸고 집단행동에 나섬으로써 회기 중에 있던 의회가 도망을 갈 정도로 큰 사회적 문제를 야기했다.

이 사건이 있은 후 제1차 세계대전 전까지 토지와 현금을 보너스로 지불하게 되었다. 사병의 경우에 토지 100에이크와 80달러로 하다가 1855년부터 160에이크로 높이고 최소 복무조건을 14일 또는 1회 전투 참가로 완화했다. 그러나 시간이 흐르면서 이런 전통이 깨지기 시작하여 1898년 스페인-미국 전쟁의 참전군인들은 보너스를 받지 못했고, 제1차 세계대전 참전자는 고작 60달러를 받는데 그쳤다. 이렇게 되자 심각한 정치적 쟁점으로 부상하는 가운데 1919년 재향군인회(America Legion)가 창립되어 문제 해결을 주도하게 된다.

1924년 의회는 보상 입법을 통하여 국내 복무 1일에 1달러 최고 500달러까지, 해외 복무 1일에 1.5달러 최고 625달러까지 지급토록 했다. 지급 방법은 50달러까지는 현금으로 즉시 지급하고 나머지는 20년 상환의 국채로 지급하는 것이었다. 그렇지만 문제는 1945년까지 20년을 기다려야 하는데 있었다. 총비용 역시 366만여 명의 수급자에 이자를 제외하고도 3억 6,380억 달러에 달했다. 의회는 상환 자금을 마련하기 위하여 기금을 설립하였고, 액면 가격의 22.5%까지 빌려 쓸 수 있도록 해주었다. 그러다가 1931년에 대공황으로 인하여 제대군인들이 겪어야 할 어려움을 덜어주기 위하여 한도액을 50%까지 높여주었다. 그러자 상환기금은 곧 큰 적자에 빠지게 되었다.

해결책을 놓고 의회, 후버 대통령, 공화당, 재향군인회의 이해가 충돌하는 가운데 참전군인 1만 7천여 명을 비롯하여 가족 및 관련 단체원을 포함하여 총 4만 4천여 명으로 구성된

자칭 '보너스군대(Bonus Army)'가 1932년 6월 17일 수도에 집결하여 캠프촌을 형성하며 집단행동에 돌입했다. 이에 앞서 6월 15일, 하원이 즉각적인 보너스 지급을 위한 지출안을 통과시켰지만 상원에서 부결됐다. '보너스 마치'는 이런 상황에서 나온 것이었다. 후버대통령의 지시로 육군참모총장 맥아더는 보병연대뿐만 아니라 기갑연대까지 동원하여 진압에 나섰다. 이때 아이젠하워는 맥아더의 부관이었고 패튼은 기갑연대를 이끌고 있었다. 후버 대통령의 중지 명령에도 불구하고 이들을 진압하는 과정

에서 수백 명이 부상하고 수
명의 사망자까지 발생했다.
정부의 전복을 노리는 공산
주의자들의 시도라는 판단
때문이었다고는 하지만 탱
크까지 동원한 무력 진압으
로 맥아더는 군지도자로서
의 명예에 큰 오점을 남겼다.

<Bonus Army>(출처: 미국 보훈부)

이 비극적 '보너스 마치'로 참전군인 4명이 죽었고 1,017명이 부상했으
며, 69명의 경찰이 부상을 입었다고 전하고 있다.

다음 대통령으로 당선된 프
랭클린 루즈벨트는 이 문제 해
결을 위하여 1933년 참전군인
25,000명으로 하여금 민간국토
보존단(Civilian Conservation
Corps)에서 일할 수 있도록 하
는 한편, 도로공사에도 참여할
수 있게 했다. 그러나 1935년
9월, 강력한 허리케인으로 인

<루즈벨트 대통령 법안 서명 장면>
(출처: 미국 보훈부)

하여 258명이 사망하는 참사가 일어났다. 선거의 해 1936년이 되자 의회
는 더 이상 머뭇거릴 수 없었고 드디어 문제는 해결되었다. 이에 이어
1944년 제대군인 권리장전(G.I. Bill of Right)이라 불리는 군인재적응법
(Servicemen's Readjustment Act)의 제정으로 제2차 세계대전 참전자들이
교육혜택을 받고 일자리를 얻게 되었다. 이 법안은 버락 오바마 대통령이

자신의 할아버지가 이 법의 수혜자였다는 것을 자랑스럽게 이야기할 정도로 미국 보훈사의 중요한 진전이었다.

　이와 같이 세계에서 보훈 제도가 가장 잘 돼 있다고 하지만 미국은 독립전쟁, 남북전쟁, 세계대전, 한국전, 베트남전 등을 치르면서 참전군인에 대한 보훈과 관련하여 다른 나라와 비교할 수 없을 정도로 많은 갈등을 겪었다. 제도뿐만 아니라 보훈 기구도 마찬가지였다. 1930년 후버대통령 때 보훈처(VA)가 만들어졌지만 부로 승격된 것은 1989년이었다. VA는 예산규모가 연방 독립기관 중 가장 크고 직원 수에 있어서도 국방부 다음 두 번째 큰 기관이었다. 국민의 3분의 1을 차지할 정도로 많은 행정 대상을 가진 기관으로서 그 책임이 내각 차원에서 대표되어야 한다는 주장이 끊이지 않았음에도 불구하고 오랜 기간 내각 수준(Cabinet-level)의 위상을 갖지 못하고 있었다. 그러다가 로널드 레이건 대통령 임기 말인 1988년 법안이 통과되었고 1989년 5월, 조지 H. W. 부시 대통령 때 보훈부로 승격됐다. 참전군인의 숫자, 재정, 정치적 영향력의 상관관계 속에서 매우 역동적인 모습을 보이는 것이 미국 보훈 정치의 현실이다.

# 기억의 정치

보훈 정책은 그 나라의 역사와 깊은 관련이 있다. 국가유공자의 희생과 공훈에 대한 보답은 역사적 사건이나 사실에 대한 확인과 평가를 통하여 이루어지기 때문이다. 무엇을 기억하고 기념할 것인가? 일찍이 플라톤은 공동체에 대한 애국심이나 권위에 대한 시민의 복종이 역사적 사건과 연결되었을 때 잘 유지될 수 있다고 보았다. 특히 신화는 대중에게 개인과 공동체를 일체화하는 토대가 된다고 했다. 여기서 나온 '고상한 거짓말'이나 '관념적 진리'는 '기억의 정치'의 원형이라 할 만하다. 세상의 모든 찬시, 찬가, 찬사는 '고상한 거짓말'과 무관할 수 없다.

근대 이후의 기억은 주로 국가, 민족, 혁명 등의 담론과 관계한다. 이 분야에 관한 본격적인 연구는 주로 프랑스의 학자들에 의하여 시작되었다. 모리스 알브박스Maurice Halbwachs는 인간의 기억이 특정한 사회집단에 의하여 형성된 '집단기억(collective memory)'에 의하여 전승되었다는 것을 강조한다. 피에르 노라Pierre Nora는 공동 저작인 「기억의 장소(Les Lieux de Mémoire)」를 통하여 박물관, 도서관, 기념비, 묘지와 같은 시설물뿐 아니라 국기, 사서, 사전, 기념일, 구호, 선언문 등과 관련한 정치적 · 문화적 의미를 분석하고 있다.

기억을 한다는 것은 단순한 회상이 아니라 현재의 시점이라는 것이 본다는 것이 전제되기 때문에 본질적으로 정치적 성격을 가질 수밖에 없다. '기억의 정치(politics of memory)'는 어떤 역사적 의미를 갖는 장소나 기념물 속에 들어 있는 기억을 드러내어 국가정체성이나 국민통합과 같은 정치적 함의를 갖게 하는 것을 말한다. 기억을 제도화한다는 것은 국가에 대한 애착심과 신뢰를 갖게 하고 '국민'으로서의 정체성을 확립하기 위한 것이다. 우리에게는 '기억의 장소'라기보다 '기억의 터'라고 하면 더 이해가 쉬울 수 있다. '터'라는 말에는 그 위에 살아온 사람들의 자취가 있고 때로는 신비로운 이야기까지 덧붙여져 있기 때문이다.

> 농부 병사들은 자신의 땀과 피로 풍요롭게 한 신성한 토지와 특별한 관계다. 토지 및 사자와 함께 신화적 · 생물학적으로 연결되는 민족주의 이데올로기로 합리화됐다.(피에르 노라 외 지음, 김인중 · 유희수 옮김, 「기억의 장소」 중에서)

이 글은 농부와 땅은 운명적 관계였다는 것을 말하고 있다. 조상 대대로 전쟁에 나갔다가 죽어 그 땅에 묻히고 땅의 일부가 되었으며 자신들도 그렇게 될 것이라는 일종의 숙명 의식이 자리 잡고 있다는 뜻이다. 프랑스에서 가장 상징적인 장소는 프랑스 동북부 베르됭Verdun이다. 1916년 베르됭전투는 영국과 프랑스 연합군이 독일군을 괴멸시켜 제1차 세계대전을 결정짓는 계기가 되었지만 그 때의 '끝없는 희생'은 거대한 집단 기억이 되었다는 것을 「기억의 장소」는 잘 보여주고 있다. 기념비와 납골당이 건립되고 기념식이 개최되었으며 교육의 주제로, 거리의 이름으로, 영화로, 이야기책으로 엮어져 베르됭의 기억이 프랑스의 상징으로 각인되었다는 것이다.

「기억의 장소」는 '민족적' 제도의 대표적인 것으로 '투르 드 프랑스'에 대하여 말하고 있다. '투르 드 프랑스'는 1903년 '로토'지 편집장 앙리 데그랑주의 제안으로 창설된 프랑스 전역을 일주하는 난코스로 유명한 사이클 대회를 말한다. 처음에는 스포츠 신문의 홍보를 목적으로 시작되었지만 점차 프랑스의 상징으로, 민족적 의례로 변화되었다는 것이다. 통과 구간에서 행정기관의 대표와 군부대의 지휘관이 나오고 군악대의 연주가 있는 가운데 주민이 환호하며 격려하는 것, 군인처럼 개선문을 통과하는 것, 이런 것들이 어울려져 '민족적 행사'가 되었다는 것이다. 여기에는 말할 것도 없이 희생으로 지켜진 국토에 대한 애착심과 국경선을 재확인하고 지켜 가려는 의지가 녹아 있다. 민족 성전을 만들어 민심을 고무하라는 루소의 제안은 폴란드가 아니라 프랑스에서 실현되었던 것이다.

'기억의 정치'의 한 가운데 있는 것이 보훈 정책이다. 보훈 정책은 물질적 지원에서 시작되었지만 전쟁의 기억을 되살려 정체성을 확립하고 에너지를 결집하는 국민통합의 정책적 기능을 수행하게 되었다. 역사적 장소를 보존하고 기념 시설을 설치하거나 기념일 행사를 실시하는 것은 대표적 '기억의 정치'라 할 수 있다. 보훈을 통하여 한 집단의 희생과 공헌을 칭송한다는 것은 그런 사실을 공유하는 사람들과 그렇지 않은 사람들 사이의 경계를 정하는 것이 되기 때문에 그 결과는 집단적 정체성으로 나타난다. 집단기억을 풀어내는 방식에 따라서 국가의 이념이나 국민의 가치관에 영향을 주기 때문이다.

프랑스는 '기억의 공화국'이라 불릴 정도로 기념사업을 중시하고 있다. '기억과 연대(Memory and Solidarity)'라는 모토, 즉 프랑스 국민이 가진 집단 기억으로 결속하여 국민연대를 이루자는 것이다. 프랑스 보훈 정책이 '기억의 정치'라는 메커니즘을 갖게 된 것은 대혁명으로 성립된 프랑스공화국에 대한 자긍심과 중앙집권국가로서의 특징이 반영된 결과라 할 수 있다. 또한 베르됭전투로 요약되는 제1차 세계대전의 참혹한 희생을 국가적 기억과 상징으로 만들었기 때문이다. 전국퇴역군인협회는 1920년대 기념비나 납골당을 건립하거나 기금을 조성하는데 큰 영향력을 발휘했으며, 스스로 전투지 현장 순례에 나서는가 하면 교육이나 연설문에 자신들의 목소리를 반영하기도 했다는 것이다. '기억의 정치'는 문화부장관이 관장하는 국가고위기념위원회, 국방부 보훈담당 장관이 관장하는 추모유산사료국 그리고 대통령이 연 1회 소집하는 전쟁기억고위위원회가 담당하고 있다. 특히 전쟁기억고위위원회는 기념사업뿐만 아니라 역사 교육과 연구에 관여하고 있다.

> 교육 · 문화영역에서 뿐만 아니라 역사연구의 영역에서도 기억의 강화에 대한 모든 유용한 조치를 강구, 시행하며 희생의 기억을 영속시키고 명예, 헌신과 조국의 의미를 장려하기 위한 기념식 내용규정과 관련한 제안들을 작성한다. 모든 상황에서 병사들의 용기와 가치를 알리는데 주력한다.(전쟁기억고위위원회의 임무 중에서: 전진성, 「전쟁과 기억」 중에서)

이러한 것은 비단 프랑스만이 아니다. 미국, 영국, 캐나다, 호주는 물론이고 가까이 일본이나 중국도 마찬가지다. 미국은 '교과서 표준'을 통하여 교육 방향을 설정하고 국립묘지, 기념 공원, 기념관, 기념조형물, 기념행사 등을 통하여 자유수호의 가치를 확산하고 있다. 대표적인 제대군인 단체인 미국 재향군인회(American Legion)는 권익 신장이나 봉사 활동 외에도 미국의 정체성에 깊이 관여하고 있다. 다민족 국가로서 전쟁에 대한 기억은 국민으로서의 정체성 형성과 전승에 가장 중요한 역할을 하기 때문이다. 재향군인회는 1925년 '이상적 교과서의 표준'을 제시했다. 표준의 내용은 어린이에게 애국심을 고취할 것, 진실을 낙관적으로 제시할 것, 실패는 도덕적 교훈으로서 가치가 있을 때만 제시하고 대체로 성공에 대해 제시할 것, 각 주와 구역이 성취한 것에 대

<중국 한단시 '진기노예 열사능원'>

해 충분히 설명하고 가치를 부여할 것 등이다. 중국은 항일투쟁이나 혁명 기념 시설을 '전국애국주의교육기지'로 지정하여 교육의 장으로 활용하고 있다.

독일과 일본과 같은 제2차 세계대전 패전국의 경우는 전승국들과는 다르다. 기본적으로 보훈이 아니라 사회보장 차원에서 부조나 원호 등의 개념으로 되어있다. 독일의 연방부조제도나 일본의 원호 제도가 그것을 증명한다. 전쟁 범죄와 관련이 있기 때문에 국가유공자라는 명예를 공식적으로 부여하기 어렵다. 그렇기 때문에 독일과 일본은 전승국과 같이 국가를 긍정하고 국민의 자긍심을 북돋우는 차원의 '기억의 정치'는 어렵다. 독일이 과거사에 대한 반성 위에서 시민 정신에 초점을 맞추고 있다면 일본은 기회가 있을 때마다 어둡고 난처한 역사를 정당화하려 하거나 여의치 않으면 묻어두려 한다. 그 때문에 역사를 미화하거나 반 기억적 행태라는 비판을 받고 있다. 식민 지배나 인권 유린에 진정한 사과나 반성을 회피하고 역사교과서 왜곡하고 있는 것이 그 대표적 사례다. 일본은 여기

에서 한발 더 나가 2006년 12월, 교육기본법을 개정하여 애국주의 교육을 강화했다. 그 많은 국제사회의 비난에도 불구하고 전범이 합사되어 있는 야스쿠니신사(靖國神社) 참배를 강행하고 있다. 더구나 야스쿠니신사에는 류슈칸(遊就館)이라는 일종의 전쟁기념관까지 설치되어 있다. 국립묘지를 따로 만들자는 안이 나왔지만 아직 진전이 없는 상태다. 왜 그럴까? 일본은 일찍이 개인적 차원 또는 지역사회 차원의 위령·추모시설을 금하는 대신에 야스쿠니신사를 설치하여 최고의 상징적 의례 공간으로 만들었기 때문이다. 위령에서 추모로 옮겨가고 있는 것, 이것이 오늘날 일본의 '기억의 정치'다.

> 대한민국의 오늘은 국가를 위하여 희생하거나 공헌한 분들의 숭고한 정신 위에 이룩된 것이므로 우리와 우리의 후손들이 그 정신을 기억하고 선양하며, 이를 정신적 토대로 삼아 국민통합과 국가발전에 기여하는 것을 국가보훈의 기본이념으로 한다.(국가보훈기본법 제2조)

사실 '기억의 정치'를 가장 잘 표현하고 있는 것은 우리나라 국가보훈기본법이라 할 수 있다. 국가의 정체성을 원천을 밝히면서 그 기억의 선양을 통하여 국민통합과 국가발전에 기여함을 보훈 이념으로 하고 있기 때문이다. 보훈 정책은 국가와 민족의 근간에 직접적으로 영향을 준다는 면에서 정통성이나 뿌리의식과 직결되어 있다. 보훈 정책은 또한 국가에 대한 긍정과 자긍심의 척도로서 국민정신의 형성에 중요한 영향을 미친다.

이와 같이 국가들 사이의 양태는 다르지만 기억의 정치는 국가 공동체 성원을 결속하고 헌신하게 하는 중요한 기제가 되었다. 근대적 보훈은 이러한 기제를 뒷받침하는 의미가 있었다. 근대국가의 발전에 필요한 성원의 결속과 헌신의 요구로서 각국은 근대적 개념의 보훈 제도를 구축하게 되었다. 국민국가 형성과 더불어 발발한 1, 2차 세계대전의 기억은 국민 결속을 위한 기제로서 정치적 성격을 띠게 되었다. 그러다 보니 기억을 가공하고 확대 재생산함으로써 역사를 왜곡하거나 정치적으로 오용될 가능성이 있다는 비판이 있다. 국가적 기념비나 축제와 같은 것도 실은 대중을 획일화하기 위한 수단이며, 자유로운 생각과 행동을 구속하는 기제가 될 수 있다는 지적도 있다. 기억을 연구하는 학자들은 대개 국가에 의한 기억의 제도화와 공공화에 대한 거부감에서 접근한다. 국가 공동체와 애국심이 갖는 의미와 관련하여 많은 논쟁이 계속되고 있다. 그러나 '보훈'은 그런 태도와 무관하게 존중되어야 할 가치다. 왜냐하면 은혜를 갚는다는 것은 인간의 가장 원초적이며 도덕적인 것이기 때문이다.

<전쟁기념관(위)은 국립묘지(아래)와 '기억의 정치'를 수행하는 대표적 장소다>

# 보훈의 수사학

'기억의 정치'를 단적으로 보여주는 것은 국가를 위해 희생하고 공헌한 사람들에게 바치는 찬사나 헌사라 할 수 있다. 그런 것은 페리클레스나 아테네 말기 최고의 연설가로 불리는 데모스테네스나 휘페레이데스의 연설을 통해서도 확인할 수 있다. 전사자에 대한 추모 연설을 빼놓고 고대 수사학을 말하기 어렵다. 아테네에서 행하여진 의회연설, 법정연설, 시장연설 등 3대 연설 가운데 식장연설은 청중에 구애되지 않기 때문에 비교적 자유롭게 기교를 구사할 수 있었다 한다. 보훈과 관련하여 나타난 본격적인 수사는 근대 이후 많은 기념비가 세워지고 현충일과 같은 국가적 기념일이 제정되면서부터라 할 수 있다. 앞에서 본대로 영국 웨스트민스트사원에 설치된 무명용사묘의 묘비명(epitaph)은 대단히 감동적이다. 국가원수가 기념일이나 국립묘지 등에서 한 연설은 보훈을 통한 '기억의 정치'의 모습을 보다 분명하게 보여준다.

조국을 위해 숭고하게 죽은 사람들은
군중이 자기들의 관에 와서 기도하게 할 권리가 있다.
가장 아름다운 이들들 중에서도 가장 아름다운 그들의 이름,
그들 곁의 모든 영광은 사라지고, 쇠락하고, 일시적인 것
그리고 어머니가 했던 것처럼
그들의 무덤을 흔들어 달래는 것은 전 인민의 목소리,
우리의 영원한 프랑스에 영광을!
프랑스를 위해 죽은 자들에게 영광을!
희생자들에게! 용사에게! 강자들에게!
(피에르 노라 외 지음, 김인중 · 유희수 외 옮김, 「기억의 장소」 중에서)

프랑스 '7월 혁명' 1주년을 기념하여 1830년 빅토르 위고가 쓴 시이다. 프랑스는 전국에 각종 기념물이 즐비한 나라다. 「기억의 장소」를 함께 쓴 앙투안 프로에 의하면 처음에는 주로 공민적 기념비가 세워졌지만 제1차 세계대전을 계기로 애국적 기념비로 변화되었다는 것이다. 기념비에 사용된 표현이 사실적 형태에서 조국 · 공화국 · 자유를 위한 희생을 예찬하는 애국적 수사가 많이 사용되었다는 것을 의미한다. 그 과정에는 직접 당사자인 참전군인 단체의 영향력이 작용했다고 한다. 그 한 예로 1920년 11월 11일, 첫 번째 현충일 연설은 몇 차례 항의를 불러일으킨 끝에 조국을 위한 희생이나 공익을 위한 헌신과 같은 가치에 대한 내용이 훨씬 더 강화되었다는 것이다.

오늘 우리가 모인 이 자리는 남군과 북군 사이에 큰 싸움이 벌어졌던 곳입니다. 우리는 이 나라를 살리기 위해 목숨을 바친 사람들에게 마지막 안식처가 될 수 있도록 그 싸움터의 땅 한 뙈기를 헌납하고자 여기 왔습니다. 우리의 이 행위는 너무도 마땅하고 적절한 것입니다. 그러나 더 큰 의미에서, 이 땅을 봉헌하고 축성하며 신성하게 하는 자는 우리가 아닙니다. 여기 목숨 바쳐 싸웠던 그 용감한 사람들, 전사자 혹은 생존자들이, 이미 이곳을 신성한 땅으로 만들었기 때문에 우리로서는 거기 더

보태고 뺄 것 이 없습니다. 세계는 오늘 우리가 여기 모여 무슨 말을 했는가를 별로 주목하지도, 오래 기억하지도 않겠지만 그 용감한 사람들이 여기서 수행한 일이 어떤 것이었던가는 결코 잊지 않을 것입니다. 그들이 싸워 서 그토록 고결하게 전진시킨, 그러나 미완으로 남긴 일을 수행하는 데 헌납되어야 하는 것은 오히려 우리들 살아 있는 자들입니다. 우리 앞에 남겨진 그 미완의 큰 과업을 다 하기 위해 지금 여기 이곳에 바쳐져야 하는 것은 우리들 자신입니다. 우리는 그 명예롭게 죽어간 이들로부터 더 큰 헌신의 힘을 얻어 그들이 마지막 신명을 다 바쳐 지키고자 한 대의에 우리 자신을 봉헌하고, 그들이 헛되이 죽어가지 않았다는 것을 굳게굳게 다짐합니다.(「월간조선」, 2000년 4월호, 번역 도정일)

남북전쟁을 이끈 에이브러햄 링컨 대통령이 1863년 11월 19일, 남북전쟁에서 치열한 전투가 전개되던 게티스버그 국립묘지 봉헌식에서 행한 '새로운 자유의 탄생(A new birth of freedom)'이라는 제목으로 행한 연설의 일부다. 죽은 자와 산자의 일체화를 통하여 미완의 과제를 완수하자는 것이 이 연설의 핵심적 메시지다.

크나큰 책임으로 이 나라가 책임과 자유의 지위에서 현재의 위치를 차지할 수 있도록 해준 많은 사람들과 그들의 가족들의 공헌과 희생에 깊이 감사드립니다. (…) 비용과 헌신과 위험이 없이 자유의 국경을 유지하는 방법은 없습니다. 우리 시대에 평화를 위한 더 빠르고 쉬운 경로는 없습니다. (…) 우리의 끈기와 인내를 전쟁에 대한 공포나 책무를 다하지 않음과 혼동하지 마십시오. 우리는 우리와 관련된 사람들을 포기하거나 책임을 거부하는 것으로써 우리들 자신을 구할 수는 없습니다. 결국 평화를 유지하는 유일한 방법은 우리나라를 위해 싸울 수 있도록 완벽하게 준비하는 것입니다.

존 F. 케네디 대통령이 1961년 11월 11일 알링턴 국립묘지에서 열린 '제대군인의 날' 행사에 참석하여 행한 추모 연설의 일부다. 자유를 위한 참전용사들의 희생에 감사하면서 국민 통합과 새로운 세대의 세계 평화를 위한 투쟁과 헌신을 강조하고 있다.

> 오늘을 사는 사람들은 오늘을 살지 않는 사람들을 기억해야 합니다. 자유의 소중함을 아는 사람들은 오늘 자유를 위해 생명을 포기한 사람들을 기억해야 합니다. 오늘 우리는 죽은 이들의 명예를 위하여 이 행사를 하고 있습니다. 우리는 화환을 놓습니다. 우리는 찬사의 말을 바칩니다. 우리의 기억 속에, 우리의 가슴에, 우리는 아직도 그들을 우리들 가까이에 붙잡고 있습니다. (…) 우리는 그들이 다시는 완전하게 우리와 함께 하지 못한다는 것을, 그들이 지금 하나님과 자신을 돌보지 않고 끝까지 헌신적 행동을 하게 했던 그것에 속해 있다는 것을 알고 있습니다. (…) 그때 그들이 우리를 생각했던 것처럼 우리는 사랑과 헌신 그리고 신념으로 그들을 생각합니다. 확실한 것은 그들이 희생–신념의 가치를 위하여 목숨을 던졌다는 것이며, 마찬가지로 하나님과 조국 안에서 그의 사명과 인간 자유의 꿈을 이룰 것을 서약했었다는 것입니다. 그리고 조국은 언제까지나 그들을 영원히 기억할 것을 서약합니다.

1988년 11월 11일 로널드 레이건 대통령이 '제대군인의 날' 행사에서 했던 추모 연설의 일부다. 상대적으로 평화의 시기여서 그런지 순수하게 전사자를 추모하는 내용으로만 되어 있다.

> 50년 전, 여기 노르망디에 상륙한 첫 번째 연합군 병사들은 바다가 아니라 하늘로부터 왔습니다. 그들은 패스 파인더(path finder)라 불립니다. 첫 번째 낙하를 한 것입니다. 그들은 깊은 어두움 속에서 곧 뒤따라 올 공중 공격을 위한 항로표지로서 이 들판 위로 내려왔습니다. 지금, 새로운 세기의 새벽에서 항로표지를 위한 조명의 역할은 우리의 손에 넘어왔습니다. 우리를 여기로 데려온 당신에게 새로운 패스 파인더가 될 것입니다. 그것은 우리가 당신의 희생의 자식이기 때문입니다.

빌 클린턴 대통령이 1994년 6월 6일 알링턴 국립묘지에서 행한 연설의 일부다. 후반부 "우리를 여기로 데려 온 당신에게 새로운 시대의 길잡이가 되겠다."는 부분은 정말 멋진 표현이다. 그러나 조지 W. 부시 대통령 이후의 연설은 조금 달라진다. 참전용사에 대한 의례적인 찬사보다는 이들에 대한 실질적 지원을 확대하겠다는 내용이 많아지고 있다. 2006년 8월 31일 미국재향군인회에서 행한 조지 W. 부시 대통령 연설의 일부다.

> 대통령으로서 첫 4년 간 제대군인에 대한 재정지원을 지난 정부 8년 간 했던 것보다 더 많이 증가시켰습니다. 올해 제대군인 예산은 800억 달러를 넘어섰습니다. 그것은 취임 이래 75%가 증가한 것입니다. 미국 역사상 제대군인을 위한 지원으로서는 최고 수준입니다.

버락 오바마 대통령의 취임 연설은 한 편의 애국 교과서를 연상시킬 만큼 국가에 대한 봉사를 강조한다. 오바마는 상원의원 시절부터 참전용사들에 경의를 표하고 그들에 대한 국가의 지원을 역설해왔다. 공화당이건 민주당이건 할 것 없이 제대군인에 대한 배려는 조금도 다르지 않다는 것을 알 수 있다. 사실 국가에 대한 수사는 일반적으로 보수의 전유물처럼 되어있다. 왜냐하면 보수는 자신의 나라가 성취한 것에 대한 긍정의 위에서 더 나은 미래를 추구하기 때문이다. 그러나 보훈에서 만큼은 보수이건 진보이건 다르지 않다. 그것은 자신이 믿고 있는 국가의 존립 기반 위에서 각기 더 나은 미래를 추구하기 때문이다.

> 고작 10억 달러 때문에 제대군인들의 헬스 케어가 축소되었다는 것을 알았을 때 그들이 우리를 위해 봉사한 것만큼 우리가 우리의 제대군인들을 위해 봉사하고 있는지를 묻게 됩니다. (…) 이것은 우리의 애국적 임무일 뿐만 아니라 가장 기본적인 수준의 도덕적 임무입니다. (…) 우리는 제대군인의 국가를 위한 봉사를 칭찬하는 데 결코 주저해서는

안 됩니다. 그리고 우리가 그들의 봉사에 빚을 지고 있다는 것을 알아야 합니다. 지금 우리는 보훈부에 대한 재정지원의 증가를 통하여 그들을 위한 우리의 책임을 새롭게 해야 합니다. 그리고 우리의 제대군인들이 칭찬받는 말 이상으로 헬스 케어와 지원을 받는다는 것을 확인해야 합니다.(2005.7.17. 재향군인회 연설 중에서)

우리는 재정을 긴축해야 하는 어려운 선택에 직면하고 있습니다. 그러나 절대적으로 또 분명하게 말합니다. 제대군인에 영향을 미치는 방법으로는 결코 균형을 맞추려 하지 않겠습니다. 최고 사령관으로 이를 받아들이지 않을 것입니다.(2011.8.31. 재향군인회 연설 중에서)

<오바마 대통령과 바이든 부통령이 알링턴 국립묘지에서 제1차 세계대전 마지막 생존 참전용사 프랭크 버클스의 하관식에 참석하는 모습>(출처: 중앙일보, 2011.3.17)

여기서는 자료 수집의 한계로 미국 외에 다른 나라의 연설문을 소개하지 못했다. 위에서 소개한 연설문들은 주로 버지니아대학교 밀러 센터 Miller Center와 역대 대통령 기념관의 자료를 활용했지만 의도된 선택이 아니라 하나의 예시에 불과하다. 보훈의 역사가 깊은 데도 불구하고 영국과 영연방 국가에서는 미국과 같은 연설문을 찾아보기 어려웠다. 현충일 등

의 국가 행사가 대개 종교의식으로 행하여지기 때문이 아닌가 짐작된다.

우리나라는 보훈과 관련된 행사와 기념물이 대단히 많다. 대표적인 정부행사만 보더라도 3·1절, 3·15, 대한민국 임시정부 수립 기념일, 4·19, 5·18, 현충일, 6·25, 광복절, 순국선열의 날 등이 있다. 이 가운데 현충일 추념사 한 가지만 해도 워낙 많은 양이어서 내용을 분석하기가 벅차다. 1956년 이후 추념사에서 보훈과 관련하여 언급된 내용만 간략히 살펴보면 다음과 같다. 첫째, 순국선열과 호국 영령의 위훈을 기리고 추앙하며 그 유지를 잇기 위한 국민의 헌신과 단결을 강조하는 전체적 내용에는 큰 차이가 없다. 둘째, 국가가 점차 안정을 되찾고 발전해 가면서 국가유공자에게 감사함을 표시하고 자신감을 과시하는 빈도가 늘어나고 있다. 셋째, 보훈과 관련된 수사로부터 국가의 중요 정책이나 현안에 대한 언급이 많아졌다. 넷째, 추모와 감사로부터 국가유공자와 그 유가족에 대한 실질적 예우와 유해 발굴과 같은 국가의 책임을 강조하는 방향으로 변화되었다. 그러나 전체적 흐름만 보면 미국 대통령의 연설문과 달리 틀에 박힌 일상적 느낌을 준다. 감정이입에 이르게 할 수 있는 수사나 내러티브가 부족하다는 얘기다.

이 외에도 국가유공자의 공훈을 상찬하는 수사는 메시지, 비문, 묘지명, 도서, 문서, 영상물, 노래 등의 형태로 수 없이 존재한다. 보훈과 관련된 이 같은 수사는 '기억의 정치'의 중요한 수단이다. 특히 국가원수가 어떤 정부행사를 주재하거나 사적지나 기념 시설물 등을 방문하는 것 자체가 하나의 정치적 성격을 갖는다. 또한 거기서 무슨 내용의 연설을 하며 무엇을 강조하고 또 무엇을 피하는가 하는 것 역시 정치적 해석을 낳을 수밖에 없다. 심지어 방명록에 무슨 글을 남기는 것조차도 그렇다. 시대와 장소에 따라 또 정권의 성격에 따라 강조점이 다를 수 있다. 누구에게 경의를 표하고 추모한다는 것은 바로 한 국가의 정체성을 표현하는 것이기 때문이다. 그러나 앞에서 보았듯이 보훈에 대한 기본적 관점은 시대나 정파에 따라 크게 다르지 않다. 보훈만큼 정파에 관계없이 존중하고 지지하며 국민적 공감대가 확실한 것은 없기 때문이다. 오바마 대통령의 말을 빌리면 "애국적 임무일 뿐만 아니라 가장 기본적인 수준의 도덕적 임무"이기 때문이다.

# 보훈의 원칙을 세우다

국가의 발생과 더불어 어떤 형태로든 보훈 제도가 존재했다. 보훈 제도는 국가의 성립과 유지 그리고 발전의 역사와 같이 한다. 역사가 긴 나라일수록 더 많은 시련을 극복해야 했고 그만큼 보훈의 역사도 길다. 오늘날 보훈이 잘 돼 있는 나라일수록 선진국이며 강한 국가라는 것은 두말할나위가 없다.

보훈의 원리는 자신의 나라와 역사에 대한 높은 자긍심을 바탕으로 솔선하여 헌신 봉사하며, 그 공헌에 대한 인정과 공정한 평가와 그에 상응한 보답이 변함없을 것이라는 한결같은 믿음으로 나라 위한 헌신이 명예로운 것이 되는 사회기풍을 진작하고 그것을 통하여 건강하고 강한 국가를 만드는데 있다. 그러나 보훈을 한다는 것이 너무나 당연한 일이어서 그런지 오랜 역사의 깊이만큼 원칙이 잘 정립돼 있는 것은 아니다. 그런 가운데서도 선진국에서 보훈 제도가 발전되는 과정에서 형성된 몇 가지

원칙을 발견할 수 있다. 이하에서는 지금까지 논의를 마무리하면서 보훈의 원칙에 대해 정리해보고자 한다.

첫째, 명예 존중의 원칙이다. 보훈 정책은 국가를 위한 희생과 공헌에 보답하고 그 공훈을 기리며, 애국정신의 표상으로 전승함으로써 국가의 영속적 발전을 도모하는데 목적이 있다. 궁극적으로 국가 발전의 정신적 에너지의 창출과 국민적 단결에 목적을 둔 보훈 제도와 사회적 위험에 대처하기 위한 사회연대의 원리로서 발생한 사회복지제도는 그 목적과 기능을 달리 한다. 오늘날 사회복지는 초기의 낙인이나 열등 처우 같은 데서 탈피하여 사회적 기본권으로 자리매김했지만 기본적 목적은 국민의 최저생활을 보장하는 데 있다. 이에 비하여 보훈은 명예나 자존감과 같은 정신적 예우가 우선이다. 그렇기 때문에 '나라를 위한 희생을 인정하고 예우하며, 기억하고 기념하며 애국심을 고양'하는 것이 본령이다. 미국을 비롯하여 영국, 프랑스, 캐나다, 호주 등 선진국에서 확립된 보훈의 제1원칙은 국가를 위하여 헌신한 명예를 존중하고 기념하며 애국심의 표상이 되도록 하는 데 있다.

둘째는 부채를 인정해야 한다는 원칙이다. 보훈은 국가와 국민이 국가유공자에게 빚을 지고 있다는 부채 의식이 있어야 한다는 것이다. 생명으로 대신한 그 빚은 아무리 갚아도 다하지 못할 무한의 빚이며 나라가 발전하면 할수록 더 많은 빚을 지고 있다는 것을 인정해야 한다는 도덕적 책임의 원칙이다. 1790년 프랑스 국민의회가 채택한 '인정의 부채(dette de reconnaissance)'라는 개념이 있다. 프랑스 국민이 영원히 인정하고 또 기억해야 할 부채가 있다는 선언이다.

셋째는 국가의 보답은 거래의 대상이 아니며 의심스러울 경우에는 당사자의 이익이 되도록 해야 한다는 원칙(benefit of doubt)이다. 이 원칙은 프랑스 보훈법과 호주 제대군인권리보장법이 명시적으로 채택하고 있는 원칙이다. 다른 선진국의 경우에는 명문의 규정이 아니라도 관례에 의하여 이런 원칙이 확립돼 있으며 권리 구제의 길이 폭 넓게 열려 있다.

넷째는 보상의 원칙이다. 이 원칙은 부채 개념을 구체적으로 표현한 것이라 할 수 있다. 보훈보상은 희생에 보답하는 것, 빚을 갚는 다는 의미의 보상(報償, compensation)이다. 능력이나 욕구의 정도에 무관하게 그 희생과 공헌에 대한 정당한 평가를 통하여 그것의 정도에 따라서 합리적 수준의 보상을 추구한다. 자산조사(means test)에 의한 욕구에 준거하여 이루어지는 사회보장 프로그램과 판이하게 다르다. 물론 이 원칙이 처음부터 명확하게 확립돼 있었던 것은 아니다. 미국은 연금수급자가 늘어나자 1820년 소득과 자산의 정도에 따라 연금수급권을 제한했다가 많은 논란을 야기했던 적이 있다. 많은 논쟁을 거친 후 1832년 개인적 빈곤에 대한 위로가 아니라 양심적인 부채의 청산이며 복무에 대한 보답이라는 것을 인정하게 되었다. 영국은 제1차 세계대전 후 은전에서 법적 보상으로 재정립하여 개인적 능력과 환경에 관계없이 상이정도에 따라 보상하되 그 상이정도는 같은 연령의 건강한 자와 비교하여 결정하도록 하였다. 유엔 경제사회이사회 제1카테고리 자문기구인 세계제대군인연맹(WVF) 역시 보훈연금의 법적 성격을 보상금으로 규정하고 사회복지급여와 구분해야 한다는 권고안을 채택한 바 있다.

다섯째는 영예로운 생활 보장을 위한 충분성 내지 적절성의 원칙이다. 이 원칙은 보상의 수준에 관한 것으로서 국민의 최저생활(national minimum)을 보장하는 것이 아니라 품위 있고 영예로운 생활이 유지·보장될 수 있는 수준의 충분성을 지향해야 한다는 것이다. 그렇기 때문에 단순한 금전적 보상에 그치지 않고 각종 국가 시책과 사회적 우대를 수반해야 한다. 영국은 '조국이 필요로 할 때 전장에 나가 싸우던 중의 희생은 존엄한 가치로 영구히 존중되어야 하고, 직업 활동 중의 재해보다 더 높은 수준으로 보상하며 전사상자와 그 유족들이 국가를 필요로 하는 한 최대한 보살피는 것이 국가의 임무'라는 원칙을 견지하고 있다. 우리나라의 보훈관계법은 영국처럼 구체적이지는 않지만 이런 원칙을 가장 잘 표현하고 있다. "공헌과 희생의 정도에 대응하여 국가유공자와 그 유족의 영예로운 생활이 유지·보장되도록 실질적인 보상이 이루어져야 한다."는 예우의 기본 이념이 바로 그것이다.

여섯째는 자아성취욕구 실현의 원칙이다. 국가유공자로서 자존(self-esteem)과 자아실현(self-actualization)의 욕구를 이해하고 또 그것이 실현될 수 있도록 도와주어야 한다는 것이다. 국가유공자는 자신이 속한 공동체가 당면한 위기를 극복하기 위하여 생명의 보전이라는 기본적 욕구를 희생하거나 유보한 경우에 속한다. 이런 면에서 복지 욕구와는 근원적으로 다를 수밖에 없다. 따라서 이들의 욕구는 명예 존중과 자존 나아가 자아실현의 인간형으로 존경받고자 하는 것으로서 정신적 만족을 추구하는 측면이 강하다. 이런 욕구는 국가 발전의 차원에서도 다르지 않다. 국가도 개인과 마찬가지로 기본적 욕구가 충족되면 자존의 욕구 또는 실존 열망을 갖게 된다. 선진국은 실존 열망을 국민의 단합된 에너지로 결집할 수 있는 나라를 말한다. 이에 비하여 후진국은 아직 생존의 욕구를 넘지 못한 나라로서 보훈의 중요성을 인식하지 못하거나 소극적인 태도를 취하고 있다. 우리나라의 보훈 역시 오랜 기간 그런 상황에 있었다.

일곱째는 보훈을 행하는 주체에 있어 국가 책임의 원칙이다. 보훈은 국가 외에도 지방, 민간, 지역사회의 참여가 필요하지만 어디까지나 책임의 주체는 국가다. 미국이 식민지정부 시절 주정부 책임으로 시행된 적이 있지만 연방 규약 제정과 함께 연방 정부 책임의 원칙이 확고하게 뿌리내려 있다. 영국, 캐나다, 호주, 프랑스, 독일을 비롯하여 모든 국가들에 있어서 보훈은 처음부터 중앙정부의 책임으로 되어 있다. 이에 비해 사회복지 프로그램은 중앙정부와 지방정부가 그 책임을 분담하고 있다. 보훈을 행하는 조직 역시 국가의 책임이라는 원칙에 근거하여 연방 정부 또는 중앙정부의 직할에 두고 있다. 다만, 제2차 세계대전 패전국인 일본이나 러시아 · 중국 · 베트남 · 북한 등 사회주의 국가에서는 따로 보훈 기구를 두지 않고 사회보장부서에서 관장하고 있다.

여덟째는 제도 운영의 원칙으로서 일관성의 원칙이다. 선진국의 경우는 행정 대상이 참전 제대군인으로 단순화되어 있다 보니 오랜 보훈의 역사에도 불구하고 기본적인 보훈 체계에서는 큰 변화 없이 일관성이 유지되고 있다.

이와 같이 보훈의 원칙들은 오랜 보훈의 역사에서 명문화된 제도로서 또는 관례로서 뿌리내려 있다. 선진 사회일수록 이런 원칙이 잘 지켜지고 있으며 모든 국민들이 그것을 당연한 것으로 받아들이고 있다. 나라 위한 헌신을 존중하고 그 가치를 소중한 정신적 자산으로 보존하고 가꾸는 것은 나라의 미래를 위하여 대단히 중요한 일이다. 보훈 문화의 중요성이 바로 여기에 있다. 우리가 공기나 물의 중요성을 모르고 있다가 그것이 오염이 되고 고갈되기 시작하자 경각심을 갖게 된 것처럼 보훈 의식도 이와 다르지 않다.

# 노블레스 오블리주 1
## ― 유럽국가들

「칼레의 시민」이라는 유명한 희곡이 있다. 14세기 백년전쟁 당시 프랑스 북부 칼레라는 작은 도시에서 벌어진 사건을 소재로 독일 극작가 게오르크 카이저F. C. Georg Kaiser가 쓴 것이다. 칼레는 도버해협을 사이에 두고 영국과 마주보는 곳이다. 널리 알려진 대로 사건의 전모는 이렇다. 영국군에 1년간 끈질기게 저항하다 점령된 칼레에서 영국 왕 에드워드 3세는 시민의 안

<로댕의 '칼레의 시민'>
(출처: 플라토 로댕 컬렉션)

전을 보장하는 조건으로 여섯 명의 목숨을 요구했다. 이 어려운 상황에서 '피에르'라는 이름의 부자가 먼저 자청하고 나서자 고위 관료와 변호사 등 상류층이 뒤따라 자원함으로써 시민 모두를 살릴 수 있었다는 것이다.

희곡은 좀 더 극적인 장면을 넣어 여섯 사람이 출발하기 전에 다른 한 시민이 먼저 목숨을 버리는 반전을 만든다.

오늘날 유럽 정신의 정수라고 일컬어지는 노블레스 오블리주noblesse oblige는 높은 사회적 신분에 상응하는 도덕적 의무를 말하는 것으로 1808년 피에르 가스통Pierre Marc Gaston이라는 프랑스 작가가 처음 사용한 것으로 알려져 있다. 국민정신의 표상으로 쓰는 말이지만 그것을 실천하기란 여간 어렵지 않다. 칼레의 시민들처럼 상류층이나 지도층일수록 먼저 공동체를 위하여 목숨까지도 바칠 수 있어야 가능한 일이다.

루소는 사회계약론에서 "재정을 뜻하는 '피낭스(finance)'라는 말은 노예의 말이며 도시국가에서는 없었던 말이다. 정말로 자유스러운 나라에서는 모든 일을 자기 손으로 하며 돈으로 아무 것도 하지 않는다."라고 했다. '피낭스'는 '돈으로 일을 처리한다.'는 고古프랑스어 '피네(fine)'에서 온 말로서 '의무나 직무 대신에 왕에게 지불하는 돈'을 뜻하는 말이라 한다. 루소는 국가에 직접 헌신하지 않고 돈으로 대신하려는 것은 사적 이익에 탐닉하거나 안락을 좋아 하기 때문이라고 보았다. 결국 노블레스 오블리주는 고대 도시국가의 시민정신이 모델이 된 것으로서 유럽 사회에서 끊임없이 강조되고 환기되어온 것이라 할 수 있다.

1990년대 초반 큰 인기를 모았던 '가을의 전설'이라는 미국 영화가 있다. 인기 절정의 브레드 피트가 주인공으로 나온다. 서부 산악지대 몬타나의 한 퇴역 군인의 집에서 세 아들과 그 사이에 낀 한 여자, 막내의 여자 친구 사이에서 벌어지는 애증의 스토리로 기억된다. 제1차 세계대전이 일어나자 세 아들은 캐나다 군에 자원입대한다. 이때까지도 미국은 전쟁에 공식 참전하지 않고 중립을 지키고 있었다. 마침내 큰 아들은 부상을 입고 막내는 전사하여 시신으로 돌아온다. 한 여자를 사이에 두고 남은 두 아들의 갈등은 절정에 이른다. 솔직히 영화를 보면서 갈등의 결말이 궁금하기보다는 전쟁이 나자 당연한 것처럼 전장으로 향하는 장면에 눈길이 더 갔다. 더구나 인디안 정책에 대한 환멸과 불만으로 퇴역하여 은거생활을 하고 있던 아버지와 큰 갈등을 겪으면서까지……. 전쟁이 나서 많은 사람들이 피를 흘리고 있는데 보고만 있을 수 없다며 세 형제가 말을 달려 나가는 모습이 그랬다.

실제 미국에서 군인 가문의 의무감이나 이들에 대한 존경심은 대단히 높다고 한다. 그만큼 미국의 역사를 만든 주인공들이라는 인식이 확산돼 있기 때문일 것이다. 예를 들어 제2차 세계대전의 영웅 조지 패튼 장군은 증조부가 독립전쟁 때 장군으로 전사했고, 조부는 남북전쟁 때 남부군의 대령이었으며 부친은 버지니아 주 사관학교 출신이었다. 맥아더의 부친은 19세에 대령이 되어 남북전쟁을 지휘하였고, 예편 후 다시 임관하여 스페인 전쟁 참전하여 무공을 세운 군인이었다. 맥아더 역시 1937년 퇴역하였다가 1941년 제2차 세계대전이 발발하자 61세에 현역에 복귀하여 6·25전쟁 당시 70세의 나이로 유엔군 최고사령관을 맡았다.

프랭클린 루즈벨트 대통령의 네 아들은 제2차 세계대전에 참전했다. 케네디 대통령의 집안은 이민자 출신의 성공한 가문으로 더 알려져 있지만 전쟁의 책임을 다한 것으로도 유명하다. 케네디의 형은 2차 대전 당시 공군조종사로 참전하여 베를린 공습 중 전사했다. 케네디 자신은 갖가지 질환으로 장교 후보생 시험에 낙방했지만 부친의 도움으로 어렵게 해군에 입대하여 남태평양 전투에서 큰 부상을 입었고 그로 인해 내내 고생을 겪었다.

<뉴욕 시청 공원 네이탄 헤일동상>
(출처: 위키피디아)

독립전쟁 때 네이탄 헤일Nathan Hale 은 예일 대학을 갓 졸업한 21세의 청년으로 워싱턴 군대의 첩보 장교로 있었다. 그는 영국군에 체포되어 고통을 겪었지만 끝까지 비밀을 지킨 끝에 총살되었다. 그가 죽음을 앞두고 누나에게 보낸 마지막 편지에 "조국을 위해 죽을 목숨이 하나인 것이 안타까울 뿐이다."라고 썼다. 예일대와 뉴욕시청 앞에 서 있는 네이탄 헤일의 동상은 지금도 이 말을 던지고 있는지 모른다. 미국 건국기에 애국심의 표상이 된 '네이탄 헤일'이라는 이름은 부대, 항구, 학교, 건물 등의 이름으로 미국에서 가장 많이 사용되고 있는 이름이기도 하다.

6·25전쟁 발발 당시 미 육군사관학교 졸업생 680명 가운데 365명이 참전하여 102명이 전사했거나 부상을 당했다. 현역 장군의 아들도 142명이 참전하여 35명이 전사하였거나 부상했다. 그 중에는 미 8군 사령관 벤 플리트 장군의 외아들도 있었다. 벤 플리트 대위는 1952년 4월, 당시 27세에 B-29 폭격기를 몰고 야간 출격에 나섰다가 실종됐지만 작전에 미칠 부담을 우려한 장군의 지시로 시신을 찾지도 못한 채 수색을 중단함으로써 영구 실종으로 남았다. 어떤 나라에서 어느 부모가 그 같은 처신을 할 수 있을까?

최근 미국에서 공개된 자료에 의하면 6·25전쟁 당시 네 쌍둥이가 참전하여 탱크부대에서 함께 복무한 경우도 있었다. 당초 형제를 같은 부대에 배치할 수 없다는 규정 때문에 장남에게만 참전하라는 명령이 내려

졌지만 당시 텍사스 출신 상원의
원이었던 린든 B. 존슨 전 대통령
에 청원을 넣어 국방부 특별허가
로 함께 참전할 수 있었다는 것이
다. 이들이 귀국할 때 언론에서 네
쌍둥이 앤서니 · 버나드 · 칼 · 도널
드의 이니셜을 따서 'ABCD부대'
라는 별명을 붙여 보도했다고 한
다. 6 · 25전쟁에 참전했던 캐나
다군 조지프 허시와 아치볼드 허
시 형제의 사연은 애절하다. 19
50년 9월, 21세의 동생이 참전하
자 그를 걱정한 형이 뒤따라 참전
했다. 동생은 형이 1954년 10월 부
상을 입고 숨을 거두는 마지막 순

<'ABCD부대'>(출처: 동아일보, 2010.6.16. 자)

<아치몬드 허시의 영정과 유해>
(출처: 국가보훈처)

간에 이 사실을 알게 되었다. 형은 부산의 유엔묘지에 안장되었고, 귀환
한 동생은 2011년 6월에 형과 함께 합장해 달라는 유언을 남기고 영면
했다. 그의 유언에 따라 2012년 4월, 형 유해와 함께 유엔묘지에 합장
됐다.

이러한 자원 참전의 정신은 계속 이어져 내려오고 있다. '애리조나 카
디널스' 소속 프로 풋볼 스타 패트 틸먼은 3년간 360만 달러라는 거액의
연봉계약을 포기하고 2002년 5월, 프로야구 마이너리그 선수였던 동생
과 함께 육군 특전사 대원으로 입대하여 아프가니스탄전쟁에 참전했다가
2004년 5월, 27세의 나이에 전사했다. 더구나 그가 자원입대한 것은 결혼
한 직후였다. 어떻게 그것이 가능할까? 그것도 프로 선수가······. 당시 이

사실을 보도한 타임을 보면 가문의 내력에서 그 이유를 찾을 수 있다. 제2 차 세계대전 때 진주만에 근무했던 증조부를 비롯하여 군 복무를 명예스 럽게 여겼던 가족들에 대한 존경심과 책임감이 '9·11테러'라는 국가적 위기를 맞이하여 그 같은 행동으로 나타났다는 것이다.

> 모든 병사들은 입대할 때 무엇인가를 포기한다. 틸먼은 풋볼선수 경 력이 다른 병사들이 포기한 것보다 더 중요하다는 말을 듣고 싶지 않아 했다.(*Time*, 2004.5.3)

영국도 다르지 않다. 50세 이하 영국 귀족 가운데 20%가 제1차 세계대 전에서 전사했다. 노동자나 농민에 앞서 귀족들이 먼저 참전하여 희생됐 다는 것이다. 제2차 세계대전 당시 명문 이튼스쿨, 옥스퍼드, 캠브리지 학 생들의 3분의 1이 전사했던 것은 잘 알려진 사실이다. 현 영국 여왕 엘리 자베스 2세는 취임 전인 1945년 군에 들어가 봉사했고 부군 필립공 역시 해군장교로 제2차 세계대전에 참전했다. 여왕의 아들 앤드류 왕자는 포 클랜드 전쟁에 헬기 조종사로 참전했으며 손자 해리 왕자 역시 아프가니 스탄전쟁에 참전했다. 상류층일수록 국가를 위해 위험을 무릅 쓰고 앞장 서는 것은 자기 스스로의 희생과 헌신이 없이는 국가의 중요한 일을 맡을 자격이 없다는 인식이 일상화되어 있기 때문이다. 2차 대전이 끝난 후 일 본의 역사가들은 이 전쟁이 처음부터 이길 수 없는 것이었다고 토로했다 한다. 일본과 영국은 지도층의 전쟁 참가 비율에서 현저한 차이가 있었다 는 것이다.

사실 노블레스 오블리주는 귀족계급이 조세와 병역을 담당했던 아테 네와 로마의 전통과 관련이 있다. 노블레스 오블리주는 처음부터 시민의 도덕적 가치관이나 윤리 의식은 아니었다. 오히려 사회 계층구조의 산물이었다. 로마의 병제는 시민들 스스로 전쟁 물자와 장비에 대한 책임을 지는 민병중심의 중장보병 체제였다. 기원전 3세기에서 2세기까지 벌어진 포에니전쟁에서 귀족들이 전비를 부담하고 명예롭게 죽은 것이 효시가 되었다. 고귀한 정신은 귀족의 용기에서 비롯된 것이 아니라 신분에 따른 사회적 역할이 주어졌던 역사에서 유래한다. 17세 생일에서 45세까지 군대에 복무할 의무가 주어졌고 45세 이후에는 정규군에 지원할 수 있었으며 의무라기보다는 특권이었다. 그러나 점차 귀족의 힘만으로 병력 수요를 충당하기 어렵게 되자 토지를 소유한 자영농민들에게 신귀족이라는 명예와 특권을 주는 대신 전쟁에 참가해야 할 의무를 지도록 하였다. 귀족과 시민층 또는 하층민의 사회적 책임의 이행능력에 차이를 인정한다는 뜻이다. 이러한 로마의 전통은 중세 베네치아공화국에서 부활했다. 사회계층이 노빌레 · 포폴라 · 치타디노 등으로 나누어져 있던 베네치아는 귀족계급인 노빌레에 속하는 명예를 주는 대신, 준법이나 세금 그리고 전쟁에서 제1선에 서는 의무를 부담하게 했다.

이와 같이 노블레스 오블리주는 군사 제도 및 사회계층구조와 관련된 동원 체제로 등장했던 것이 중세 기사들의 신의 성실에 입각한 충성심으로 확대되었고, 근대 국민국가의 보편적 시민 정신으로 발전하였다. 그러나 노블레스 오블리주가 국민정신으로 승화되기까지 국민 각자가 주인이 된 국민국가가 형성되고 그에 대한 신뢰가 생기게 될 때까지 시간이 필요했다.

프랑스의 시에예스E.J. Sieyès는 성직자 · 귀족 · 시민계급의 삼부회 체제를 비판하고, "모든 특권은 사물의 성질상 부정不正이며 타파되어야 하고, 귀족의 특권과 신분은 허위의 인민이며 제3신분만이 완전한 국민이다."

라고 하여 대혁명에 불을 붙였다. 그에 의하면 성직자나 귀족이 아니라 제3신분, 즉 시민계급인 인민(people)이 진정한 국가의지의 주체라는 것이다. 삼부회가 해산되고 새로 구성된 국민의회의 처음 명칭은 인민위원회였다. 뒤에 인민이 국민으로 바뀐 것이다. 이제까지 인민은 하층민을 의미했지만 국민(nation)은 국가운영에 적극적으로 참여하는 지배층이나 교양 있는 고귀한 신분을 의미했다. 예속되었던 인민은 혁명에 의하여 자주성을 회복하고 국민으로 변화되어 갔다.

그러나 인민이 국민이 되는 과정은 순탄치 않았다. 자유주의에 대한 심도가 깊지 못했기 때문이다. 부르주아와 소시민 그리고 귀족세력의 대립과 그 향배에 따라 반동을 거듭했다. 프랑스 공화국은 로베스피에르에 의한 공포정치, 나폴레옹의 집권, 루이 18세의 왕정 복귀, 입헌군주제, 공화정 등으로 이어졌다. 1846년 선거법은 남자에 국한되었고 그나마 은행가·대상인·교수·법률가 등을 포함하여 3% 정도에 불과했다. 새로운 지도층, 즉 교양 있는 계층이 정치를 담당해야 한다는 것은 여기서도 입증된다. 이러한 관념은 선거권의 확대 과정을 보아서도 알 수 있다. 선거권이 남녀 모두에게 조건 없이 주어진 것은 가장 빠른 미국과 독일이 1922년, 영국이 1928년이었고 프랑스는 이보다 훨씬 늦은 1946년이었다.

이와 같이 노블레스 오블리주는 유럽의 역사적 산물인 동시에 선물이다. 사회 지도층과 가진 사람이 먼저 희생하는 정신은 국가의 유지와 발전에 기여했다. 그 같은 행동을 한 사람이 존경받아야 한다는 사회적 합의는 근대 국민국가의 등장과 함께 보훈의 당위성의 근거가 되었다. 그러나 유럽과 달리 전제 왕권 체제가 일찍이 자리를 잡은 동아시아에서는 그런 전통을 발견하기 어렵다. 흔히 몽골군대에서 호장의 아들이 최일선에

섰다는 얘기가 전한다. 그렇지만 여기에는 다소 오해가 있는 것 같다. 가족과 함께 이동하면서 전쟁을 벌이는 유목 집단에서는 용맹은 당연한 것이었고 늘 배신이 문제였다. 그래서 호장의 아들을 대칸의 친위대에 보내게 했다. 호장의 아들은 일종의 인질이었다. 그런 점에서 보면 노블레스 오블리주 전통과는 거리가 있다.

# 노블레스 오블리주 2

## – 우리나라

우리 선조들은 나라가 위기에 처하면 삽과 쟁기를 놓고 전장으로 뛰어나가 싸웠다. 이는 명분과 명예를 소중히 여기는 선비정신에서 나온 것이었다. 백암 박은식 선생도 "의병정신은 국혼의 상징이며 국혼이 살아있으면 나라는 망하지 않는다."고 했다. 이 같은 정신은 일제 침략과 6·25전쟁 등 국난극복의 원동력이기도 했다. 하지만 명예를 목숨처럼 여기던 선조들의 전통도 오늘날에 와서는 빛이 바래고 있다.(동아일보, 1997.2.14. '명예존중 선비정신을 되살리자' 중에서)

우리 역사에서 유럽의 노블레스 오블리주와 같은 명예 존중의 전통은 있었을까? 신라군과 백제군이 벌인 황산벌 전투에서 홀로 적진에 뛰어든 화랑 반굴과 관창의 예에서 그런 모습을 발견할 수 있을지 모른다. 귀족층이 직접 전쟁을 지휘하고 참여했던 고려시대까지는 부분적으로 그런 요소가 있었을 것이다. 그러나 조선시대에 와서는 얘기가 달라진다. 양반의 자제는 군역이 면제되었다. 나라의 자원을 보전하기 위해서라는 그럴듯한 명분을 붙이기는 했다. 신분 질서와 기득권 유지가 더 중요시되는 사회에서는 유럽과 같은 노블레스 오블리주의 전통이 생겨나기 어려웠다. 그런 나라에서 어떻게 사직이 유지될 수 있었을까?

> 온 나라의 고을을 맡아 지키던 신하들이 대부분 모두 풍문만 듣고서 성을 버렸는데 이정암만은 1천 명도 못 되는 군사를 거느리고 한창 기세가 오른 수천의 왜적을 당하여 외로운 성을 굳게 지켰으니 그 공은 위대합니다. 장계를 보면 단지 대강만을 들어 간략하게 하였을 뿐 자랑하지 않았습니다.(선조실록 30권, 선조 25년 9월 19일 기록 중에서)

연안부사 이정암은 임진왜란 때 구로다 나가마사(黑田長政)가 이끄는 3천 병력과 대치하여 풀숲 방어선을 치고 그 위에 올라 모두 죽을 각오로 전투에 임했다. 격렬한 저항에 부딪힌 왜군은 병력의 절반에 가까운 사상자를 내고 물러났다. 그런데도 실록에서 보이는 것처럼 공을 자랑하지 않았다. 온 백성이 고초를 겪고 있는 상황에서 공보다 책임이 더 크다고 여겼기 때문인지도 모른다. 서애 유성룡의 처신도 그와 다르지 않았다. 그는 이순신 장군이 전사한 날, 1598년 11월 19일 영의정에서 파직되어 고향인 안동 풍산에 내려가 있었다. 선조는 1604년 공신에 책봉하고 화상을 그리기 위해 충훈부의 화공을 내려 보냈지만 사양하고 돌려보냈다. 나라가 없어지다시피 했다가 남의 나라의 구원으로, 수많은 백성들의 희생을 딛고 나라를 되찾았는데 상이라니 자신을 더 부끄럽게 하는 일이라 여겼을 것이다.

> 나라 없는 상태가 거의 한 달이 넘었다. 영남의 곽재우, 김면, 호남의 김천일, 고경명, 호서의 조헌 등이 의병을 일으키고 먼 곳 가까운 곳 사방에 격문을 보내니 이때부터 백성들이 비로소 나라를 위하는 마음을 갖게 되었다. 의병장으로 나선 것이 무려 백여 명에 달했다. 이로써 왜적을 물리치고 나라를 되찾게 되었으니 이는 의병들의 힘이었다.

이수광의 지봉유설 군도부 상공賞功에 나오는 내용이다. 임진왜란 의병장은 이밖에도 묘향산의 서산대사 휴정, 금강산의 사명대사 유정, 합천의 정인홍, 담양의 김덕령, 북관대첩으로 잘 알려진 함경북도 길주의 정문부 등이 있었다. 의병 중에는 쌍절雙節의 이름을 남긴 이도 있었다. 예천의 배인길은 왜군이 북상해오자 스물한 살의 나이에 관아로 달려가 300명의 병력을 지원받아 용궁전투에서 고니시 유끼나가(小西行長) 부대를 죽음으로 격퇴했다. 얼마나 전투가 치열했던지 유해를 찾지 못해 의관을 묻어 장례를 대신했다고 전한다. 이때 부인 월성이씨는 자결로써 남편의 뒤를 따랐다고 한다. 쌍절의 예는 또 있다. 독립군을 이끈 이진룡은 황해 평산에서 장인 우병렬과 함께 의병을 조직하여 유격전을 벌였고, 국권이 상실된 후에는 만주로 망명하여 무장투쟁을 벌이다가 일군에 체포되어 1918년 처형됐다. 이에 부인 우씨도 스스로 목숨을 끊어 남편의 뒤를 따랐다. 이들 부부의 충절에 감복한 중국인 주민들은 "남편은 나라 위해 죽었으니 문산文山의 충성이며 부인은 남편 따라 순절하였으니 홍실洪室의 가풍일세, 해가 지고 달이 떠오르니 봉황이 하늘을 날고 충렬이 서로 함께 하니 우리 정신의 빛이네."라는 비문을 적은 의열비를 세워 추모했다.

구한말 일본제국주의의 국권 침탈에 맞선 항일 의병전쟁은 더욱 치열하게 전개되었다. 의병전쟁은 1895년에 시작되어 국권이 침탈된 이후 1915년까지 지속되었다. 가장 격렬했던 1907년 8월에서 1911년 6월까지 4년간만 보아도 14만여 명이 참여하여 2천 9백 회의 전투를 치른 끝에 2만여 명이 전사하였거나 부상을 입은 것으로 나타나고 있다. 이는 우리 측 자료가 아니라 당시 일본주차군사령부의 공식자료에 근거한 것이다.

일본의 공식 성명이 주장하는 것처럼 1915년에 최후의 반도들이 진압될 때까지 한국인들은 그들의 투쟁을 계속했다. 이들 산악인, 들판의 젊은이들, 호랑이 사냥꾼, 늙은 병사들이 겪은 어려움이 얼마나 컸는지에 대해서는 상상조차도 할 수 없을 것이다.(영국 「데일리 메일」 조선 특파원 맥켄지)

백암 박은식 선생은 의병전쟁을 목도하면서 쓴 「독립운동지혈사」에서 의병을 국수國粹라 했다. 의병은 선비정신의 발로이기도 했고 유교적 질서와 생활공동체를 수호하기 위한 것이기도 했다. 구한말 항일의병에 이르면 저항적 민족주의의 모습일 수도 있다.

근대 민족운동은 의병전쟁이 막을 내리고 일본에 국권을 빼앗기는 상황에 처하자 만주, 러시아 등지로 넘어가 독립군을 편성하여 무장투쟁으로 전환된다. 이에 앞서 의암 유인석 선생은 선비가 처신해야 할 자세로서 '처변삼사處變三事' 즉, "의병을 일으켜 나라의 원수를 갚거나, 해외로 멀리 나가 선비로서 생을 마친다. 아니면 자결하여 나라에 목숨을 바친다." 등 세 가지 방도

<의암 유인석 선생>
(출처: 네이버)

를 제시했다. 의암의 방도대로 수많은 선비들이 의병전쟁에 투신하였거나 망명하였으며 자결하여 선비의 도리를 지키고자 했다. 의암은 의병을 일으켜 국권 회복에 나섰고, 이것이 실패로 돌아간 후에는 만주로 망명하여 블라디보스토크에서 결성된 13도의군도총재에 추대되어 활동하다가 1915년 병사했다. 의암의 6촌 형 유홍석 역시 의병으로 활동하다가 부상을 입고 가족과 함께 만주로 망명했다. 자부 윤희순은 여성으로서는 최초로 여성 의병을 조직하였고 만주로 건너가 독립운동을 계속하다가 1935년 세상을 떠났다. 시아버지와 부군이 연이어 병사하고 아들 유돈상 마저 체포되어 그 고문 후유증으로 순국하게 되자 그로 인하여 열하루 만에 숨

을 거두고 말았다고 한다. 비록 여성의 몸이었지만 독립운동가로서, 강한 어머니로서 치열하게 살았던 일생이었다.

독립운동사에 큰 족적을 남긴 강한 어머니, 여성 독립유공자는 또 있다. 안중근 의사의 자당 조마리아(본명, 조성녀) 여사, 백범 김구 선생의 자당 곽낙원 여사, 만주에서 활동한 남자현 여사가 그런 분들이다.

네가 만일 늙은 어미보다 먼저 죽는 것을 불효라 생각한다면 이 어미는 조소거리가 된다. 너의 죽음은 너 한 사람의 것이 아니라 한국인 전체의 공분(公憤)을 짊어지고 있는 것이다. 네가 공소를 한다면 그것은 목숨을 구걸하고 마는 것이 되고 만다.(조마리아 여사의 당부하는 말 중에서)

안중근 의사는 그 당부대로 항소를 포기하고 자당이 만들어 보내준 명주옷 수의를 입고 사형대에 올라 순국했다. 평생 안 의사를 존경하며 살았던 헌병 간수 치바 토시치(千葉十七)는 "어머니로서 자식의 목숨을 구걸하지 않고 깨끗한 죽음을 요구한다는 것은 안중근의 이토(二藤) 살해가 의거였고 역시 늙은 어머니에게도 참지 못할 공분公憤이었을 것이다."는 생각이 들었다고 회고했다. 조마리아 여사의 이런 면모는 1910년 1월 29일 대한매일신보를 통해서도 확인할 수 있다. 시모시자是母是子, 즉 '그 어머니에 그 아들'이라는 제목으로 보도한 내용이다.

안씨(안중근)의 역사를 거리낌 없이 설명함에 순사 헌병들도 서로 고개를 돌려 수군거리며 하는 말이 "안중근의 행사는 우리 동료들이 말을 더듬을 정도로 크게 놀란 바이거니와 그 모씨(母氏), 조마리아의 위인(爲人)이 한국에서 아주 드문 인물"이라 하였더라.(기사 원문을 풀어씀, 저자 주)

백범 김구 선생은 명성황후의 원수를 갚는다 하여 일본군 중위 쓰치다

土田를 살해한 혐의로 체포되어 사형 선고를 받았다. 이때 곽낙원 여사는 매일같이 아들의 옥바라지하며 격려했고 백범이 탈옥한 후에는 체포되어 옥고까지 겼었다. 3·1만세운동 후 임시정부가 수립되자 상해로 건너가 임정요인들의 활동을 뒷바라지했다. 이때 연해주를 거쳐 상해로 온 조마리아 여사와 함께 지내면서 독립운동가들의 대모가 되어 여생을 조국 광복에 바쳤다. 남자현 여사는 부군이 경북 영양에서 의병에 나섰다가 순국하자 3대 독자인 유복자를 양육하며 집안일을 주관하다가 3·1만세운동이 일어나자 아들과 함께 만주로 망명했다. 서로군정서 등에서 활동하면서 독립군의 어머니로 불릴 정도로 독립군을 뒷바라지하고 여성 교육에 앞장섰다. 주만駐滿 일본대사 부토 노부요시(武藤信義)의 암살을 기도하다가 체포되어 옥고를 치르던 중 단식 투쟁 끝에 보석으로 출옥했지만 고문 후유증으로 순국했다. 남자현 여사는 여성 독립유공자로서는 가장 높은 건국훈장 대통령장을 받았다.

이와 같이 강한 어머니를 둔 안중근 의사, 김구 선생의 집안은 명실상부한 우리나라 최고의 독립운동 명문가로서 두 집안 사이의 인연도 각별했다. 안 의사 집안에서는 조마리아 여사와 두 동생 안정근과 안공근 그리고 사촌 동생 안명근을 비롯하여 모두 열네 분이, 김구 선생 집안에서는 자당과 김인과 김신 두 아들이 독립유공자로 정부 포상을 받았다.

김좌진, 박은식, 안창호, 윤봉길, 이승만……. 잘 알려진 민족지도자로부터 이름 없는 독립군 용사에 이르기까지 국권을 회복하는 과정에는 수많은 애국지사가 있었다. 구체적인 내용이 확인되어 정부로부터 독립유공자로 포상을 받은 분만 하더라도 1만 3천 명이 넘는다. 이 가운데 부부, 부자, 부녀, 모자, 형제자매 또는 온 가족이 함께 독립운동에 투신한 경우도 적지 않다. 여기서는 당시 지도층으로서 책임 있는 행동으로 보여주었던 분, 가족이 독립운동에 투신했던 명문가, 어린 나이에 독립운동에 나섰던 분, 특이한 분야의 독립유공자를 중심으로 소개한다.

매천야록을 남긴 매천 황현黃玹 선생은 구례에 은거하던 중 경술국치를 접하고 1910년 9월, "하늘에 대하여 정덕正德을 책임질 필요는 없으나 평생에 책을 읽은 뜻을 남기기 위해 깊이 잠들고자 한다."는 내용의 유서와 절명絶命 시 네 수를 남기고 자살했다. 죽음으로 갚아야 할 책무는 없었지만 선비의 한 사람으로서 망국의 책임을 피할 수 없어 죽음으로써 책 읽은 자의 부끄러움을 대신했던 것이다.

> 나라가 선비를 양성한지 오백 년이 되었는데
> 이제 망국의 날이 왔다.
> 한 사람도 나라를 위해 순사한 사람이 없다고 하니
> 어찌 통탄할 일이 아니랴.
> 나는 하늘에 대하여 정덕을 책임질 필요는 없으나
> 평생에 책을 읽은 뜻을 남기기 위해
> 길이 잠들고자 한다.
>
> (매천 황현의 유서 중에서)

<서대문 독립공원의 '독립관'> 독립협회에서 모화관을 헐고 세웠던 것으로서 일제에 의하여 철거되었다가 1997년 복원, 순국선열 위패 3천여 위를 봉안했다.

기록상으로 보면 이때 지도층 가운데 매천 황현을 비롯하여 의병장 이만도, 전 러시아 공사 이범진, 금산군수 홍범식, 전 판서 김석진 등 스물아홉 분이 자진 순국했다. 이에 앞서 1905년 을사늑약 때 주영 서리공사 이한응, 시종무관장 민영환, 전 의정부 의정 조병세 등이 자결하여 일본의 외교권 박탈에 죽음으로써 항거했다. 그래도 이분들은 지도층의 한 사람으로서 스스로에게 망국의 책임을 묻고 그 이름과 명예를 지키고자 했다.

이범진 선생은 훈련대장, 한성판윤을 지낸 이경하의 아들로서 농상공부 협판, 법부대신, 주미 공사, 주독 공사를 거쳐 러시아 공사로 있다가 국내 소환에 불응하고 현지에 머물면서 둘째 아들 이위종을 헤이그 밀사의 한 사람으로 파견하는 등 만국

러시아 상 페테르스부르그 북방 묘지의
<'이범진 공사 순국비'>(출처: 국가보훈처)

평화회의 참석을 실질적으로 뒷받침했다. 또한 동생 이범윤이 연해주에서 의병부대를 조직할 때 거금을 만들어 지원하기도 했다. 그러다가 국권 상실로 독립의 희망이 사라지자 고종에 올리는 유서를 남기고 자결했다. 이범윤 선생은 간도 관리사로 있다가 러일전쟁이 나자 러시아 측에 가담하여 일본군과 교전을 벌였다. 1905년 조정의 소환에 불응하고 연해주에서 의병을 조직하여 무장투쟁에 나섰고 의병이 독립군으로 개편되자 의군부 총재 등 독립군 지도자로 활약했다. 영어, 프랑스어, 러시아어 등 외국어에 능통했던 이위종 선생은 일본의 방해로 만국평화회의 참석은 좌절되었지만 당시 대한제국의 사정을 알리는데 큰 역할을 담당했다. 이때

국제기자단 앞에서 프랑스어로 한 '한국의 호소(A plea for Korea)'는 참석자들의 심금을 감동적인 연설이었다고 한다. 헤이그의 한 신문은 "이 청년은 자바인과 비슷하게 보였는데 일본인의 잔학성과 무신의성 그리고 조약 체결의 불법성을 폭로하고, 한국인들이 국채상환을 위해 각자가 갖고 있는 값어치 있는 물건을 내놓고 있으며 심지어 여자들이 머리카락을 잘라서 파는가 하면 어린이들이 조그마한 용돈까지도 내놓고 있다면서 국권 회

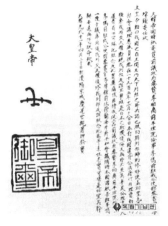

<특사임명장>(출처: 독립기념관)

복을 위한 민족적 노력에 대해 열렬히 토로하였다."라고 전했다. 그러나 국내에서는 궐석재판에서 정사 이상설에게는 사형을, 부사 이준과 참서관 이위종에게는 종신형을 선고하는 어처구니없는 일이 벌어졌다. 헤이그에 밀사를 파견한 일을 빌미로 일본에 의하여 고종이 퇴위를 당했기 때문이었다. 이런 일이 있은 후 연해주로 가서 권업회 등에서 활동하였으나 그 이후 행적은 확인되지 않고 있다. 이범진 선생의 장남 이기용은 집안의 이런 일로 인하여 일본 헌병대에 끌려가 갖은 고문에 시달리다가 정신이상이 되어 떠돌아다니다가 객사했다고 한다. 이와 같이 이범진 일가는 계속해서 영화를 누리기에 부족함이 없었지만 스스로 고난의 길을 택하여 자결하였거나 풍찬노숙風餐露宿하는 삶을 마다하지 않았다.

우당 이회영 선생의 집안은 노블레스 오블리주를 실천한 대표적 가문이다. 조선시대 여덟 명의 판서를 배출할 정도로 명문가의 하나였던 이회영 선생 집안의 7형제는 나라가 망하자 재산을 처분하여 40여만 원을 만들어 60여 명에 이르는 많은 가솔을 이끌고 1910년 12월 서간도로 이주

했다. 어떻게 그런 거금의 자금을 마련할 수 있었을까? 이는 거부의 집안에 양자로 들어간 둘째 형 이석영이 6천여 석에 달하는 재산을 내놓았기 때문이라고 한다. 이들의 이주는 만주에 독립군 기지를 건설하기 위한 것이었지만 현지 중국인들의 방해로 땅조차 구하기 어려웠다. 우당이 당시 권력자 위안스카이(袁世凱)를 만나 협조 지시를 내리게 함으로써 해결될 수 있었다. 그리하여 유하현 삼원보 추가가 지역에 경학사와 신흥무관학교를 설립하여 폐교 때까지 3천 500여 명에 달하는 독립군 인재를 배출했다. 그러나 우당은 상해 임시정부에 참여하고 만주로 가던 중 체포되어 1932년 여순 감옥에서 순국했고, 광복 후 조국에 돌아와 초대 부통령을 역임한 이시영 선생을 제외한 나머지 5형제는 중국에서 독립을 위해 동분서주하다가 병사하거나 실종됐다. 우당의 집안에서는 우당, 이건영, 이석영, 이철영, 이시영, 이호영 등 6형제를 비롯하여 우당의 두 아들 이규학과 이규창, 그리고 조카들까지 모두 열 분이 독립유공자로 정부 포상을 받았다.

이와 비슷한 경우로서 석주 이상룡 선생을 들 수 있다. 안동 출신으로 1911년 집안 3대가 만주로 망명하여 이회영, 김동삼 등 민족지도자들과 함께 경학사와 신흥무관학교를 설립하여 독립운동기지를 건설하고 독립군 군관을 양성했다. 상해

&lt;고성 이씨 종택이며 이상룡 선생의 생가 '임청각'&gt;(출처: 안동시)

임시정부 직할의 서로군정서 총재를 맡아 무장투쟁을 벌이는 한편, 초대 국무령을 역임하고 1932년 만주에서 세상을 떠났다. 당숙 이승화, 동생 이상동과 이봉희, 아들 이준형, 손자 이병화, 조카 이형국, 이운형, 이광민

등 아홉 분의 독립유공자를 배출하여 독립운동사에 큰 족적을 남겼다. 국내에서 3·1만세운동에 참여한 이상동과 신흥무관학교를 졸업하고 신간회 안동지회에서 활동한 이형국을 제외하고는 모두 선생과 함께 경학사, 신흥무관학교, 서로군정서, 독립군 삼부 등에서 활동했다. 이밖에 선생의 처남과 매부가 만주 독립운동기지 건설에 함께 했다. 매부 김대락은 1896년 청송의진에서 중군장으로 활약하였고, 1911년 가족과 함께 만주로 망명하여 경학사 조직 등에 참여하다가 1914년 병사했다. 3·1만세운동 때 예안시위에 나섰던 여성 독립유공자 김락은 여동생이며 석주의 처제가 된다. 매부 박경종 역시 만주와 국내에서 군자금 모집 활동 등으로 독립유공자로 정부 포상을 받은 분이다. 이상룡 선생을 거론하면 빼놓을 수 없는 분이 있다. 같은 안동 출신의 일송 김동삼 선생이다. 일송은 일족 30여 명을 비롯한 청년들을 이끌고 만주로 이주하여 경학사와 신흥무관학교를 설립하는데 참여하였고, 서로군정서의 참모장으로 활약했다. 민족유일당촉성회 위원장을 맡아 독립운동의 구심체를 만들기 위하여 노력하던 중 체포되어 15년형을 받고 옥고를 겪다가 1937년에 옥중에서 세상을 떠났다.

나라의 수치, 백성의 치욕
이 지경에 이르렀으니
죽지 않고 어이 하리오
아버님 장례도 치르지 못하고
나라의 주권도 회복하지 못한 몸이
죽은 들 어떻게 눈을 감으리

(허위 의병장의 유시)

왕산 허위 선생의 집안 역시 독립운동사에 빛나는 가문이다. 일찍이 명성황후 시해사건에 격분하여 의병을 일으켰고 을사늑약이 체결되자 재차

봉기하여 경기도 포천·양주 일원에서 전투를 벌였다. 이인영을 총대장으로 하는 13도창의군이 편성되자 군사장 겸 진동창의대장을 맡아 서울 진공작전을 감행하여 망우리를 거쳐 동대문까지 진출하였으나 실패로 돌아가고 1908년 체포되어 서울 서대문형무소(현, 서대문 독립공원)에서 교수형을 받고 순국했다. 국권을 상실하기 전이었지만 1907년 7월의 한일신협약에 의하여 사법권을 일본에 빼앗긴 상태였다. 이에 따라 나중에 서대문형무소로 개칭되는 경성감옥이 설치되었고, 왕산은 이때 첫 사형집행으로 순국한 분이다. 동대문에서 청량리에 이르는 지금의 왕산로는 서울 진공작전을 기리기 위하여 명명된 것이다. 왕산의 세 형제, 장남, 사촌, 사위를 포함하여 모두 여섯 분이 독립유공자로 정부 포상을 받았다. 맏형 허훈은 전답 3천 두락을 팔아 군자금으로 내놓고 의병장으로 활동하였고, 셋째형 허겸과 장남 허형 역시 의병진에 참여했다가 서간도로 망명했다. 사위 이기영은 독립운동 자금을 모집하는 등으로 활동하다가 체포되어 옥중에서 순국하였고, 그의 형 이기상은 왕산의 의병진에서 활동한 분이다. 이밖에 만주로 망명하여 군자금 모금 등으로 활동한 허필과 동북항일연군에서 활약하다가 전사한 허형식은 각각 왕산의 사촌과 종질 從姪이다. 독립운동 명문가인 왕산과 석주, 두 집안은 겹사돈의 특별한 인연을 맺었다.

수당 이남규 의병장은 이색, 이산해와 같은 이름 높은 유학자와 재상을 배출한 명문가 출신으로서 기호 유림의 대표적 성리학자 허전의 문하에서 수학했다. 1906년 지금의 홍성에서 봉기한 홍주의진에서 활약하다가 1907년 일진회원의 밀고로 체포되는 과정에서 그를 보호하려던 아들과 종이 함께 피살되어 순국했다. 충신과 효자와 충복이 함께 한 가문으로 이름이 높다.

<서대문형무소 사형장과 '통곡의 미루나무'>
허위, 이강년, 이재명, 강우규, 채기중 등의 애국지사들이 이곳에서 순국했다. 고문 등으로
옥중에서 순국한 분들을 포함하여 400여 명에 달한다.

담양의 창평 고씨 일문은 대를 이어 노블레스 오블리주를 실천한 명문
이다. 고광순 의병장은 임진왜란 당시 담양에서 의병을 일으켜 금산전투
에서 차남 고인후와 함께 순사했다. 장남 고종후는 진주성 전투에서 김천
일, 최경회 장군과 함께 순사하여 진주성 3절로 불린다. 두 딸 역시 정유
재난 때 왜적을 꾸짖으며 칼을 안고 순사했다고 전해진다. 이에 조정에서
는 이들 삼부자에게 불천위不遷位의 칭호를 내렸다. 고광순 의병장은 고인
후의 직계 혈손으로 의병장 기산도의 사위였다. 1895년 을미사변 후 봉
기하여 남원, 광주, 화순, 구례 등지에서 활약하다가 지리산 자락 연곡사
로 들어가 유격전을 벌이던 중 일본 군경 연합부대에 포위되어 1907년
8월 의병들과 함께 순사했다. 이때 사용했던 불원복기(不遠復旗 · 머지
않아 국권이 회복된다는 뜻)는 지금도 태극기의 역사 속에 남아 있다. 구
한말 고정주는 규장각 직각直閣으로 있다가 을사늑약 후 담양 창평으로
낙향하여 호남 최초의 근대학교인 창평학교를 세워 인재 양성으로 보국
했다.

임시정부에서 국무위원 등으로 활동하면서 삼균주의를 주창하고 건국
강령을 쓴 조소앙 선생의 집안을 빼놓을 수 없다. 동생 조시원을 비롯한

다섯 형제와 여동생, 그리고 부인과 자녀 등을 포함하여 모두 열 분이 독립유공자로 정부 포상을 받았다. 다른 얘기지만 선생과 인도의 시성 타고르 사이에는 이런 일화가 있다. 19 29년 유럽에서 두 사람이 만났다는 사실이 1941년 중국에

<불원복기>(출처: 독립기념관)

서 열린 타고르 서거 추도식에서 행한 선생의 조사에 의하여 밝혀졌다는 것이다. 이에 앞서 1916년 타고르는 일본의 초청으로 방일하여 일본의 문화를 접하고 좋은 감정을 가졌는데 3·1만세운동이 있은 후 조소앙 선생을 만나 토론하는 가운데 일본에 대한 생각을 바꾸게 되었다는 것이다. 유명한 시 '동방의 등불'은 1929년 타고르가 캐나다로 가던 길에 일본에 들렀다가 요코하마 부두에서 동아일보 관계자에 전한 네 줄로 된 영문시였다. 당시 동아일보 편집국장으로 있던 주요한이 번역하여 '동방의 등불'이라는 제목을 붙여 실었던 것으로 알려지고 있다.

> 국가·교육·기업·가정, 이 모든 것은 순위를 정하기가 매우 어려운 명제들이다. 그러나 나로 말하면 국가, 교육, 기업, 가정의 순이다. 나라 사랑을 위해서는 목숨도 바칠 것을 신성한 말로 서약하여야 한다. 기업에서 얻은 이익은 그 기업을 키워준 사회에 환원해야 한다.(유일한 선생의 어록 중에서)

애국지사인 동시에 교육가, 그리고 기업가로서 잘 알려진 유일한 선생이 남긴 말이다. 선생은 우리 사회의 화두인 기업의 사회적 책임을 가장 먼저 제기하고 실천한 분이다. 1895년 평양에서 태어나 아홉 살 어린 나이에 미국으로 건너가 고학을 하며 대학을 졸업하고 1926년에 유한양행

을 설립하여 기업보국企業報國의 길을 닦은 분이다. 필라델피아 한인자유대회와 맹호군(Tiger Soldier)이라 불린 한인 국방경비대 창설에 주도적으로 참여하였고, 1945년 미군 전략정보처(OSS)의 냅코작전(Napko Project)에 참가에서 국내 정진작전挺進作戰을 준비하기도 했다. 광복 후에는 대한상공회의소 초대 회장을 맡아 민족자본의 형성과 교육에 기여했다. 기업을 키워준 사회에 환원해야 한다는 신념대로 모든 재산을 공익 재단에 기부했다. 그때 선생의 기부를 받은 연세대학교는 지금도 유한양행의 4대 주주로 되어 있다고 한다.

구한말 미국인 세브란스는 거금을 희사하여 1904년에 최초의 근대식 병원(현, 세브란스병원)을 세울 수 있도록 하고 그의 주치의까지 보내 병원을 돌보게 했다고 할 정도로 깊은 사랑을 실천했던 분이다. 집 한 채 남기지 않았다는 세브란스가 남겼다는 "우리의 즐거움이 당신들보다 더 큽니다."라는 말은 오늘날 나눔과 봉사의 진정한 의미를 생각하게 한다.

병원 이야기가 나오다 보니 독립운동에 투신했던 의사와 간호사들에 관심이 간다. 지난 2000년 몽골 주재 한국대사로부터 연락이 왔다. 독립운동가로 몽골 황제의 시의를 했던 이태준 선생 기념공원을 조성하게 되었는데 지원이 필요하다는 것이었다. 몽골공화국 수도 울란바토르에 있는 '이태준기념공원'이 그것이다. 이태준 선생이 세브란스 제2회 졸업생이라는 사실은 한참 뒤에 알게 되었다. 최근에 많이 알려졌지만 1908년에 제1회 졸업생 일곱 분 가운데 구체적인 행적이 확인된 김필순, 주현칙, 신창희, 박서양 등 네 분이 독립유공자로 서훈되었다. 김필순은 김규식 선생의 매제이고 김마리아가 조카로서 독립운동 명문가의 한 사람이다. 1907년 만주로 망명하여 치치하얼에 병원을 열어 독립군 활동을 지원했다. 중국의 영화 황제로 이름을 날린 김염은 그의 아들이다. 최고의 배우

김염의 스토리는 「상하이 올드 데이스」라는 책을 통하여 우리나라에도 잘 알려져 있다. 주현칙은 1911년 조선총독 암살모의 사건과 1937년 수양동우회 사건으로 각각 체포되어 장기간 옥고를 겪고 상해로 망명하여 독립운동을 했다. 신창희는 백범 김구 선생의 손위 동서로 1921년에 상해로 건너가 임시정부요원으로 군자금 모금, 군의 등으로 활동했다. 박서양은 1917년에 만주로 이주하여 적십자 소속 의사, 간도국민회 총부 군의, 간도교육협회 집행위원 등으로 활동했다. 백정 출신이라 하여 몇 년 전 인기 드라마의 소재가 되기도 했다. 간호사 출신의 여성 독립유공자도 있다. 세브란스병원 간호사 출신으로 애국부인회와 대한적십자회에서 활동한 이경숙, 총독부 의원 간호부 조산원 출신으로 단재 신채호 선생의 부인인 박자혜 여사가 그런 분이다.

이밖에 군복을 네 번씩이나 바꿔 입은 아주 특이한 독립유공자도 있다. 화단에 큰 족적을 남긴 대표적 서양화가 최덕휴 선생이 그런 분이다. 일본군, 광복군, 국군 등의 삼색의 군복을 입었던 분은 몇 분 있지만 사색四色의 군복을 입었던 분은 선생 외에는 거의 없는 것 같다. 일제강점기 말 동경제국미술학교에 들어가 미술 공부를 하던 중 학병으로 강제 입대했다. 일본 육군 64사단에 배속되어 중국에 주둔하던 중 탈출하여 중국군 제9전구 간부훈련소를 거쳐 중위로 입관했다. 광복군 제1지대 제3구대가 편성되자 광복군에 들어다 활동하다가 1945년 광복을 맞이했다. 귀국 후 미술교사로 재직하던 중 6·25전쟁이 발발하자 다시 국군에 입대하여 소령으로 전역했다. 이렇게 하여 일본군에서 중국군으로 광복군과 국군으로 네 가지 다른 색깔의 군복을 입게 되었던 것이다. 광복군으로 활약했던 많은 분들이 국군에 입대하여 6·25전쟁에 나서 자유 수호에 헌신했다. 그 중에는 전사하여 그 후손이 독립유공자 유족인 동시에 전몰군경 유족으로서 명예와 슬픔을 아울러 가진 분들도 있다.

이와 같이 선비의 한 사람으로서, 지식인의 한 사람으로서, 의사, 간호사, 학생에 이르기까지 국권 상실이라는 절체절명의 위기를 맞아 책임 있는 행동을 보여주었다. 그것은 암흑 속에서 민족의 나아갈 바를 밝힌 횃불과 같은 것이었다. 이 같은 정신은 3·1독립만세운동과 학생운동으로 대중화되었고 6·25전쟁 때 학도병을 비롯한 참전용사들의 호국정신으로 나타났다.

오오 하나님이시어!
이제 시간이 임박하였습니다.
원수 왜를 물리쳐 주시고
이 땅에 자유와 독립을 주소서

내일 거사할 각 대표들에게
더욱 용기와 힘을 주시고
이로 말미암아
이 민족의 행복한 땅이 되게 하소서

주여 같이 하시고
이 소녀에게 용기와 힘을 주옵소서.

<유관순>(1902~1920)

이화학당에 재학 중이던 유관순 열사가 1919년 3월 31일, 아우내장터 만세 시위 계획을 세워 놓고 매봉에 올라 기도하는 말이다. 4월 1일 만세 시위로 부친과 모친은 일제 경찰의 총탄에 맞아 현장에서 순국했고 열사는 체포되어 모진 고문 끝에 열일곱의 나이에 순국했다. 오빠 유우석은 공주 만세시위의 주동자로 체포되어 옥고를 치루는 등 거의 멸문에 이르는 참화를 입었다. 유관순 열사의 동생과 가족을 강원도 양양으로 피신시키고 양육한 것은 유우석의 부인 조화벽 여사였다. 지금까지 잘 알려지지 않은 여성 독립유공자의 한 분이다. 3·1운동 당시 개성 호수돈여학교 학

생으로 만세항쟁을 주도한 후 피신하여 공주 영명학교 교사로 있던 중 결혼하여 3·1운동에서 순국한 시부모를 대신하여 유관순 열사의 두 동생을 거두어 양육했다. 이밖에 유관순 열사와 함께 이화학당에 다니다가 만세시위에 참가했던 사촌 언니 유예도, 유예도의 아버지 유중무도 있다. 이렇듯 유관순 열사의 전 가족과 일가친척이 독립운동에 투신했다.

"나는 다만 어둠을 밝히는 등불일 뿐이다. 너희가 나를 고문하고 또 나를 죽일 수는 있어도 내 몸 안에 타고 있는 등불을 끌 수는 없다. 육신은 죽어도 그 영혼은 살아서 등불을 들고 어둠을 비출 테니까." 어린 소녀의 몸으로 죽음을 두려워하지 않는 그 같은 용기는 어디에서 온 것일까?

비단 유관순 열사만이 아니다. 어린 나이에 독립운동에 참여하여 순국하였거나 옥고를 치른 분들은 더 있다. 평안북도 철산에서 독립만세 시위를 벌이다가 일군에 피살, 순국하여 독립유공자로 추서된 안정명은 고작 열두 살에 불과했다. 기록상으로 생년이 확인된 분 가운데 가장 어린 분이 아닐까 한다. 홀어머니 슬하의 외아들이었던 그는 총탄 세 발을 맞고 창으로 수 십군데 난자당한 채 순국했다. 그 순국의 직전에 어머니에게 남긴 말이 전하고 있다.

　　불태우리다 불태우리다.
　　내 가슴에 끓는 피가 방울방울 불이 되어
　　왜놈의 섬나라를 불태우리다.
　　불태우려다가 못하면 물어뜯고 씹어
　　깨물으리다.

천안의 입장 장날에 벌어진 만세 시위에 참여했다가 체포되어 옥고를 치르고 독립유공자로 서훈된 한이순과 민옥금은 각각 13세, 14세의 소녀였다. 동료들을 규합하여 황해도 해주에서 만세 시위에 나섰다가 옥고를 겪은 옥윤경은 15세의 어린 기생이었다. 함경북도 명천 화대장터에서 만세시위를 벌이다가 피살된 부친을 따라 만세 운동을 주도하다가 체포되어 서대문형무소에서 순국한 동풍신은 16세의 소녀였다. 이때 만세 시위는 일본의 공식 기록으로도 5천여 명이 참가하여 함경북도에서 전개된 시위 중 가장 격렬했고 현장에서 피살·순국한 분들도 여러 명이었다. '남에는 유관

<동풍신>(1904~1921)

순, 북에는 동풍신'이라는 말이 전해질 정도로 큰 반향을 불러일으킨 사건이었다. 이밖에도 여기자 최은희, 서천의 나상준, 강화도의 오용진, 재령의 윤택진 등 적지 않은 인물들이 불과 14, 15세의 어린 나이에 자신을 돌보지 않고 3·1만세 운동에 투신했다. 만세 시위가 얼마나 격렬하였던지 당시 차이나 프레스The China Press의 나다니엘 페퍼 기자는 이렇게 썼다. "죽음이 박두하여도 추호도 위축되지 않고 사지로 돌진하는 그들의 용기보다 더 고상한 용기가 어느 세계에 또 있으랴, 그들의 용기야말로 세계에 대적할 자 없을 것이다."

어머니!
나는 사람을 죽였습니다.
돌담 하나를 사이에 두고
10여 명은 될 것입니다.
적은 다리가 떨어져 나가고,
팔이 떨어져 나갔습니다.
어머니!
전쟁은 왜 해야 하나요?

<경북 포항 학도병 편지비>
(출처: 연합뉴스)

어머니!

어서 전쟁이 끝나고 어머니 품에 안기고 싶습니다.

어제 내복을 빨아 입었습니다.

물내나는 청결한 내복을 입으면서

저는 왜 수의(壽衣)를 생각해냈는지 모릅니다.

어쩌면 제가 오늘 죽을지도 모릅니다.

하지만 저는 살아가겠습니다.

꼭 살아서 가겠습니다.

어머니!

상추쌈이 먹고 싶습니다.

찬 옹달샘에서

이가 시리도록 차가운 냉수를

한없이 들이키고 싶습니다.

아!

놈들이 다가오고 있습니다.

다시 또 쓰겠습니다.

어머니 안녕! 안녕!

아, 안녕은 아닙니다.

다시 쓸 테니까요.

그럼 ….

(1950년 8월 10일 포항 형산강 전투 학도병 편지 초록)


6·25전쟁 때 낙동강 전선에 참전하여 고귀한 목숨을 바친 학도병들의 이야기는 백선엽 장군의 회고록 「나를 쏴라」에 잘 나타나 있다. 이 글은 서울 동성중학교 3학년 이우근이 학도병으로 참전했다가 전사하기 직전에 어머니에게 쓴 편지의 일부다. 학도병은 그날로 전사하여 살아서는 부모 형제를 만나지 못했고 편지글은 수첩으로만 남았다. 그의 나이 고작 열아홉이었다.


북한의 남침으로 수많은 인명과 재산상의 피해에도 불구하고 국군과 유엔군의 용전분투로 국토와 자유를 수호할 수 있었다. 자유 전선에서 산화한 호국 용사들의 이야기는 일일이 거론할 수 없을 정도로 많지만 여기서는 자원 참전했던 학도병에 대해서만 간단히 살펴본다.

6·25 우리 국군은 농민군이었고 학도병이었으며 심지어 소년병도 있었다. 전사 62년 만에 유골로 돌아온 17세 소년병 김용수 일병의 이야기는 가슴을 뭉클하게 한다. 함께 참전했던 형이 집으로 돌아가자고 했지만, "형은 내려가 집을 지켜라. 나는 국가를 지키겠다."고 말했다고 한다. 열일곱 살의 소년병은 1950년 11월 말 2주간에 걸친 중공군 12만 명의 포위 공격으로 미 해병 1사단이 7,500여 명의 사상자를 낸 장진호 전투에서 전사했다. 북한 지역에서 이뤄진 미군 유해 발굴에 따라 62년 만에 유해로 돌아오게 되었던 것이다.

<전쟁기념관 호국 추모실> 호국용사들의 위훈을 기리고 영령을 추모하기 위한 공간이다.
입구에는 호국인물 흉상(43개)이 배치되어 있다.(출처: 전쟁기념관)

해외에서 달려온 젊은이들도 있었다. 일본에 거주하고 있던 재일동포의 자제들 641명이 자진 참전하여 그 중 61명이 전사하고 83명이 실종됐다. 재일학도의용군인이라 불리는 이들이다. 중동전쟁 때 이스라엘 유학생들이 귀국하여 참전한 것을 두고 유대민족의 애국심을 찬양하지만 재일학도의 용군은 부모형제와 생활 터전이 일본에 있었음에도 불구하고 참전했다. 내 부모형제를 구하기 위해 참전했던 것이 아니었다. 어린 학도병들의 행동은 의병의 전통을 이은 정의로운 가치관 또는 민족정기의 발현이었다. 부모 형제가 함께 참전하여 2인 이상 전사자를 낸 집안도 적지 않았고 심지어 다섯 아들을 나라에 바친 가족도 있었다.

<2012.5.25. 서울공항에 봉송, 운구 되는 모습>
(출처: 연합뉴스)

<국립 서울 현충원, 재일학도의용군묘역>

6·25전쟁 후에도 이런 일은 이어졌다. 일본의 침탈로부터 독도를 굳건히 지켜낸 영토 수호자, 홍순칠 대장을 비롯한 33명의 독도의용수비대가 그들이다. 6·25전쟁에 참전하여 부상을 입고 명예 제대한 전상용사인 홍순칠 대장은 일본이 독도 수역에 우리 군의 힘이 미치지 못한다는 것을 알고 침탈을 기도하자 의용군을 조직하고 무기와 식량과 군복 등을 스스로 마련하여 독도에 상륙했다. 국기게양대를 만들어 국기를 게양하고 '한국령'이라는 표지를 설치하여 일본의 무력 도발에 대비했다. 1954년 여러 차례의 침탈을 기도해온 일본 무장 함정을 격퇴하고 독도를 지켜

내 대한민국의 영토를 수호했다. 오늘의 독도는 실로 그들의 애국심과 용기의 결과물이다. 국군이 하지 못한 일을 해낸 이들은 구한말 항일의병의 맥을 이은 현대판 의병이었다.

<독도의용수비대원>(출처: 독도의용수비대 기념사업회)

시간이 없는 관계로 어머님을 뵙지 못하고 떠납니다.
지금 저와 저의 모든 친구들
그리고 대한민국 모든 학생들은 우리나라 민주주의를 위하여 피를 흘립니다.
어머니, 저를 책하지 마시옵소서.
저희들이 아니면 누가 하겠습니까.
저는 아직 철없는 줄 잘 압니다.
그러나 국가와 민족을 위하는 길이 어떻다는 것을 잘 알고 있습니다.
저의 모든 학우들은 죽음을 각오하고 나간 것입니다.
저는 생명을 바쳐 싸우려고 합니다.
죽어도 원이 없습니다.
어머닌, 저를 사랑하시는 마음으로 무척 비통하게 생각하시겠지만,
온 겨레의 앞날과 민족의 해방을 위하여 기뻐해 주세요.
이미 저의 마음은 거리로 나가 있습니다.
너무도 조급하여 손이 잘 놀려지지 않는군요.
부디 몸 건강히 계세요.

4·19혁명에 참여하여 꽃다운 생명을 바친 여중생 진영숙이 쓴 '어머니께 드리는 마지막 편지'다. 16세의 여중생, 이 어린 학생에게 죽음을 각

오하고 행동에 나서게 한 것은 무엇일까? 유럽의 노블레스 오블리주로서 설명이 가능할까? 그것보다는 대의정신이나 정의감의 표출이었다고 보는 것이 더 적합할 것이다. 일제강점기 독립운동을 통하여 체화된 민족정기가 6·25전쟁의 호국정신으로 강화되었기 때문에 민주주의를 지키고자 하는 새로운 시대정신으로 나타날 수 있었던 것이다.

그러면 대한민국은 나라를 위하여 헌신한 국가유공자의 은혜를 갚기 위해 어떻게 예우하였으며, 어떤 보훈의 원칙과 전통을 세웠는가?

# 제2부

# 대한민국 보훈리포트

# 원호의 시작

전투 또는 직무 수행 중에 사망하였거나 부상을 입은 군인과 경찰에 대한 지원은 1950년 4월 제정된 「군사원호법」에 의한 '원호사업'으로 시작됐다. 이 법은 공비토벌작전에서 희생된 군인과 경찰 그리고 유가족에 대한 원호를 위한 최초의 법률이었지만 생계가 곤란한 가구를 대상으로 보조금을 주는 정도의 극히 초보적인 것이었다. 6·25전쟁으로 많은 전사자가 발생하자 1952년 9월 「전몰군경 유족과 상이군경 연금법」을 제정하여 휴전 직후인 1953년 10월부터 사망급여금과 연금을 지급했다. 지급액은 명목적인 소액에 불과했지만 법적인 권리가 인정되는 수급권이었다. 뒤늦게 전사자로 확인되어 유족에게 단돈 5천원을 주어 큰 물의를 야기했던 그 보상금이다.

당시 사망급여금은 하사금을 뜻하는 사금賜金이라는 이름으로 통용되었는데 이때까지도 왕조시대나 일제강점기의 관념이 그대로 유지되고 있었음을 알 수 있다. 그만큼 보상적 개념이 약했다는 말이 된다. 그나마 제때 지급하지 못하거나 착복하는 사례도 적지 않았다. 심지어 거액 횡령사건으로 내무부장관과 치안국장이 경질된 사례까지 있었다.

적은 액수의 연금이었지만 수급자가 17만 가구나 되다보니 당시로서는 재정에 부담이 되지 않을 수 없는 상황이었다. 이에 따라 한정된 예산을 놓고 어떻게 사용하는 것이 좋을 것인가 하는 고민을 하게 되었다. 적은 액수라도 전 대상자에게 공평하게 배분해야 한다는 주장과 어려운 계층에 대해 집중 지원해야 한다는 주장이 엇갈리고 있었다.

이 논쟁은 1820년대 미국에서 있었던 연금 논쟁과 비슷했다. 연금수급자의 증가로 재정 부담이 대폭 늘어나게 되자 1820년 「연금법」을 개정하여 재산이나 수입이 일정 기준을 넘으면 연금을 지급하지 않을 수 있도록 한 적이 있다. 이 조치로 수천 명의 연금수급권이 박탈됨으로써 집단적 반발을 야기했다. 이로 말미암아 수입이 많고 적다는 것을 기준으로 피의 대가인 연금 수급권을 주고 안 주고 하는 것이 과연 정의로운 것인가 하는 격렬한 가치 논쟁이 벌어졌다. 그 결과 1832년 다시 법률을 개정하여 생활정도에 관계없이 연금을 지급하게 되었다.

우리나라에서는 연금을 주고 안 주고 하는 논쟁이 아니라 예산을 어디에 투입하는 것이 좋을 것인가 하는 것이었다. 그러나 한정된 재원을 저소득층을 위해 사용해야 한다는 것에서 비롯되었다는 점에서는 미국과 다를 바 없었다. 그래서 보건사회부(현, 보건복지부)는 집중 지원 방식에 의한 자활사업을 추진하게 되었다. 산하 기관인 대한군경원호회에 범칙물자 판매대금을 배정하여 전국 각지에 자활 생산 시설인 수산장授産場을 설치했다. 그러나 자활 사업은 생산품의 안정적 판로를 확보하지 못하는 등의 어려움을 겪다가 얼마 가지 못하고 막을 내리고 말았다. 그러나 이 때 시도된 자활 사업은 1961년 이후 정착 대부 및 직업 재활 사업의 단초를 제공했다.

사실상 원호 사업을 수행했던 군경원호회는 대통령과 부통령이 총재와 부총재를, 보건사회부장관이 회장을 맡은 준정부기관으로 162개 시군 지부를 둔 방대한 조직이었다. 원호회비, 정부보조금, '사랑의 깃' 판매 수익, 원호성금 등을 재원으로 하였지만 6 · 25전쟁 직후의 어려운 상황에서 회비나 성금을 모으는 일은 매우 어려운 일이었다. 1952년 5월에 현재의 '호국보훈의 달'이라 할 수 있는 '군경원호 강조주간'이 설정되었는데 그 목적의 하나가 '군경원호회비 완납운동'이었다. 재정 형편이 여의치 않다 보니 '대한군경원호회비'라는 명목으로 일종의 원호세를 받아 원호 사업비를 충당하려했던 것이 당시의 현실이었다. 이렇게 하며 마련된 기금은 보건사회부 소관 원호사업비의 44%를 차지할 정도로 비중이 높았지만 대부분 인건비로 지출되었고 실제 지원 경비로 사용된 것은 20%에 불과했다고 한다.

전쟁의 와중이었지만 1951년 5월, 전상군인을 회원으로 하는 최초의 보훈 단체로 대한상이군인회(현, 대한민국상이군경회)가 창설되어 권익 증진과 상부상조 활동에 나서게 되었다. 다음은 당시 상이군경회 간부 한 분의 회고다.

> 한번은 이승만 대통령을 예방하기 위해 경무대(현, 청와대)에 들어갔다. 우리가 드린 꽃다발을 받아든 노(老) 대통령은 "이 꽃다발은 자네들이 받아야 해" 하고 상이용사들에게 한 송이씩 나눠 주는 것을 보고 정말 가슴이 뭉클했다.

그러나 대통령의 안타까운 마음과 달리 나라의 사정은 몹시 어려웠다. 적은 재원을 효과적으로 활용하자는 취지로 시작된 '중점원호' 시책은 겉돌고 많은 자생 단체들이 생겨나 자구 활동에 나서게 되었다. 전상군경과 유가족들의 국가에 대한 원망과 불신은 날로 심화됐다. 1961년 '군사원호청'의 설치는 이 같은 문제를 해결하기 위한 필연적 귀결이었다.

# 첫 보은, 원호처 창설

1950년대를 울분 속에 지낸 6·25전상용사들은 1960년대 초에 대한 진한 향수가 있다. 자신들을 특별히 챙기기 위한 전담 기구가 창설됐다는 기억 때문이다. 5·16 직후 최우선적 조치의 하나로 보건사회부, 국방부, 군경원호회 등에 분산돼 있던 원호 업무를 통합, 일원화하여 '군사원호청'을 발족했다.

아마 1930년 미국의 선례가 참고가 되었을 것이다. 허버트 C. 후버 대통령은 독립 기관 형태로 되어 있던 제대군인국과 내무부 연금국 그리고 국립상이용사의 집 등 3개 조직을 통합하여 VA(Veterans Administration)를 창설했다. VA는 창설 후 오늘에 이르기까지 최대 정부조직의 하나로 애국심과 국민통합의 상징적 기구로 확고한 위상과 영향력을 가지고 있다.

1950년대는 생계의 어려움을 견디다 못한 전상군경들이 자구책의 하나로 물품을 강매하는 등의 좋지 못한 모습을 흔히 볼 수 있었다. 응당 존경받고 보답을 받아야 할 분들이었지만 전후 수습으로 나라가 어려울 때여서 사실상 방치되다시피 했다. 워낙 많은 전상군경과 유가족의 생계를 보살피기에는 국가재정의 어려움이 있었지만 보다 근본적인 문제는 이들을 보는 시각에 문제가 있었다. 부상을 입은 장졸들을 제대로 거두지 못하고 오히려 부담스럽게 생각했던 오

당시 국방부 병무국 원호계장을 맡았던 이동걸 대위가 저자에게 제공 <국방부와 사회부의 원호 담당자, 군경원호회 등 관련 단체의 인적사항을 보여주는 자료>

랜 관념이 그대로 이어져 왔던 것이다. 6·25전쟁을 지휘했던 백선엽 장군의 증언에 의하면 당시 군인들은 대부분 농촌 출신으로 구성된 농민군이었다. 위정자 자신들과는 상관없는 일이기도 했다. 노블레스 오블리주라는 개념조차 없는 상황에서 누가 내 일처럼 여기고 적극적인 대책을 세우려 하였겠는가. 그러다보니 전상용사들이 길거리에 나서는 안타까운 상황이 벌어졌던 것이다. 원호 업무를 관장하는 최초의 정부조직은 공비토벌 과정에서 희생된 군인과 경찰에 대한 지원을 목적으로 1949년 10월, 사회부에 설치된 군사원호과였다. 6·25전쟁의 발발로 전사상 군경이 대량 발생함에 따라 이들에 대한 지원을 위하여 이 조직은 1951년 7월, 원호국으로 확대·개편되었다. 이어 1951년 8월, 국방부 조직을 개편하여 병무국을 새로 설치하고 그 밑에 원호과를 두어 원호 업무를 담당하

게 하였다. 그 밖의 조직으로는 앞에서 언급했던 비정부기구로 대한군경원호회가 있었다.

다시 백선엽 장군의 증언으로 돌아가면 전상군경들의 생계 불안은 전쟁이 끝나기 전부터 이미 사회문제로 대두돼 있었다. 급기야 1952년 가을, 부산역에서 수 만 명의 전상군경이 참가하는 시위가 벌어졌다. 피난지 부산의 육군병원과 정양원에는 전상군경이 넘쳐나고 있었다. 시위사태는 당시 백선엽 육군참모총장이 현장에 급파돼 설득에 나서고 긴급 대책을 강구함으로써 일단 해결되지만 이후에도 사회적 물의는 끊이지 않았다. 이 사건은 1932년 미국에서 '보너스 군대(Bonus Army of Veterans)'라 불리는 제대군인들이 워싱턴에 몰려와 '보너스 마치Bonus March'라는 대규모 시위를 벌인 일과 흡사했다.

장교들보다 훨씬 더 생활이 절박한 사람들이 상이군인들이었다. 느닷없이 닥친 전쟁으로 전선에 뛰어나가 적의 총탄과 포탄에 몸을 다친 군인들 말이다. 그들의 처우 문제는 일종의 시한폭탄이었다. 당시엔 전시여서 크게 부각되지 않았지만 조국의 전선을 지키기 위해 젊음을 던진 이들을 돌보는 일은 아주 시급했다. 그 일이 급기야 터지고 말았다. 1952년 가을 어느 날이었다. 신태영 국방장관이 전화로 나를 급히 찾았다. "지금 상이군인들이 부산역을 점거한 채 난리를 피우고 있으니 빨리 와서 해결하라"는 내용이었다. 나는 즉시 대구의 육군본부에서 L-19 경비행기를 타고 부산으로 날아갔다. 부산역은 그야말로 상이군인 천지였다. 수만 명의 상이군인이 부산역은 물론이고, 인근까지 점거하고 있었다. 상이군인들은 거칠었다. 전쟁터에서 몸의 일부를 잃고 살아갈 길이 막막해져 마음마저 찢겨 있던 그들이었다. 그러니 불만을 행동으로 옮기는 데 주저함이 없었고, 그 정도가 어느 누구보다도 격렬했다. (…) 왜관으로 가는 열차 편을 요구하다가 내친김에 자신들이 머물고 있던 병원과 정양원의 시설 개선을 요구하며 시위를 벌이고 있었던 것이다. 식사는 물론이고, 모포가 모자란다거나, 천막 안이 불결해 이가 들끓고 있다는 등의 불만이 쏟아져 나오고 있었다. 그들은 역 광장에 앉아 거칠게 목발 등을 흔들며 항의했다. 그 불만을 가라앉힐 방법은 좀체 없어 보였다. 내가 나섰다. 나는 마이크를 들고 "우선 진정하라"고 호소했다. 그리고 "나는 육군참모총장 백선엽입니다"라고 내 소개를 했다. 광장이 잠시 조용해졌다. 격렬한 구호 등이 가라앉았다. 나는 이어 "나는 행인지 불행인지 살아남아 여기 서 있습니다. 여러분이 나라를 위해 싸우다가 몸을 다쳐 여기서 이런 불만을 터뜨린다는 것도 잘 알고 있습니다. 그러나 지금은 나라 형편이 매우 어렵습니다. 그 때문에 여러분이 바라는 것을 즉시 해결할 수 없습니다. 그러나 내 책임 아래 여러분이 바라는 사항들을 성심성의껏 해결하도록 노력하겠습니다. (…) 그들이 나서서 모두를 해산했다. 함께 전선을 누볐던 나를 믿는다는 분위기였다. (…) 그러나 나는 그들의 문제를 꼭 해결해야 한다는 부담감에 곧 휩싸였다.(중앙일보, 2010.11.17, 「6‧25 전쟁 60년」 '상이용사의 문제들' 중에서)

이 사태가 있은 후 육군본부는 1952년 11월, '상이자원호처'라는 전담부서를 만들어 군 차원의 지원업무를 수행하다가 1956년 5월 폐지되었다. 전사상 군경과 유가족 문제의 근본적 해결을 위하여 1961년 7월, 「군사원호청 설치법」이 제정되고 내각 소속으로 군사원호청(청장, 차관급)을 창설됐다. 이어 1962년 4월, 「원호처 설치법」의 제정으로 원호처로 변경되었고, 1963년 12월, 「정부조직법」의 개정으로 국무총리 소속의 장관급 기관으로 승격됐다. 1961년 당시 정부조직법에 의하여 설치되지 않고 특별법에 의하여 설치‧운영하게 된 이유는 정확히 알 수 없다. 다만 여러 부처에서 맡던 업무를 통합하여 일원화하다 보니 별도의 설치법이 필요했던 것이 아닌가 한다. 그러다가 국무총리 소속기관으로 총무처, 법제처 등이 연이어 설치되면서 정부조직법에 함께 규정된 것으로 보인다. 군사원호청의 창설은 6‧25전쟁이 끝난 후 거리를 방황하던 전상군인들이 처음으로 나라가 자신들을 알아주고 챙겨주는구나 하는 생각을 갖게 하는 우리나라 보훈역사의 전환점이자 새로운 출발점이 되었다. 이때 원호처의 창설과 함께 「군사원호보상법」, 「임용법」, 「고용법」, 「자녀교육보호법」, 「정착대부법」, 「보상급여금법」, 「직업재활법」, 「특별원호법」 등의 법률이 일괄 제정됨으로써 실질적 원호를 위한 제도적 틀이 구축되었다.

이후에도 오랜 기간 열악한 보상 수준으로 인한 불만과 갈등이 표출되고 크고 작은 집단 민원이 있었지만 그래도 전담 부처가 있다는 것이 위안이 되고 버팀목이 되었다. 물론 이분들의 민원을 해결해드려야 할 공직자의 입장에서는 여간 곤혹스런 일이 아니었다. 나중에는 이분들의 집단 행동이 맺힌 응어리를 푸는 카타르시스라도 되었으면 하는 생각까지 들게 되었다. 대단히 역설적인 이야기지만 어쩌면 그만큼 국가의 부담을 덜었는지도 모른다. 부끄러운 역사의 한 단면이다. 나라를 위해 신명을 바친 분들이 국가로부터 제대로 예우를 받지 못할 뿐만 아니라 부담스런 존재로까지 여겨진다면 누가 국가를 위해 앞장설 것인가 되묻지 않을 수 없다. 이로 인해 국민 의식에 미친 부정적 영향도 간과할 수 없다.

# 새마을운동과 '자립원호'

가마니 사업을 전면적으로 조사하여 보고하라! 1970년대 저소득 원호 대상자의 자립 기반 조성 사업의 일환으로 시행된 가마니 제조 · 납품사업이 상부로부터 의심받는 상황이었다. 1980년 성장발전 저해요인 개선 작업, 현재로 말하면 규제개혁 작업이 진행되고 있었다. 당시 작업 계획을 협의하기 위하여 대통령 비서실에 들어갔다가 비서관 한 분으로부터 자신이 지방자치단체에 근무할 때 가마니사업이 잘못되어 곤혹을 치렀던 이야기를 듣게 되었다.

아마 지금의 젊은 세대들은 가마니가 무엇인지도 잘 모를 것이다. 가마니는 볏짚으로 꼰 새끼줄을 씨줄과 날줄로 짜서 만든 자루로서 벼나 쌀, 소금 등을 담는 용도로 사용됐다. 자료를 찾다보니 가마니가 일본어 '가마스'에서 왔다는 사실을 알게 되었다. 너무 뜻밖이었다. 알고 보니 여기에는 우리의 슬픈 역사가 들어 있었다. 20세기 초 일제강점기에 식량을 실어낼 목적으로 일본에서 가마니틀을 들여왔다는 것이다. 우리나라도 일본 가마니보다 두 배 반이나 되는 볏짚으로 짠 '섬'이 있었지만 짜임새가 느슨하고 얇았다.

가마니 사업은 지방자치단체가 저소득 원호 대상자에게 가마니틀을 내주고 가마니를 짜서 납품토록 해서 소득 기반을 조성할 목적으로 시작되었다. 그러나 이 무렵 마대나 지대자루가 보급되기 시작하여 가마니는 퇴조하는 상황이었다. 이런 이유로 가마니의 수요가 격감하고 있는데다가 가마니틀과 볏짚의 규격이 서로 맞지 않아 생산에도 문제가 생겼다. 신품종 통일벼의 확산이 가져온 예상치 못한 결과였다. 통일벼는 키가 작아 볏짚의 규격이 가마니틀에 맞지 않았던 것이다. 말하자면 통일벼의 성공이 가마니 제조 사업을 실패로 돌리는 웃지 못 할 결과를 초래했던 것이다.

1970년 초반에 시작된 새마을운동은 당시 원호사업의 많은 부분에 영향을 미쳤다. 근면·자조·협동의 새마을 정신을 바탕으로 70년대 이른바 '자립원호'의 시대를 열게 되었다. '자립원호'는 1974년 4월, 「원호 대상자 자립 지원에 관한 지침」(대통령훈령 제37호)의 제정을 통하여 구체화되었다. 저소득 원호 대상자를 완전 자립에 이르도록 하기 위하여 스스로의 자조·자립 노력을 독려하는 한편, 주무부처인 원호처를 중심으로 관련부처가 협력하여 우선 지원토록 하였다. 기획총괄부서로 원호처 본부에 '자립원호담당관'이라는 조직까지 만들어졌다.

각 부처에서는 공통적으로 결연취업, 자영사업 및 생계비 지원, 법정 의무 고용 비율 달성, 인허가 우선 지원, 직업 재활원 생산품 우선 구매 등의 조치를 취하도록 하였다. 그 외에도 부처별로 국·공유림 사용 대부,

영농자금, 국민주택 자금, 지방자치단체 및 주택공사의 서민·농민 주택 분양, 국공립 병원 진료비 감면, 구호양곡 및 취로지원, 1종 의료 보호 등에서 우선 지원토록 하였다. 아울러 원호 대상자에 대한 취업 보호가 확대되고 대학재학 자녀들의 공납금이 면제되는 등 제도적 지원도 확대되었다. 또한 국민 성금을 재원으로 한 자활지원기금(현, 보훈기금)을 설치하여 자영사업 및 주택 지원 등의 소요 자금을 장기 저리로 융자 지원할 수 있게 했다. 지금은 거의 찾아보기 어려운 '복권아파트'는 많은 원호 대상자들에게 보금자리를 제공했다.

당시 자립 자활에 기여했던 성금의 역사를 더듬어 보면 국가재정이 취약했던 시절의 단면을 들여다 볼 수 있다. 최초의 성금은 1966년 월남전에 파견된 장병을 위한 기금 2억 원을 마련하기 위한 성금을 모금한 것으로부터 시작됐다. 이때 공무원, 기업체 직원, 중사 이상의 군인에 대해 봉급의 1%를 성금으로 갹출토록 했다. 심지어 중학교 학생은 5원, 고등학생과 대학생은 10원을 내도록 했다. 당시 학교에 다녔던 전후 세대들이라면 원호성금을 내라는 독촉을 받았던 기억이 있을 것이다. 1974년 6월부터 원호 대상자 자활 성금이 답지되기 시작하여 1976년 6월, 새로 제정된 '원호의 달' 첫해에는 10억 원을 돌파했다.

> 원호의 참뜻은 원호 대상자의 긍지와 자립의식을 심어주는데 있는 만큼 원호실무를 맡은 당국도 20여 년 간의 국가원호 업무가 여기에 초점을 맞추어 왔는지 반성해 볼 필요가 있다. 급한 불만 끄는 식의 보조금 지급은 생활에 조그만 보탬은 될지언정 이들이 과거를 떨어버리고 떳떳하게 살 수 있는 방편은 못된다. 따라서 이들에 대한 취업알선이 자활의 첩경이며 누차 강조된 생산적인 원호인 것이다.(중앙일보, 1981. 6.6. 사설 중에서)

1960년대가 제도를 창설하고 정착시킨 시대였다면 1970년대는 새마을운동의 정신을 제도와 사업에 수용하면서 자조 노력을 강조하고 자립 기반을 조성하는 데 중점을 둔 시기였다. 나름대로 시대 여건을 따라가기 위해 노력한 모습으로 평가된다. 특히 관련 부처가 적극 협력함으로써 효율적인 지원 체계를 구축하고 자활 지원을 위한 기금을 조성하는 등 국가 지원과 자조 노력 그리고 국민 성원이 결합된 입체적 지원 시스템을 구축하였다는데 큰 의의를 부여할 수 있다.

# 독립유공자에 대한 예우

시베리아에서 항일 독립운동을 주도하며 '백마를 탄 김일성'으로도 알려졌던 김경천 장군의 막내아들 기범씨(67, 러시아)가 정부 초청으로 13일 서울에 도착했다. 기범씨는 "아버지가 항일운동에만 전념했기 때문에 아버지에 대한 기억은 그렇게 많지 않다."면서, "어머니로부터 '백마를 탄 김일성'으로 불렸다는 것을 들었다"고 전했다. 그는 "아버지가 유배지에서 옥사하신 뒤 우리 형제는 고아나 다름없었으며 공산치하에서 말할 수 없는 박해를 받았다."면서, "특히 아버지가 지난 39년 '인민의 적'이라는 혐의로 체포된 이후 우리 가족사는 그야말로 형극의 길이었다."고 말했다.(연합뉴스, 1998.8.14. 및 8.15. 일부 생략)

기사에 등장하는 김경천 장군은 서울에서 태어나 관비 유학생으로 일본 육군사관학교에 입학하여 1911년 졸업한 후 기병장교로 있다가 1919년 동경 유학생들이 주축이 된 2·8독립선언을 계기로 만주로 망명하여 신흥무관학교에 들어가 독립군을 양성하는 교관을 맡았다. 그 때 교관으로는 함께 일본군에서 탈출한 지청천과 대한제국 무관학교를 졸업하고 육군 정위正尉로 있다가 망명한 신팔균申八均이 있었다. 세 사람은 각기 경천擎天, 청천靑天, 동천東天으로 개명하고 독립군 기지의 인재라는 뜻으로 '남만삼천南滿三天'이라 불리었다 한다. 지청천은 널리 알려진 대로 광복군 총사령으로 조국광복을 맞이하였으나 신팔균은 대한통의부 사령관으로서 활약하다가 전사했다. 장군은 1919년 말 블라디보스토크로 넘어가 창해청년단, 수청의병대 총사령관, 고려혁명군 동부사령관 등으로 활약했다. 항상 백마를 타고 지휘하여 '백마 탄 김일성 장군'으로 널리 알려질 정도로 1920년대 초반 연해주 지역에서 위명 높은 독립군 지도자였다. 그러나 1922년 일본군이 물러나자 오히려 연합했던 적군赤軍에 의하여 무장해제를 당하고 말았다. 1937년 중앙아시아 카자흐스탄으로 강제 이주당한 후 곧 '인민의 적'이라는 혐의로 체포돼 복역하다가 1942년 사망한 것으로 알려지고 있다.

> 미국이 독립전쟁을 할 때에 겨울에 맨발을 벗고 얼음 위를 지나가서 얼음에 발이 베어 지어 발자국마다 피가 흘렀다더니 우리 군사도 이때 발자국마다 피가 보이었소. 그러나 사람 없는 산천에 보이는 것은 망망한 백설과 하늘뿐인데 깎아지른 듯한 산을 지날 때에 우리는 불국 명장 나폴레옹이 알프스 산 넘던 행군을 연상하였소.

1923년 7월 29일 동아일보에 게재된 '빙설 쌓인 서백리아西佰利亞에서 홍백紅白 전쟁한 실지實地 경험담'이라는 제목의 인터뷰 기사의 일부다. 시베리아의 동토위에서 이동하는 독립군의 고초가 생생하게 느껴지는 장면이다. 그때 러시아는 적군赤軍과 백군白軍으로 갈라져 이른바 홍백 전쟁을 벌이고 있었고 독립군은 적군과 연합하여 백군과 백군을 지원하는 일본군과 싸우면서 이동하고 있었다. 2005년에 발굴된 경천아일록擎天兒日錄이라는 일기는 당시 '김경천 부대'의 활약상을 잘 보여주고 있다. 일제의 한 정보보고서는 "김경천의 세력은 문창범이나 이동휘의 세력을 능가하고 있으며 러시아령 이만 부근에 1천여 명의 일단이 편성되어 마치 무력 부흥을 보는 느낌"이라고 쓸 정도였다. 장군의 이름은 1920년대 국내 언론에 가장 많이 등장하는 인물이 되었고 갈수록 신비를 더하게 되었다. 1990년대 김일성에 대한 진위 논쟁이 가열될 때 학계에서 "김광서와 김경천은 동일 인물이며, 그가 바로 항일투쟁의 전설적 영웅으로 일컬어지는 김일성 장군이다."라는 주장이 나오기도 했다.

다시 처음으로 돌아가 보자. 뉴스가 전하는 대로 그 후 중앙아시아에서 가족들이 겪은, 그리고 아직도 끝나지 않은 고통은 상상하기 어렵다. 장군의 독립운동 공적이 뒤늦게 확인되어 1998년 건국훈장 대통령장이 추서됐다. 훈장을 받기 위해 정부 초청으로 아들과 딸이 처음으로 대한민국의 땅을 밟았다. 그때 국가보훈처가 주관한 환영연에서 한 그분들의 말은 참석자들의 마음을 아프게 했다.

> 남의 나라를 전전하면서 아버지를 원망하기도 했다. 그때는 아버지
> 가 정말 큰일을 했다는 생각을 하지 못했다. 이제 아버지께서 조국의 인
> 정을 받고 또 훈장을 받고 보니 한이 조금은 풀리는 것 같다.

우리말을 못하는 분들이라 통역을 통해서 대강 알아들은 말이 그렇다. 해외 거주 독립유공자와 후손에게도 연금을 드리는 것이 옳지 않은가 하는 논의가 시작되고 있었던 터라 문득 이런 생각이 들었다. "이것으로 끝나서는 아니 된다. 이분들에게 연금을 드리면 정말 한이 풀리고 자긍심을 갖게 되겠구나." 그렇게 하여 1999년 9월, 「재외동포의 출입국과 법적 지위에 관한 법률」이 제정되었다. 그러나 이 법은 대한민국의 국적을 가지고 있다가 상실한 재외동포에만 적용되는 법률이었다. 처음부터 국적이 없었던 김경천 장군의 후손과 같은 경우는 해당이 되지 않는 문제가 발생

했다. 다시 법부무와 협의하여 2000년 12월, 법률을 개정하여 외국국적 동포도 연금을 받을 수 있도록 했다. 이에 따라 김경천 장군의 후손들이 연금을 받게 되었지만 이분들도 이미 고령이어서 고작 몇 년에 불과했다. 슬픈 역사의 한 단면이지만 이 같은 사례는 허다하다. 최근에 정부 포상을 받는 대부분의 독립유공자들이 후손이 없거나 확인이 되지 않고 있다. 확인이 된다 해도 이미 세월이 많이 흘러 「독립유공자 예우에 관한 법률」의 적용대상이 되지 못하는 경우가 더 많다.

1948년 8월 대한민국 정부 수립 후 가장 먼저 했어야 했던 일이 일제강점기 독립투쟁을 했던 분들을 찾아내서 최고의 예우를 해드리는 것이었다. 그런데도 불구하고 오랜 기간 음지에 머물게 했던 것은 씻을 수 없는 과오였다. 그래서 독립운동을 하면 3대가 망한다는 얘기가 나왔지 않았겠는가.

> 나라를 빼앗겼을 때 그 나라를 찾고자 목숨을 바치고 풍찬노숙하는 사람이 있는 반면 그들을 잡아 죽이고 곤죽을 만듦으로써 영달과 편안함을 취하고 있었다면 선열들은 무엇 때문에 나라를 찾고자 애썼고 목숨을 바쳤던가 반문하지 않을 수 없다.(최일남, 「거룩한 응답」 중에서)

정부 수립 이후에도 독립유공자에 대한 서훈과 예우는 없었다. 그리고 13년이 지난 1962년 4월에 「국가유공자 등 특별원호법」이 제정되어 4·19혁명 희생자 및 월남귀순자와 함께 '특별원호'의 대상이 되었다. '특별원호'라고 하는 것은 전상군경과 유가족에 대한 '군사원호'와 구분하기 위한 명칭이었다. 따지고 보면 가장 먼저 챙겼어야 했던 분들이지만 소위 해방정국에서 정부 수립을 둘러싼 정파 간의 대립과 다툼으로 관심 밖으로 밀려났던 것이다.

1949년 3월, 처음으로 이승만 대통령과 이시영 부통령에게 건국공로훈장이 수여됐다. 그때는 근거 규정도 미비되어 있었다. 1949년 4월에 제정된 「건국공로훈장령」은 "건국공로훈장은 대한민국건국에 공로가 현저한 자에 대하여 수여한다."고 규정하고 있었다. 1958년 2월에는 "태극무공훈장을 받을 수 있는 이로서 그 공적이 특히 뚜렷한 이에게도 건국공로훈장을 수여할 수 있다."고 개정했다. 이에 미루어 당시 건국공로훈장은 독립유공자에 대한 포상을 목적으로 한 것이 아니었음을 알 수 있다.

그러다가 1962년 7월, 비로소 안중근·김구·허위·손병희·안창호·윤봉길·한용운·김좌진 등 대표적 독립운동가 202분에 대한 건국공로훈장이 수여됐다. 1963년 12월, 정부 서훈에 관한 최초의 법률로 「상훈법」이 제정되었다. 그러나 "건국공로훈장은 대한민국건국에 공로가 뚜렷한 자에게 수여하며, 다음의 3등급으로 한다."라고 하여 독립운동에 대해서는 언급하지 않았다. 다만, '건국포장'을 신설하여 "건국포장은 대한민국 자주독립을 위하여 헌신적으로 독립운동과 건국사업에 종사하여 그 공적이 뚜렷한 자에게 수여한다."라고 규정했다. 이들 규정만 보면 독립운동에 대한 공적은 건국포장의 대상이라는 말이 된다. 그러다가 1967년 1월에 다시 법률을 개정하여 "건국포장은 대한민국의 건국에 헌신 진력하여 그 공적이 뚜렷한 자에게 수여한다."라고 하여 무슨 이유인지 독립운동이라는 단어가 삭제되었다. 아마 1962년에 이어 계속해서 건국훈장 수여자가 나오게 되자 규정을 일치시킨 것으로 보인다. 이때부터 규정상으로는 '독립운동에 대한 공적'이라는 표현은 사라지고 '건국에 대한 공적'에 포함되었다. 1973년부터는 '건국에 대한 공로' 외에 '국기를 공고히 한 공로'로 확대되었다, 이렇게 하여 현재의 독립유공자에 대한 포상은 「상훈법」에 의한 건국훈장과 건국포장 그리고 「정부표창규정」에 의한 대통령표창의 형태로 운영되고 있다.

그러나 정부 수립 후 처음 시행된 포상에서 정·부통령만 받는 것도 그렇고 제일 먼저 챙겼어야할 '조국광복에 대한 공로'를 '건국이나 국기를 공고히 한 공로' 속에 얼버무린 것도 잘못이다. 그만큼 조국 광복을 위해 애쓰신 분들이 무관심과 홀대 속에 있었다는 얘기다. 이런 일들이 국민의식을 왜곡하고 노블레스 오블리주, 즉 명예 존중의 사회 풍토를 만들지 못한 중요한 원인이 되었다는 것을 지적하지 않을 수 없다. 그나마 독립유공자를 위한 연금은 대일청구권자금 중 20억 원으로 조성된 애국지사 사업기금에 의하여 지급됐다. 말하자면 일본에서 받은 돈으로 연금을 지급했다는 얘기다. 얼마 되지 않는 숫자에 소액의 연금조차도 재정으로 해결하지 못했던 것이 우리의 현실이었다.

1962년 이후 비로소 독립유공자를 찾아 포상을 실시하고 새로 법을 제정하여 '원호'라도 하게 된 것은 그나마 다행이었다. 여기에는 독립유공자를 소홀히 했던 이승만정부와 차별화하고 정통성을 강화하기 위한 것이었다는 지적이 없는 것은 아니다. 그런 의도가 있었던 없었던 간에 정부가 독립유공자를 찾아내고 포상을 행한 것은 민족사를 재정립하고 국사 교육을 강화하는 대단히 중요한 계기가 되었다. 독립유공자에 대한 포상뿐 아니라 국립묘지 안장과 현충일 추념사에도 문제가 있었다. 1965년 3월, 국군묘지가 국립묘지로 승격되면서 애국지사도 군인·경찰과 마찬가지로 안장대상에 포함됐다. 그러다 보니 이런 어처구니없는 일도 있었다. 1956년부터 국립묘지에서 매년 개최되었던 현충일에서 대통령이 행한 추념사를 찾아보면 추념의 대상에 '순국선열'이 빠져 있다. 그러다가 국립묘지에 애국지사묘역이 조성되고 그곳에 안장되기 시작하면서 추념사에 포함되었다는 것을 알 수 있다.

이곳 동작동 국립묘지와 전국 각처에는 조국의 광복을 위해 순국한 애국선열과 반공 전선에서 장렬하게 목숨을 바친 군경 용사들과, 그리고 월남 전선에서 자유의 십자군으로 산화한 국군 장병들의 충혼이 고이 잠들고 있읍니다.(1968.6.6. 현충일 추념사 중에서)

&lt;국립 서울 현충원 충열대&gt;

　총무처에서 관장하던 독립유공자 포상업무는 1977년부터 원호처(현, 국가보훈처)로 이관되어 꾸준히 추진되었다. 정부 수립 이후 독립유공자로 포상을 받은 분은 2012년 8월 현재로 총 13,044명에 이른다. 훈격별로 보면 대한민국장 30명, 대통령장 93명, 독립장 806명, 애국장 3,845명, 애족장 4,852명, 건국포장 990명, 대통령표창 2,428명 등이다. 러시아와 중국과의 수교로 해외 독립운동사료의 수집이 훨씬 용이해졌고 전문가로 구성된 사료 발굴단을 조직하여 적극적인 사료 수집 활동을 벌인 결과다. 이제는 신청이 없이 발굴하여 포상하는 비율이 대부분을 차지할 정도로 정부 주도로 이뤄지고 있다. 독립유공자 포상은 독립운동사에 대한 연구를 촉진함으로써 우리의 근대사를 재정립하는 중요한 계기가 되었고 정통성을 공고히 하는 역할을 했다. 북한이 근대사를 빨치산 항일투쟁 중심으로 기술하고 있는데 비해 모든 분야에서 광범위하게 전개된 민족 운동의 흐름을 재정립하고 사회주의 계열까지를 포함한 공적을 인정하였다는 점에서 그렇다. 통일에 대비한 인적 · 물적 자원을 축적했다는 의미를 부여할 수 있다.

<애국지사묘역> 350여 분의 애국지사가 안장되어 있다.

이런 성과에도 불구하고 몇 가지 논쟁이 남아 있다. 첫째는 독립유공자 발굴에 좀 더 집중적인 노력이 필요하다는 것이다. 너무 시간이 많이 흘러 포상을 받아도 법적 예우를 받을 수 있는 후손이 거의 없게 되었다. 학계에 의하면 일제강점기 독립운동에 참여한 인원은 수백만 명에 달하고 이 가운데 순국자도 15만 명이 넘는다고 한다. 의병전쟁만 하더라도 1895년부터 1915년까지 20년간 계속되었고, 만주와 러시아 지역으로 이동한 의병들은 독립군으로 전환됐다. 의병전쟁에서 50만 명이 넘는 인원이 희생됐고, 이 중 15만 명이 전사했다. 구체적으로는 국사편찬위원회가 만든 한민족독립운동자료집에 등장하는 인물만 4만여 명이 넘는 것으로 나타나고 있다. 물론 독립운동을 한 사실이 자료로 뒷받침되어야 하고, 북한지역 거주자의 경우 신원 확인이 어려운 점 등의 한계가 있다. 그러나 국내외 관련기관과 협력 체계를 구축하고 전문 인력을 확대한다면 더 큰 성과를 기대할 수 있을 것이다. 사실 보훈처 내에서는 이런 볼멘소리가 있었다.

차라리 정부조직과 정원을 관장하는 총무처(현, 행정안전부)가 이 업무를 담당했더라면 벌써 전담기구를 만들어서라도 훨씬 속도감 있게 일을 했을 것이다. 광복 반세기가 흐른 지금까지 포상 운운하는 것은 부끄러운 일이다.

\<국립 서울 현충원 대한독립군무명용사위령탑\>

그만큼 보훈처가 필요한 조직과 정원을 늘이는 데 관계 부처의 협조가 절실했다는 얘기다. 둘째는 사회주의 계열의 독립유공자에 대한 포상과 관련된 논란이다. 남북한의 이념 대립이 극심했던 시기에는 독립운동의 공적이 확실해도 사회주의 계열에 섰던 인물들은 포상에서 제외됐다. 김규식·조소앙 선생 등 남북 인사에 대한 포상도 1989년에 와서 이뤄질 정도로 닫혀 있었다. 그러다가 1993년 문민정부 출범을 계기로 사회주의 계열 독립유공자에 대한 포상을 전향적으로 검토하기 시작했다.

정부는 95년 광복 50주년을 맞아 약 2만 명의 독립유공자를 새로 발굴, 사상 최대 규모의 정부 포상을 하기로 했다. 정부는 이를 위해 1차로 금년 중 1만3천 명, 내년 상반기 중 7천명 등 모두 2만 명에 대한 심사를 완료, 내년 8월15일 광복 제50주년 기념일에 건국훈장 등 독립유공자 포상을 할 계획이다. 건국이후 지금까지 독립운동과 관련, 정부로부터 각종 훈장을 받은 사람은 1월 현재 총 6,163명이며, 광복 50주년을 계기로 훈·포장을 받게 될 2만 명을 합치면 모두 2만6천여 명으로 종전보다 3배 이상 늘어나게 된다. 정부의 이 같은 방침은 김영삼 대통령이 광복 50주년을 민족독립의 새로운 전기가 될 수 있도록 대대적인 경축행사를 준비하라고 한 특별지시에 따른 것이다. 이와 관련, 국가보훈처는 "그동안 유족이 없어 신청하지 못한 독립유공자와 기록문서 미비로 국가의 인정을 받지 못한 단체 등에 대한 대규모 심사 작업이 조만간 본격 착수될 예정"이라고 밝혔다.(중앙일보, 1994.1.25. 보도 중에서)

이렇게 하여 1995년 광복 50주년을 계기로 사회주의 계열의 독립유공자를 포상한 바 있다. 이 때 포상의 기본 원칙은 항일운동 당시 조선공산당이나 고려공산당 등의 단체에서만 활동한 경우, 광복 이후에도 공산당 조직 또는 반국가단체 등에 직·간접적으로 관계한 자, 광복 후 북한정권에 적극 동조한 자 등에 대해서는 포상을 보류하되 광복 이전에 사망한자, 광복 이후 일체의 공산계열 활동에 가담하지 않고 자유민주주의체제에 적응한 자, 독립운동을 위해 사회주의 단체에 속하였으나 궁극적으로 국권 회복을 목표로 했던 자, 광복 후 중국, 러시아 등에 불가피하게 잔류함에 따라 해당국의 공·사직에 종사했던 자 등에 대하여는 포상을 실시하는 것을 원칙으로 했다. 세부적인 사항까지 구체적으로 정한 것이 아니었기 때문에 심사과정에서 집중적 논의를 통하여 선별하여 포상이 이뤄졌다. 예를 들어 조선공산당에서 활동하였다 하더라도 그 이전에 3·1운동 등의 독립운동에 참여하였으며 광복 후 국가사회 발전에 기여한 경우, 광복 당시 연령이 이미 60세를 넘은 북한 거주자인 경우에는 포상 대상으로 검토됐다. 그 이후에도 포상 기준의 신축적 적용을 통하여 많은 사회주의 계열의 독립유공자들이 포상을 받았다. 그러나 훈격을 부여하는 데있어서는 같은 공적이라도 사회주의 계열의 공적에는 한 등급을 낮추어적용한다는 것이 대체적으로 합의된 기준이었다. 사회주의 계열의 독립유공자 포상에 대해서는 여전히 논란이 있다. 우리의 정체성을 훼손할 수있다는 우려가 있으므로 신중해야 한다는 입장과 포상 확대를 전향적으로 검토할 필요가 있다는 주장이 엇갈리고 있다.

지금까지 정부가 사회주의 계열의 독립운동을 포섭한 것은 두 가지 점에서 의미가 있는 일이라고 본다. 하나는 일제강점기의 상황적 여건이다. 당시에는 성격을 달리하는 수많은 독립운동단체가 존재했던 것처럼 독립된 조국에 대한 이념적 스펙트럼이 매우 넓었다. 그 중에는 공산주의 사회의 실현을 꿈꾸는 인물들도 있었지만 독립의 수단과 방편으로 반제국주의, 사회주의 운동에 투신한 경우가 많았다. 광복 후의 이데올로기를 잣대로 누구는 받아들이고 누구는 배척하는 것이 정당한 일인가? 북한 정권 수립에 참여하고 북한 체제를 위하여 공헌한 인물이 아니라면, 또 광복 후 대한민국을 반대하였거나 방해가 되지 않았다면 그 독립운동의 공로만은 인정해줄 필요가 있다는 것이 중론이었다. 다른 하나는 북한에서 독립유공자에 대한 예우와 관련된 문제다. 북한의 근대사는 빨치산 항일운동 중심으로 기술하고 있다. 다른 계열의 독립운동은 소위 종파주의자로 몰려 숙청된 이후 역사에서 사라지고 말았다. 이런 상황에서는 민족사의 복원을 위해서도 보다 넓은 시각에서 바라볼 필요가 있다는 것이다. 다만, 대한민국의 정체성을 훼손하지 않아야 한다는 전제가 필요하다.

<서대문 독립공원 순국선열추모탑>

# '보훈'의 탄생

앞서 본 것처럼 보훈報勳이 사용되기 전에는 원호援護였다. 원호라는 용어는 1950년 4월, 「군경원호법」이 제정되면서 처음 사용됐다. 일본의 「전상병자전몰자유족등원호법」을 참고했던 것으로 보인다. 1961년 「군사원호보상법」 이후 쭉 원호, 원호 대상자, 원호처라는 호칭이 사용되다가 1984년에 들어 큰 변화를 맞이하게 된다. '원호'라는 말이 '구호'와 비슷한 느낌이 있어서 추앙과 존경을 받아야 할 분들이 구호를 받아야 할 대상자로 비하되는 현상이 초래되고 있었던 것이다.

이에 따라 국민들의 추앙과 존경 그리고 정신적 예우에 초점을 둔 새로운 법체계의 필요성이 제기되었다. 1984년 물질적 지원 위주의 법체계에서 정신적 예우와 물질적 지원을 병행하는 새로운 법체계로 전환하기 위한 법령체계 전반에 대한 검토가 시작되었다. 법체계 개편의 기본 방향은 군사원호보상법 등 7개 법률을 하나의 법률로 통합하는 것이었다. 이 과정에서 문제가 되었던 핵심 사안은 주요 용어를 명예의 관점에서 새롭게 정립하는 것이었다. 당시 기본 얼개를 담당한 기획예산담당관실에서 진행된 스토리는 다음과 같다.

"김 사무관, 지금의 '원호'를 대체할 근사한 이름을 찾아보세." 위에서 검토 지시를 받은 과장의 말이었다. 이렇게 해서 기본적 개념과 용어를 새로 만들기 위한 작업이 시작됐다. 먼저 유사 사례부터 찾아보기로 하고 자료를 수집했더니 선진국의 경우는 대개 전상군인과 유가족에 대한 지원을 제대군인에 대한 지원업무에 포함하여 'Veterans Affairs' 또는 'Veterans Benefit'라는 용어로 사용하고 있었다. 그것을 담당하는 기관의 명칭도 미국은 'Veterans Administration'을, 캐나다와 호주는 'Department of Veterans Affairs'라는 명칭으로 되어 있었다. 우리나라에서 사용하던 '원호 대상자'와 같은 집합적 호칭은 없었으며, 단지 수혜자란 의미의 'Veterans Beneficiaries'가 행정용어로 사용되고 있었다. 이것은 우리가 원했던 사례는 아니었다. 북한의 제도가 우리보다 낫다고 해서 찾아보았더니 기본 개념은 우리와 마찬가지로 '원호'로 되어 있었지만 상이군인을 '영예군인'으로 높여 부르는 점이 달랐다. 지금도 북한은 '원호'라는 용어를 쓰고 있다. 이어 중화민국(현, 타이완)에서 좋은 사례를 발견할 수 있었다. 본토에서 건너온 국민당 퇴역군인에 대한 지원업무를 담당하는 국군퇴제역관병보도위원회(현, 국군퇴제역관병위원회)는 퇴역군인들을 영예국민榮譽國民, 줄여서 영민榮民으로 부르고 있었다.

이에 따라 1차로 모아진 자료를 기초로 간단한 내부 토의를 위해 내놓은 안이 충민忠民, 충민처忠民處였다. 그러나 이 호칭은 전통시대의 느낌이 너무 강하고 시대 변화를 담지 못하는 한계로 더 이상 진행하지 못하고 원로 인사들에게 자문을 구해 보기로 했다. 그 때 원로 몇 분을 어렵게 찾아뢰고 추천의 말씀도 듣게 되었다. 국문학자 이희승 박사께서는 많이 연로하셔서 대화가 어려웠지만 그래도 본인이 독립유공자인지라 성의껏 도와주었다. 그렇게 해서 받은 안이 절사節士와 장의처獎義處였다. 원호 대상자가 아니라 절의를 지킨 분들이며, 의로운 희생을 한 분들을 보살피고 의로운 행동을 상찬

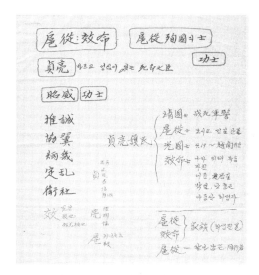

<한글학자 한갑수 선생이 저자에게 써 준 메모지 일부>

하고 권장하는 기관이라는 뜻으로 이해되었다. 언론인 최석채 선생이 내놓은 안은 훈민勳民과 훈민처勳民處였다. 공훈이 있는 분, 그분들을 보살펴 드리는 기관이라는 뜻이었다. 선생은 이 같은 원호처의 호칭 개선 노력을 격려하면서 원호증서를 꺼내 보여주었다. 아들이 공군에 근무하다 순직했다면서 자신도 군경유족이라는 말씀을 들려주었다. 알고 보면 도처에 아픈 사연을 간직한 분들이 많다는 생각이 들었다. 이어 한글 학자 한갑수 선생을 만나 부탁드렸더니 조선왕조실록을 조목조목 들여다보고 공신들의 호칭을 일일이 정리해서 주었다. 이것을 참고로 해서 내놓은 안이 공사功士, 정량호민貞亮護民, 정량호민처貞亮護民處이었다. 정량은 바르고 성심이 있으며 목숨을 다해 임금을 모시는 신하, 즉 사명지신死命之臣을 말하는 것으로 제갈량의 국궁진췌鞠躬盡瘁의 마음과 맥이 닿는 것이었다. 아울러 정량호민을 정국사(전사군경), 호종사(순국사절), 광국사(4·19), 효명사(애국지사) 등으로 분류까지 해주었다.

'국가유공자'라는 호칭에 대해서는 비교적 쉽게 공감대가 형성이 되었지만 문제가 되었던 것은 기관의 명칭이었다. 원로 인사들께서 주신 이름은 내포된 뜻은 좋았지만 너무 어려운 한자말로서 시대감각에도 잘 맞지 않는 점이 있어 기관명으로 사용하기에는 적합하지 않았다. 이러한 상황에 처하게 되자 며칠을 고민하게 되었고 이때 문득 머릿속에서 떠오른 단어가 '보훈報勳'이었다. "공훈에 보답한다."는 간단한 말인데 무엇이 그렇게 어려웠던가 하는 생각이 들지만 그때는 그런 단어 자체가 없었다. 아무튼 조어이기는 하지만 그 의미를 잘 전달하는데 부족함이 없는 용어다 싶어 내부적으로 여론을 수렴해봤다. 사전에 없는 말이기는 하지만 '공헌에 보답한다.'는 의미가 충실히 전달될 수 있어 단순히 '도와주고 보호해준다.'는 의미의 '원호'를 대체할 수 있다는 긍정적 반응이 많았다.

내부 논의를 거쳐 기본적 개념을 '원호'에서 '보훈'으로, '원호 대상자'를 '국가유공자'로, '원호처'를 '보훈처'로 변경하는 것을 잠정적으로 결정한 다음, 이 안에 대한 전문가 의견 수렴에 들어가게 되었다. 행정학자 박동서 교수, 소설가 이병주 선생, 언론인 이규태 선생 등이 포함되었다. '국가유공자'에 대해서는 이견이 별로 없었지만 '보훈'에 대해서는 뜻은 좋지만 조어造語로서 생경하다는 의견도 있었다. 역시 처음 접하는 단어라 그런 느낌을 받았던 것 같다. 이렇게 해서 보훈, 국가유공자, 보훈처라는 새 호칭이 결정되고 법안에 반영되었다.

그러나 그 과정이 순탄했던 것은 아니다. 오늘날 통용되는 '국가유공자'라는 호칭이 국무회의에서 제동이 걸린 것이다. 각 분야에 많은 국가유공자가 있을 수 있는데 왜 독립유공자와 호국용사를 지칭하여 국가유공자로 특화하느냐 하는 반론 때문이었다. 말하자면 일반명사인 국가유공자를 고유명사로 하여 독점하는 것이 재고할 필요가 있다는 것이었다. 그래서 당시 「국가유공자 예우 등에 관한 법률안」 제3조(국가유공자)를 제3조(이 법의 적용대상인 국가유공자)로 법안을 수정하여 통과될 수 있었다.

이렇게 하여 지금의 '보훈' 개념이 탄생하게 되었다. 원호처가 보훈처로 바뀐다는 것이 알려지자, 조선일보 「이규태 코너」에서 '보훈처'라는 제목으로 기관명칭 변경의 의미를 짚어주었다.

'보훈'이란 용어가 공식적으로는 사용된 것은 법이 시행된 1985년 1월 1일부터다. 지금은 거의 불식되었지만 이름이 바뀐 뒤에도 오랜 기간 원호 대상자나 원호처라는 말이 그대로 사용되기도 했다. 20, 30대의 젊은 세대들은 아예 '원호'라는 말을 모르는 '보훈' 세대들이다. 수년이 지난 후 중국 역사와 관련된 책을 보다가 훈勳과 공功에는 차이가 있다는 사실을 알게 되었다. 훈은 사직과 관련된 큰 공로를 의미하며 공은 백성을 위한 공로로서 훈보다는 낮은 뜻이다. 역사적으로

&lt;조선일보, 1984.6.29자 이규태코너&gt;

깊은 의미가 있는 말이라는 것을 알고 지은 것은 아니지만 결과적으로 잘 됐다는 생각이 든다. '보훈'은 우리가 만든 말이지만 중국에 역수출된 용어이기도 하다. 중국에서 보훈 업무를 맡고 있는 민정부民政府 관계자가 국가보훈처와 교류하면서 '보훈'이라는 단어를 접하고 고개를 끄떡이는 모습을 볼 수 있었다. 자신들은 아직도 전통적 의미가 강한 무휼(撫恤·어루만지고 도와줌)이라는 말을 사용하고 있는데 비하여 '보훈'은 훨씬 명예롭고 긍지를 느끼게 하는 용어이기 때문이다. 이후 왕래하는 문건을 보면 '報勛'으로 표기하고 있는데 중국에서는 '勳' 자의 고어인 '勛' 자를 사용하고 있기 때문이다. 우리나라가 만든 용어가 중국에서 쓰게 된 희귀한 사례가 아닌가 한다.

# 아웅산 사건이 촉발한 변화

정책이론 가운데 이슈촉발장치(triggering mechanism)라는 것이 있다. 어떤 사건이 이슈를 폭발시켜 정책변화를 유발한다는 것이다. 나비효과(Butterfly Effect)라는 것도 있다. 나비의 조그마한 날갯짓이 기후를 변화시킨다는 이론으로 사소한 일 하나가 큰 변혁의 단초가 되는 것을 뜻한다. 하인리히 법칙(Heinrich's law)이라는 것도 있다. 하나의 사건은 한순간에 갑자기 일어나는 것이 아니라 여러 차례의 징후가 쌓이고 쌓여 증폭된 결과라는 것이다. 즉, 하나의 사건에는 29가지의 작은 사건이 있었고, 하나의 작은 사건에는 300개의 징후가 있다는 것이 이 법칙의 골자다. 비유가 적절할지 모르지만 보훈 정책에 있어 1984년의 변화는 버마 아웅산묘소 폭파사건이 촉발한 파급효과라는 점에서는 나비효과를, 오랜 기간 내부적으로 누적되었던 보훈 가족들의 욕구가 터져 나온 결과라는 점에서는 하인리히법칙을 떠올리게 된다.

이 사건은 1983년 10월 9일, 미얀마 아웅산묘소에서 우리 대통령 일행을 암살하기 위해 북한이 벌인 만행을 말한다. 이 사건으로 경제부총리, 외무장관, 대통령 비서실장 등 수행원 17명이 희생됐다. 북한은 1968년 1월 1 · 21무장공비침투사건, 1970년 6월 서울 동작동 국립묘지 현충문 폭파사건 등을 자행한 전력이 있었다. 아웅산 사건 때 순직자들은 순직 공무원의 유족으로 등록되어 지원을 받게 되었지만 공무원 유족 연금을 받는 것 외에 자녀교육지원이나 취업 지원이 고작이었다.

나중에 들은 이야기지만 지원의 수준이나 내용이 문제가 아니었다. 대통령의 해외순방을 수행하다가 이역만리 타국에서 희생됐는데 '원호 대상자'가 되었다며 원호증서를 주더라는 것이다. 어쩌면 대통령을 대신해서 희생된 것인지도 모르는데 순국자나 공로자는 몰라도 원호 대상자라니 무슨 말인가! 심리적 충격을 받은 유족들은 여러 통로로 그런 얘기를 청와대에 직 · 간접적으로 전하게 되었던 것 같다. 그렇게 하여 이분들의 명예를 높여드릴 수 있는 방안을 마련하라는 지시가 나오게 되었다. 이에 따라 종래의 생계지원 중심의 '원호 제도'는 명예 존중의 '보훈 제도'로 패러다임이 바뀌는 계기가 되었고, 「국가유공자 예우 등에 관한 법률」의 제정으로 아웅산 희생자들은 국가사회발전특별공로 순직자 또는 공로자로 자리매김하게 되었다.

지금도 부끄러운 것은 사고의 결핍이며 인식의 안이함이다. 6 · 25전쟁 이후 어려웠던 상황에 대해서는 이야기하지 않더라도 1961년 원호처가 창설된 이후 수많은 민원을 접하면서도 이들의 명예나 자존감에 대해서는 깊이 생각하지 못했던 것 같다. 물론 전상군경이나 유가족의 생계 안정에 급급했던 어려운 현실이 있었다. 그렇다 하더라도 70년대의 급속한 경제성장과 함께 이들의 생활이 향상됨으로써 사회적으로 인정을 받고자 하는 욕구가 높아진 것을 간과한 것은 잘못이었다. 이 문제가 현실화되기 이전에 스스로의 자각과 문제 인식으로 접근하려는 노력이 있어야 했다는 것이다.

보훈 정책은 6·25전쟁을 전후하여 응급 구호적인 성격으로 시행되었으나 전후 수습에 따른 재정적인 어려움 등으로 방치됨으로써 큰 사회적 문제를 야기했다. 그러나 1961년 전상자 및 전몰군경 유가족에 대한 생계지원 문제가 정부의 중요한 아젠다로 설정됨으로써 원호처를 창설하고 제반의 법령 제도를 갖추게 되었다. 그러나 법적·제도적 내용에 비하여 실질적인 보상수준은 오랜 기간 미미한 수준에 있었다. 1980년대 중반까지만 해도 연금이 월 2만원 정도였고 보훈병원 역시 1개소에 불과했다. 이러한 어려운 여건 속에서 교육·취업·대부 등 비재정적인 수단을 활용하여 '자립원호시책'을 추진한 결과 80년대 중반까지는 어느 정도 생업 기반을 조성할 수 있었다. 이는 당시 대다수 보훈대상자들이 경제 활동을 할 수 있는 연령대에 있었고 우리 경제가 성장기에 있었던 시대적 여건의 영향도 있었다.

국민들의 전반적인 생활수준의 향상과 함께 보훈대상자들의 생활이 점차 안정되어감으로써 자신들의 존재(being) 자체에 대한 관심이 존경과 명예(honor)로 변화되었다. 이러한 사회 여건과 대상자의 의식의 변화는 보훈 정책의 새로운 패러다임을 요구하게 되었다. 그러한 요청에 대응한 것이 1984년 「국가유공자 예우 등에 관한 법률」의 제정이라 할 수 있다. 그러한 변혁이 외부적 요인에 의한 것이라 하더라도 다행스런 것이었다. 그때 그런 변화가 없었더라면 지금 정도의 보훈 개념과 체계가 잡힐 수 있었을까? 페르낭 브로델이 말하는 표면의 출렁거림의 역사가 아니라 보훈의 기층을 바꾸는 오랫동안 지속될 근본적 변화였다. 어떤 변화든 처음에는 작은 날갯짓 하나로 시작된다. 지나간 트렌드는 보이지만 다가올 트렌드는 미리 보기 어려운 법이다. 낮은 날갯짓, 조그마한 징후라도 가볍게 보아서는 안 되는 이유가 아닐까.

# 기본연금은 백미 반 가마

지금의 보훈 보상금이 그렇다는 것은 아니다. 적어도 20여 년 전의 상황이다. 보상금은 상이군경이나 미망인, 유족할 것 없이 일률적으로 지급하는 기본연금과 중상이군경 등 희생도가 높은 사람들에게만 추가로 지급하는 부가연금으로 구분돼 있었다. 이 가운데 기본연금에 해당하는 금액은 6·25전쟁 이후 1960년대까지는 거의 명목적인 수준에 불과할 정도로 소액이었다. 당시 원호처에는 개선책으로 대통령의 재가를 받아 금과옥조처럼 여겼던 '보상금연차별인상계획'이라는 문건이 있었다. 기본연금을 백미 반 가마 수준으로 끌어올린다는 것이 골자였다. 이 문건을 가지고 다니면

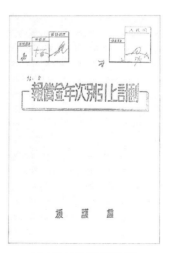

<보고 문서 사본(1976.5.11)>

서 예산 당국과 싸움을 하다시피 했지만 1980년대 중반까지도 그 목표가 이뤄지지 못했다. 더구나 제5공화국 정부에서 물가안정을 위하여 제로 베이스 예산을 편성하다 보니 보훈연금 같은 경비는 뒷전으로 밀려나기 십상이었다. 제6공화국이 출범한 1988년 쌀 반 가마, 그것도 정부미를 기준으로 하더라도 보훈연금은 그에 40%에도 못 미치는 고작 월 3만 원 수준에 불과했다. 이 상황에서는 연금 개선은 요원한 것 같아 보였다.

<보고 문서 사본(1976.5.11)>

그러나 제6공화국이 들어서면서 다른 곳에서 해결의 실마리가 나타났다. 새 정부가 출범.하기 전 1988년 1월에 설치된 민주화합추진위원회에서 5 · 18광주사건을 민주화운동의 일환으로 성격을 규정했다. 그리하여 1990년 8월에「광주민주화운동 관련자 보상에 관한 법률」을 제정 · 시행하게 된다.

5 · 18민주화운동 관련자에 대한 보상은 기존 국가유공자 보상과의 형평성 문제를 야기했다. 국가유공자에 대한 보상금 현실화를 선행해야 한다는 목소리가 비등했다. 그때까지 받은 6급 상이군경(당시 최저등급)이나 전몰군경 미망인이 받은 연금을 다 합쳐봐야 고작 수백만 원에 불과하다며 5 · 18 보상에 앞서 자신들의 보상금 개선이 먼저 해결되어야 한다는 주장이었다. 급기야 휠체어를 탄 중상이 군경들이 경제기획원 장관실에 난입하는가 하면 미망인들은 소복을 입고 정부청사에 들어가 집단적으로 요구를 하는 상황이 벌어졌다. 이어 우루과이 라운드에 따른 농어촌

지원 대책의 일환으로 42조 원에 달하는 특별지원방안이 논의되자 국가유공자들의 반발은 더욱 고조되었다. 정부로서도 특단의 대책을 강구하지 않을 수 없었다. 이에 따라 1988년에 월 3만 원에 불과하던 연금이 1991년에는 월 25만 원으로 대폭적으로 현실화되었다. 이로써 보훈예산은 1,616억 원에서 5,296억 원으로 약 3.3배로 늘어났고 일반회계 정부예산에서 차지하는 비율도 0.89%에서 1.69%로 2배 가까이 증가했다.

그렇게 되기까지에는 보훈처장을 위시한 보훈처 공무원과 보훈 단체의 총체적 노력이 있었다. 정치권은 물론 청와대까지 나서 예산 당국을 움직일 수 있었기 때문이다. 당초 정부안은 월 22만 원으로 굳어지고 있었지만 마지막 단계에서 대통령 지시로 월 25만 원으로 인상될 수 있었다. 지금 생각하면 우스운 일이지만 군이 쌀값으로 환산하면 쌀 두 가마 반에 해당하는 수준이 되었다. 1970년대 백미 반가마를 목표로 했던 보훈연금이었지만 1980년대가 다 가도록 실현되지 못하다가 5·18민주화운동 관련자 보상을 계기로 하여 해결의 길이 열리게 된 것이다.

당시 열악했던 국가유공자 보상 수준은 재원의 부족에 있었다기보다 시각과 인식에 문제가 있었다. 보훈 예산을 소모적인 것으로 보아 되도록 낮게 가져가자는 생각이 널리 깔려 있었다. 보상금 현실화 문제가 확산되던 1989년에 이 문제 해결을 위한 가시적 노력을 보여주기 위하여 추가경정예산을 편성하게 되었다. 그 때 기획관리실장과 함께 여당에 파견 근무하던 전문위원 몇 분을 만나 협의하는 자리를 만들었다. 참석자 한 분으로부터 "약한 부처일수록 로비를 심하게 한다."는 불편한 말을 들어야 했다. 그것은 로비도 아니려니와 그것을 단순한 로비로 받아들이는 현실 인식이 근본적 문제였다.

한번은 미망인들이 정부청사에서 연금 개선 요구를 할 때였다. 특별한 물리적 행동을 한 것이 아니라 그냥 땡볕에 앉아서 답변을 기다리는 정도였다. 예산 당국에서는 아무 반응이 없는 상황에서 때가 되어 어쩔 수 없이 구내식당에서 식사를 하실 수 있도록 해드렸다. 그런데 이것이 문제가 되었다. 집단 시위를 하고 있는 사람들에게 식사를 대접할 수 있느냐는 것이었다. 겉으로 보면 틀린 말은 아니었다. 그렇지만 "이분들의 요구는 다른 집단 민원과 다르다. 정당한 요구지만 재정 형편상 당장은 해결을 못해줄 뿐이지 않는가? 미망인들 가운데 고령자가 많은데 뜨거운 날씨에 쓰러지는 분이라도 생기면 어떻게 하겠는가? 그러면 정부의 입장이 더 어려워질 수도 있다."는 논리로 넘어갔다.

보훈 업무를 한다는 일종의 전쟁이었다. 보훈공무원에게도, 국가유공자 자신들에게도 그랬다. 그래도 지금은 한 해 보훈예산규모가 약 4조원에 달할 정도로 보훈에 대한 인식과 지원이 많이 나아졌다. 도로나 항만과 같은 것만 사회간접자본이 아니다. 보훈은 국가발전을 위한 정신적 기반으로서 무형의 사회간접자본으로 보아야 한다. 우리가 늘 무심하게 여기지만 공기나 물이 생존을 위한 필수적 요소인 것과 마찬가지로 국가유공자의 희생도 우리가 서 있는 밑바닥을 떠받치고 있는 기층이라는 것을 깊이 인식할 필요가 있다.

# 돈 벌어 지어야 했던 보훈병원

"보훈병원이 보훈복지공단에 흡수되었으므로 의료장비 도입 차관 원리금 상환은 공단의 책임이다.", "그렇지 않다. 공단법 제정으로 병원이 공단에 귀속되었다고 하지만 의료장비 도입 차관은 어디까지나 정부가 들여온 차관이며 물권에는 부종성(附從性)이 없기 때문에 어떤 물건의 소유권이 이전되었다고 채무까지 따라서 이전되는 것은 아니다. 다시 말하면 차관 원리금을 갚을 책임이 정부에 있는 것이지 그 차관으로 도입한 의료장비의 소유자인 보훈공단에 있는 것은 아니다."

1984년 의료장비 도입 차관에 대한 원리금 상환 책임을 놓고 경제기획원과 벌인 논쟁의 요지다. 결국 정부가 계속 상환하는 것으로 결론이 났지만 갑과 을의 관계처럼 씁쓰레한 헤프닝이었다. 경제기획원에서도 처음부터 그들의 주장에 무리가 있다는 것을 알고 있었지만 물가 안정을 위하여 제로 베이스zero base 예산을 편성하다보니 어떻게든 예산 부담을 덜어보자는 심산으로 그 같은 문제를 제기하여 부처를 흔들어 보았던 것이다.

서울 오류동에 있던 원호병원을 강동구 둔촌동 현 위치로 신축·이전하면서 예산이 부족하여 의료장비 구매조건부 차관을 들여오게 되었다. 그 후 보훈공단의 설립으로 병원이 공단에 흡수되었다. 의료장비 도입 차관은 프랑스 크레디 레오네 은행의 자금을 외환은행이 전대한 차관으로서 7년 균등 상환조건으로 원리금이 40억 원 정도였던 것으로 기억된다. 당초 일본으로부터 차관을 들여오는 것으로 추진하다가 여의치 않자 여러 기관과 접촉한 끝에 전대 차관을 얻어 쓰게 된 것이었다. 당시 보훈병원 신축업무 담당과장의 증언에 의하면 프랑스 파리에 가서 협의를 하게 되었지만 외화예산이 부족하다 보니 호텔에 들지 못하고 외교관의 숙소에서 장기간 신세를 지면서 의료장비 도입 작업을 진행했다는 것이다.

<서울 오류동에 있던 구 국립원호병원>

수십억 원이 넘는 장비를 눈도 깜짝하지 않고 들여오는 지금과 비교하면 정말 격세지감이 있다. 1970년대 말까지도 우리나라의 재정여건은 매우 어려웠다. 보훈병원 신축·이전 사업은 특별한 배려가 아니면 우선순위에 올려놓기 어려운 일이었다. 건립 부지 확보 등 많은 난제를 해결하고 공사에 들어갔지만 정작 의료장비 도입에 필요한 예산 때문에 또 다시

어려움을 겪어야 했다. 그도 그럴 것이 당시 의료장비는 거의 외자 장비였다. 이곳저곳을 기웃거리면서 겨우 차관선을 잡아 1983년 개원에 맞출 수 있었는데 나중에 원리금 상환까지 문제가 되고 보니 담당자들 입장에서는 여간 억울한 일이 아니었다. 문제는 이것으로 끝나지 않았다. 외환은행 전대차관을 쓰다 보니 감사원으로부터 국가채무에서 누락되었다는 지적까지 받고 회계적으로 재정리하는 절차까지 밟아야 했다.

서울에 보훈병원이 개원한 이후 지방에 보훈병원을 설치하는 문제가 대두됨에 따라 부산, 대구, 광주, 대전 순으로 보훈병원을 개원했다. 그런데 정부의 예산지원 없이 모두 공단 자체의 책임으로 이뤄졌다. 이를 위해서 수익사업을 해서 돈을 벌어야 했다. 그러나 애초부터 기계·목제·봉제·합성수지·유통 등 사업성이 떨어지는 소규모 영세사업으로는 한계가 있었다. 심지어 이름만 빌려주는 대명代名사업으로 사회적 물의를 야기하는 일들이 비일비재했다. 공단의 출자회사 주식회사 한성은 외환위기의 와중에서 정리되는 비운을 맞기도 했다. 이런 와중에서 금융부채는 계속 늘어나 일천억 원에 육박했다. 공기업도 아닌 정부의 위탁을 받아 운영하는 준정부기관에서 그런 규모의 부채는 감당하기 어려운 것이었다. 정부가 해야 할 의료시설 투자를 공단 스스로 부담하다보니 그렇게 되었다. 사실 1981년 보훈병원과 직업재활원, 원호단체후원회 등을 통합하여 보훈복지공단(현 보훈복지의료공단)을 창설하게 된 것도 의료시설의 확충과 경영의 효율성 제고를 위한 것이었다.

그런데 활로는 엉뚱한 데서 열렸다. 공단에서 복권 사업을 하겠다는 아이디어를 갖고 의원들을 움직여 법 개정안을 발의한 것이다. 이 법안은 상임위원회에서는 별 문제없이 통과되었지만 법제사법위원회에서 제동이 걸렸다. 법안소위원회 심사과정에서 복권 사업을 엄격히 통제해야 한다는 한 중진의원의 문제제기로 무산될 상황에 처하게 되었다. 보훈처 실무진에서는 제안 의원의 지원을 받아야 할 상황이라고 판단하고 긴급히 공단 사장을 찾았지만 연락이 되지 않았다. 난감한 상황에서 의원들 사이에서 국무총리실의 의견을 들어보자는 얘기가 나왔다. 수석전문위원이 부랴부랴 담당 국장에 연락을 해보니 복권 발행에 관한 총괄법제가 없기 때문에 각 개별법에서 정할 사안이라는 답변이 왔다. 수석전문위원이 별 문제가 없다는 의견이라고 보고하자 더 이상 의견이 나오지 않았고 떨떠름한 상태에서 법안은 합의의 모양을 갖추게 되었다. 소위에 참석했던 우리 직원들은 가슴을 쓸어내려야 했다. 부처마다 여러 형태의 복권 발행으로 인하여 정비가 필요하다는 여론이 높은 상황에서 국무총리실 담당국장이 발행기관 추가 확대는 바람직하지 않다는 의견을 주었다면 법안은 성사될 수 없었다. 그는 법제사법위원회에서 물어보니 법률적인 답변만 했던 것이다. 때로는 이상한 실수가 문제를 해결하는 것이구나 하는 생각이 들었다.

생각지 못한 반전으로 법안이 통과되고 '플러스 복권'이라는 브랜드의 복권이 발행되었다. 최고 당첨금 40억 원이라는 이 파격적 복권은 큰 히트를 치게 되었고 그간에 누적된 부채를 해결할 수 있었다. 실은 대단히 단순한 발상이었고 어쩌면 실수로 태어난 것이었지만 당시 사장을 비롯한 관계 직원들은 공단의 역사에 성공적 위기 관리라는 큰 족적을 남기게 되었다.

그러나 공단의 복권 사업은 큰 성공에도 불구하고 접어야 했다. 플러스 복권 발행 전부터 그때까지 발행되던 복권을 정리하고 로또 복권으로 일원화하자는 논의가 있었지만 서로 이해관계가 달라 지지부진했다. 주택복권 등 시장 점유율이 높은 기관에서는 그럴 이유가 없었던 것이다. 그런데 플러스 복권의 성공적 등장으로 나타난 위기감이 통합을 촉진하게 되었다. 이에 따라 로또 복권에 참여하여 배분권을 갖게 되었고 통합복권법이 제정되면서 법정 배분금 외에 국가유공자 복지증진사업에 필요한 자금을 따로 공익자금으로 지원받을 수 있게 되었다.

다시 보훈병원 신축 이야기로 돌아가 보자. 1998년 국민의 정부가 출범하고 공단의 경영진이 교체되면서 상황이 달라지기 시작했다. 광주보훈병원을 신축·이전하는 문제가 부상됐다. 5·18광주민주화운동 부상자에 대한 진료라는 명분으로 지역에서부터 여론이 조성되고 있었다. 그때까지만 해도 5·18부상자는 보훈병원에서 진료를 받는 보훈대상자가 아니었고 보건복지부의 의료보호대상으로 되어 있었다. 그럼에도 불구하고 보훈대상자가 되리라는 기대와 추측으로 보훈병원 신축이 탄력을 받게 되었다. 지역여론과 정치적 배려에 힘입어 건립 예산이 반영되기 시작했다. 물론 여기에는 예산 당국에 포진한 이 지역 출신 경제 관료들의 협조도 큰 역할을 했다. 이런 양상은 특이한 것은 아니어서 팔이 안으로 굽는 것은 어느 정부이건 다르지 않다. 광주병원 신축·이전은 이후 보훈병원 신축이 정부의 예산으로 이뤄지는 대단히 중요한 계기가 되었다. 말하자면 보훈병원 건립이 공단에서 돈 벌어서 스스로 해결하던 변칙에서 탈피하여 정부의 책임으로 국가유공자를 예우하는 떳떳한 방법으로 정상화되었다는 데 큰 의미를 부여할 수 있다.

이런 문제는 이 같은 시설투자에만 있었던 것은 아니다. 국가유공자에 대한 진료비용을 정부로부터 교부받아 사용하는데 1980년대 말까지만 해도 진료비의 80%정도만 계상해줌으로써 매년 진료비에서 적자가 발생했지만 좀처럼 개선되지 않았다. 그래서 청와대에서 연두 업무 보고를 하는 기회를 이용해서 담당과장이 대통령께 건의를 드리는 돌출 발언을 하게 됐다. 그 자리에는 경제기획원(현, 기획재정부) 예산실장이 참석하고 있었다. 회의가 끝나고 "이게 무슨 얘기냐"는 핀잔을 들어야 했지만 그래도 그것이 계기가 되어 해결의 길이 열리게 되었다.

국가유공자 대다수가 고령화됨에 따라 노인성 만성질환의 빈발로 의료수요가 급증하여 장기간 진료 대기 등으로 인한 민원이 쌓이고 있었다. 특히 서울의 보훈병원 한 곳으로는 수도권의 의료 수요를 해결하기는 어려웠다. 마침 국민의 정부 말에 국무총리 산하에 호국보훈 정책기획단이 설치되었다. 여기서 논의한 끝에 수도권 서부지역에 보훈병원을 신축하는 계획이 수립됐다. 그런데 2003년 참여정부가 출범하면서 이 계획에 변화가 오기 시작했다. "보훈병원이 일류여야 나라가 일류된다."는 논지로 800병상 규모인 서울병원을 2,000병상으로 확장하자는 방안이 검토되기 시작했다. 보훈병원이 일류가 되어야 한다는 주장 그 자체를 반대할 이유는 없지만 수도권 서부지역에 보훈병원 신축을 입안했던 입장에서는 탐탁하지 않았다. 몇 번의 재론 끝에 현 위치에서 확장하는 방향으로 정리됐다. 한국개발연구원의 타당성조사를 거쳐 600병상을 늘여 1,400병상 규모로 확정되었다. 장비 도입과 기존 병동 리모델링비를 포함하여 약 2,600억 원이 투입된 이 사업은 보훈의 역사에서 최대의 건설공사였다. 2011년 4월에 공사를 끝내고 시험가동을 거쳐 9월에 정식 개원했다. 이로써 서울훈병원은 중앙보훈병원으로 이름을 고쳐 대학병원과 같은 3차 병원으로 위상을 끌어올릴 수 있는 기반이 마련됐다. 아울러 4개 지방 보훈병원도 그간의 시설 확충과 의료장비 도입 등으로 지역 유수의 종합병원으로 발전할 수 있는 인프라가 구축되었다.

그러나 의료 수요 분산을 위해 수도권에 1개 병원을 추가로 건립하여 접근성과 편리성을 높이는 것과 병원을 대형화하여 보다 집약된 진료서

비스를 제공하는 것과 어떤 것이 더 바람직한 방향인지에 대해서는 현재로서는 확정적으로 말하기 어렵다. 기왕에 막대한 정부예산을 투입하여 의욕적으로 만든 병원이니만큼, 또 접근성이 희생된 만큼 진료서비스의 수준을 획기적으로 올려 대형 병원을 신축한 성과를 가시적으로 보여주어야 할 것이다. 아울러 민간 위탁병원의 계속적 확대는 접근성과 선택권의 보장이라는 차원에서 불가피한 흐름이다. 그런 경

<중앙보훈병원(1,400 병상) 입구 모습>

쟁적 관계에서 보훈병원의 존재감을 유지하는 일은 쉬운 일이 아니다. 보훈병원과 위탁병원의 역할 분담과 조화로운 발전이 긴요한 시점이다.

이와 같이 보훈병원은 당연히 국가의 책임으로 건립하고 또 운영해야 했지만 그간에 공단에서 수익사업을 해서, 어떤 경우에는 물의를 일으키면서까지 하나둘씩 만들어 나가야 했다. 재정이 어려웠을 때 그렇게라도 해야지 별 수 있나 할지 모르지만 그것은 아니다. 보훈에 대한 기본적인 인식과 관련이 있기 때문이다.

> 보건복지부가 돈 벌어서 병원이나 복지시설 짓는 것 봤습니까? 왜, 국가유공자를 보상하고 예우해야 할 국가보훈처는 스스로 돈을 벌어서 병원을 지어야 합니까? 일반 국민을 위한 의료시설은 세금으로, 국가유공자를 위한 시설은 돈을 벌어서 짓는다는 것이 말이 됩니까? 이건 정말 잘못된 일입니다.

국무총리 산하 복권위원회에서 한 말이다. 이 말에 장내가 잠시 조용해

졌다. 건설교통부(현, 국토해양부)가 양보하여 공단의 복권 사업 수익금 배분율이 5%에서 7.5%로 높아졌다. 복권 사업 수익금은 지금도 국가유공자 진료와 요양시설 건립을 비롯한 의료·복지 사업에 중요한 역할을 하고 있다. 이제 의료·재활·양로·요양·휴양·주거에 이르는 기본적인 수준의 의료 복지 인프라가 구축되었다. 이런 정도를 갖추는데 50년이라는 세월이 걸렸다. 많이 늦었지만 국가유공자를 예우하는데 있어 국가가 책임을 다하고 좋은 시설에서 정성껏 모시게 되면 이분들은 물론이고 보훈에 대한 국민들의 인식이 달라질 수 있다. 다행히 지금 그런 모습이 나타나고 있다.

<보훈요양원(6개소)>

<보훈재활체육센터(수원)>

# '땜질' 보훈

"'땜질' 보훈의 시대를 끝내야 한다." 1990년대 초반 신임 보훈처장이 KBS 「정책진단」 출연을 앞두고 한 말이다. 실제 방송에서는 사용되지 못했지만 몇 장으로 정리된 현황판은 '땜질' 보훈의 실상을 그대로 보여주고 있었다. 보훈처와 관계 부처, 보훈 단체의 역할관계를 일목요연하게 보여주는 자료로 기억된다.

'땜질' 보훈, '누더기' 보훈의 논란은 그 이전에도 있었고 지금도 있다. 요점은 보훈 업무가 정책 방향이나 중·장기 계획이 없이 그때그때 상황에 따라 땜질하는 식으로 덧붙여지다 보니 제도가 누더기처럼 되었다는 것이다. 예를 들면 국가유공자의 범위가 계속 늘어나 세계에서 유례를 찾아보기 어려울 정도로 매우 혼란스럽다는 비판이 있다. 또 하나는 연금이나 수당 등 보상금 종목이 자주 신설되거나 변경되고 국가유공자의 종류에 따라, 수급자별 보상 수준 결정의 명확한 기준과 논리가 서 있지 않다는 지적이 있다. 그러다 보니 보훈처는 정책은 없고 집행만 하는 조직이며 선제적으로, 능동적으로 해결하지 못하고 늘 민원에 끌려 다니는 무기력한 조직이라는 오명도 쓰게 되었다.

우리나라 보훈의 역사는 분명히 그런 점이 있다. 그러나 변명의 여지가 없는 것은 아니다. 첫째는 우리나라의 역사 자체가 그런 요소를 배태하고 있다는 점이다. 독립운동, 6·25전쟁, 월남전 참전, 4·19혁명과 5·18 민주화운동 등 근현대사의 주요 역사적 사건에 대한 평가를 통해 그 당사자들을 예우하는 점에서 가히 '세계 보훈의 박물관'이라 할 정도로 다양하고 그만큼 난해하며 일관성을 갖기 어려운 점이 있다는 것이다. 둘째는 실제 제도 운영 과정에 있어서 현실적 제약이 매우 크다는 것을 이해할 필요가 있다. 과거 보훈에 대한 투자를 소모적인 것으로 보고 정부 예산의 우선순위에서 크게 밀리는 상황에서 끊이지 않는 집단 민원을 어떻게 해결할 수 있었겠는가? 그것은 중요한 민원부터, 가장 요긴한 부분부터 단계적으로 해결할 수밖에 없었다. 예를 들어 기본연금이 너무 적어 상이군경에게는 상이등급에 따라 차등하여 부가연금을 지급하게 되었는데 경상이자나 유족에게는 그런 혜택이 없었다. 그래서 경상이자를 대상으로 노령 부가예금을 신설하여 지급하다가 점차 중상이자에게 확대했다. 말하자면 경상이자는 기본연금과 노령 부가연금을, 중상이자는 기본연금과 상이 부가연금 그리고 노령 부가연금을 받는 구조가 되었던 것이다. 전사자의 부모에 대한 연금 역시 비슷한 문제가 있었다. 부가연금이 없이 기본연금만 받던 이분들의 생계 안정을 위하여 노령 부가연금을 신설하게 되었다. 이 역시 예산을 감안하여 80세 이상으로 제한하였다가 차츰 지급 연령을 낮추어 60세 이상 모두에게 지급하게 되었다. 그런데 80세 이상 부모의 숫자가 예상 외로 많아 거짓 자료를 내놓은 것이 아니냐는 의심을 사기도 했다. "자식을 잃은 부모가 자식 몫까지 사느라고 그런 것 아니겠는가." 하고 서로 얼굴을 붉히는 해프닝도 있었다. 이외에도 상이등급 분류, 각종 수당, 취업 지원 등의 분야에서 비슷한 현상이 있었다.

이런 이유로 '땜질' 보훈이라는 지적을 받게 되지만 당시의 여건에 비추어 불가피한 측면도 있었다. 예산 당국에서는 새로 제도를 도입하거나 예산을 반영하는 것을 극도로 꺼리는 입장이었다. 심지어 연구용역비 같은 것도 계상이 어려웠다. 왜냐면 보훈처가 개선방안을 내놓으면 당연히 예산이 더 들어갈 터이고 "한번 물리면 계속 물릴 수밖에 없다."고 여겼기 때문이다. 이런 상황에서 어떻게든 먼저 제도를 도입하고 후에 수습할 수밖에 없었다.

'땜질' 보훈이나 '누더기' 보훈이라는 비판을 받아왔지만 실제 그 상황을 감당했던 보훈공직자의 입장에서는 억울한 부분도 있다. 오랜 기간 보훈 받아야 할 분들도, 보훈하고자 하는 공직자도 관련 부처의 무관심과 몰이해, 그리고 비협조와 싸우지 않으면 안 되었다. 오늘의 보훈 제도는 그 같은 어려운 시대를 헤쳐 온 노력의 결과물이다. 그러다 보니 땜질이 되었고 누더기가 되었다. 국가 전체적으로 보면 당시의 여건에서는 보훈만이 아니라 공무원 보수체계도 마찬가지였다. 재정 여건이 어렵다 보니 일부 공무원을 대상으로 수당 한두 가지 만들어 운영하다가 나중에는 기본급에 포함하는 방식으로 보수 현실화에 나서기도 했다. 이제 보훈은 음지에서 벗어나 양지에 들고 있다. 전쟁이 끝나고 평화를 찾듯 시대에 맞게 이제 보훈 정책의 새로운 틀을 짜고 일관성 있게 합리적으로 운용하는 단계로 가야할 때가 됐다.

그러나 여기서 하나 지적하고 싶은 것은 1880년대에 미국에서 그랬던 것처럼 보훈 정책에 대한 지나친 정치적 영향력이다. '누더기' 보훈의 비판을 받게 된 것 역시 이와 무관하지 않다. 국회에는 늘 보훈과 관련하여 제출된 법안이 산적해 있다. 법안 심사과정에서 수용과 반대를 둘러싸고 정부 측과 의원들 사이에 논쟁이 끊이지 않는다. 흔히 미국 정치체제의 특징을 이익집단 정치 또는 후원자 정치라고 하지만 특히 보훈 정책에서는 그런 성격이 매우 강하다. 사회복지의 발달에 있어서 정치적 영향력과 같은 강한 동태적 성격에 착안하여 복지정치(welfare politics)라는 말을 사용하기도 한다. 보훈 정책의 동태적 측면을 고려하면 보훈 정치라 해도 잘못된 말이 아니다. 복지든 보훈이든 둘 다 불가역적 성격을 가지고 있지만 보훈 체계는 그 정도가 훨씬 더하다. 더구나 보훈 정책은 역사적 평가를 포함하고 있다는 점에서 다른 것은 차치하더라도 새로운 국가유공자를 지정하는 것과 같이 보훈 체계에 큰 변화를 초래하는 입법에는 신중하게 접근할 필요가 있다.

# 현충일 제자리 찾기

오늘 6월 6일은 우리가 현충기념일로 정해서 전국이 매년 이날을 기념하게 된 것이니 공산 침략을 당한 이후로 육해공군의 합동으로 지금까지 순국 의사들을 기념해 오던 것인데 금년부터는 다만 군인뿐이 아니라 전 민족이 우리 충렬의용(忠烈義勇)한 장병의 공훈을 위하여 전 국민이 다 같이 이 현충기념일을 지켜서 이날을 국정공휴일로 하여 관민이 사업을 정지하고 순국의사를 추모하며 일편으로는 우리나라 역사에 영광스럽고 빛나는 영예를 드러나게 하는 것이니 다른 나라에서 지켜오는 『메모리얼 데이』가 되는 것이다.(1956년 6월 6일, 대통령 '대국민 담화문' 중에서)

우리나라 현충일은 1956년 6월 6일에 거행된 현충기념일이 그 효시다. 1953년부터 육 · 해 · 공군 합동으로 거행해 오던 전몰장병추도식을 정부기념일로 정하고 국군묘지(현, 국립 서울 현충원)에서 이날 첫 행사를 거행했던 것이다. 그러다 보니 첫 기념식의 명칭도 '현충 전몰장병 추도식'이었다. 국정공휴일로 지정하고 6 · 25전쟁 때 전사한 장병 8만 8,541위를 모신 가운데 열린 이 추도식은 우리나라 역사에서 처음 갖는 전사 장병에 대한 국가적 제례였다. 선례가 있다면 1939년 대한민국 임시정부가 제정한 순국선열 공동 기념일(11.17)이 있을 뿐이다. 그러나 당초 예정됐던 이승만 대통령의 참석과 추도사는 대국민 담화문으로 대체됐다. 함태영 부통령이 참석하여 기도하였으며 대통령을 대신하여 국방부장관이 헌화했다.

<제1회 현충일 (동아일보, 1956.6.7. 1면)>

지난해의 일이다. 왜 6월 6일을 현충일로 삼았는지 알려 달라는 독자의 전화를 받았다. 부끄러운 일이지만 알지를 못했다. 급히 총무처에 물어 보았다. 모른다는 대답이었다. 국회에 전화로 물어 보았다. 역시 모른다는 것이었다. 다른 부처에도 전화를 걸었다. 거기서도 모른다는 대답이었다.

1973년 6월 6일 '현충일'이라는 제목의 한 일간신문 칼럼의 일부다. 6월 6일을 현충일로 정한 이유에 대해서는 자료가 남아있지 않아 정확히 알 수 없다. 다만, 6월은 6·25가 들어있는 달이라는 상징성이 있고, 현충일이 제정된 1956년 6월 6일은 24절기 가운데 망종芒種이다. 망종은 벼나 보리와 같이 수염이 있는 곡식의 씨앗을 뿌리기 좋은 절기로서 예로부터 이날에 제사를 지내는 풍습이 있었다고 한다.

그러면 망종을 전후하여 조상에게 제사를 올리는 풍속은 어떻게 시작되었을까? 고려 초기 현종 때 전사자의 유해를 수습하여 제사를 지내게 했다는 기록이 있다. 현종 2년(1011년) 거란의 침입을 격퇴한 후 전사자의 유골을 집으로 보내 제사를 지내도록 하였고, 5년(1014년)에는 국경을 지키다가 사망한 군인의 유골을 집으로 보내라는 교지를 내렸다는 것이 고려사에 나온다. 첫 번째 명을 내린 음력 4월 14일은 절기상 망종과 비슷하고 두 번째 교지를 내린 날은 공교롭게도 6월 6일이다.

> 유사에 명하여 서울과 지방에서 전사한 유골을 거두어 장사지내고 제사를 지내게 하였다.(「고려사」권4 세가 권제4, 현종 2년 4월 14일) 군인으로 국경을 지키러 갔다가 도중에 죽은 자는 관에서 염구(斂具)를 주어 그 유골을 역마로 본가에 보내게 하고, 상려(商旅)로 죽어 성명과 본관을 알 수 없는 자는 소재지의 관사에서 임시로 매장하고 그 늙고 젊음과 외모를 기록하여 의심스럽거나 그릇되지 않도록 하라.(「고려사」권4 세가 권제4, 현종 5년 6월 6일)

그러나 망종에 제사를 지내는 풍속이 이때부터 시작되었다기보다 그 이전부터 그런 풍속이 있었기 때문에 그 시기에 맞추어 교지를 내린 것으로 해석하는 것이 자연스러울 것 같다. 망종에 씨를 뿌리는 것은 한 알의 씨앗이 썩어 새싹을 틔우는 것으로 그 속에는 불멸과 재생의 이치가 담겨 있다. 오늘날 전사자를 기억하고 추모하며 영생을 기원하는 현충의식의 의미가 바로 여기에 있지 않을까.

그러면 현충이라는 말은 어디에서 나온 것일까? 최초의 기록으로는 서경書經의 상서편에서 찾을 수 있다. "현자를 돕고 덕 있는 자를 돌보아주

시며 충성된 자를 드러내고 어진 이를 이루게 하여 주시며(佑賢輔德 顯忠 遂良)"라는 기록이 그것이다. 그 이후 많은 공·사문서에서 사용되었을 것으로 짐작된다. 일례로 지통천왕 4년(690년) 10월, 나당연합군에 대항하여 백제 구원병으로 나가 당나라의 포로가 되었다가 돌아온 자들에게 "자신을 버려 충성을 보였다(賣己顯忠)." 하여 은상을 내렸다는 기록이 일본서기에 보인다. 우리 사서에서는 단종실록에서 찾아볼 수 있다. 단종 3년(1455년) 1월, 정난공신 유수에게 하교하는 가운데 "능한 것을 표양하고 충성을 나타냈다(褒能顯忠)." 하여 책훈策勳과 함께 상을 내리는 기록이다.

> 의리를 세워 난을 평정하여 능히 감정(戡定)의 공을 나타냈었고, 능한 것을 표양하고 충성을 나타냈으니, 이에 포장(褒獎)의 은전을 거행한다. 이것은 사사로운 은혜가 아니라, 실로 항구한 법규이다.(조선왕조실록 단종 13권, 단종 3년 1월 24일)

그러나 이때까지 '현충'이라는 말은 "충성을 드러낸다."는 표현일 뿐 순국한 유공자의 공을 기리고 안식을 기원하는 현충의식을 지칭하는 보통명사는 아니다. 명사로서 '현충'이라는 말은 훨씬 후대에 나타난 것으로 보인다. 예를 들어 숙종 33년(1707) 충무공 이순신 장군의 사우祠宇에 '현충'이라는 호를 내리는 장면을 보면 오늘날 '현충' 개념의 원형이 나타나고 있음을 엿볼 수 있다.

현충일은 1956년 국방부령「현충기념일에 관한 규정」에 의하여 '현충기념일'이라는 이름으로 시작됐다. 1975년부터 '현충일'로 이름이 바뀌었지만 국방부령에서는 '현충기념일'을 그대로 둔 채 대통령령「관공서의 공휴일에 관한 규정」에서 '현충일'로 이름을 바꿔 공휴일로 지정했던 것이다. 그러다가 1982년 대통령령「각종 기념일 등에 관한 규정」에서 기념일의 하나로 포함됐다. 그런데도 불구하고 국방부령은 그대로 유지돼오다가 2012년 1월에 폐지됐다. 현충일과 관련된 규정이 체계적으로 운영되어 오지 못했다는 것을 반증하는 것이다.

현충일 주관부처에도 문제가 있었다.「현충기념일에 관한 규정」의 소관부처는 국방부였지만 1956년 제1회 현충일은 수석국무위원 소속의 국무원사무국에서 주관했다. 그러나 1982년 5월,「각종 기념일 등에 관한 규정」에 의하여 원호처(현, 국가보훈처) 소관의 기념일에 포함하기 전까지 현충일 행사의 주관부처도 명확하지 않았다. 그러다보니 언제부터인가 서울특별시가 중앙행사와 지방 행사를 겸하여 주관해 왔다. 그러다가 규정의 개정으로 1883년부터 원호처가 현충일 행사를 주관하여 오늘에이르게 되었다. 원호처는 그 이전까지 추모 또는 기념행사를 담당하지 않았고 원호 대상자에 대한 지원하는 업무, 원호사업만 관장하던 기관이었다. 사실 갑자기 현충일 행사를 맡으면서 조직이 온통 이 행사에 매달릴정도로 당황한 상태였다. 그러나 지금 생각하면 보훈의 본령을 찾아가는과정이었다. '호국보훈의 달'도 실은 원호처 주관의 '원호의 달'과 문화공보부 주관의 '호국의 달'이 우연한 기회에 합해진 것뿐이다. 지금도 법령상으로는 '보훈의 달'로 되어 있다.

현충일 추념식의 주재자에도 문제가 있었다. 이는 아주 본질적인 사안이다. 현충일 추념식에 국가원수가 나온다는 것은 어느 나라건 불문율이다. 우리나라도 현충일이 제정된 초기에는 그렇지 못한 부분이 있지만 곧국가원수가 주재하는 행사로 자리를 잡아가기 시작했다. 1970년 6월 현충일을 앞두고 북한의 공작원이 국립묘지 현충문 처마에 폭발물을 설치하여 요인 암살을 기도하다가 실수로 폭약이 터져 미수에 그친 사건이 발생했다. 이에 따라 경호상의 문제가 제기되기도 했지만 1974년까지 대통령이 주재하는 행사로 유지될 수 있었다. 그러나 1980년 한 차례를 제외하고 1995년까지 현충일은 국무총리가 주재하는 것이 상례화 되다시피 했다.

1983년부터 행사를 주관하게 된 보훈처에서는 행사 때마다 대통령의 주재를 건의했지만 실현되지 않았다. 그러다가 문민정부가 출범한 이후 당시 보훈처장의 적극적인 노력으로 성사가 되어 1996년부터 대통령이 주재하는 국가의전으로 자리매김할 수 있게 되었다. 26년간 소외되고 음지 속에 있었던 현충일이 양지로 나오는 순간이었다. 지금이라면 이런 일은 상상하기도 어렵지만 당시에는 그것이 현실이었다. 지금은 이보다 훨씬 격이 낮은 행사임에도 대통령이 참석하는 경우를 흔히 볼 수 있다.

현충일보다 더 중요한 의미를 갖는 국가적 기념일은 없다. 우리나라 국경일은 3·1절, 제헌절, 광복절, 개천절, 한글날 등 다섯 개로 되어 있다. 현충일은 성격상 국경일은 아니지만 문제는 존재 형식이다. 국경일은 법률에 근거하지만 현충일은 대통령령에 근거하는 각종 기념일의 하나로 되어 있다는 말이다. 최고의 상징적 국가 제례일인 현충일은 여타 기념일과 격이 다르다. 앞으로 「국경일에 관한 법률」이나 「국가보훈기본법」을 고쳐서라도 현충일의 위상을 높여 이날만큼은 추모의 한 마음으로 하나가 되는 진정한 국민제전이 되어야 한다. 더 이상 공휴일로 남아서는 안 된다. 대한민국의 정체성을 확인하고 그것을 위해 온 국민이 결의를 다지는 날이 되어야 한다. 아울러 현충의식을 비롯한 정부행사의 의전규범이 외국의 예를 따르고 있다는 지적이 있다. 장례식이나 추념식에서 사용하는 국화조차도 외래문화에서 온 것이다. 영미 국가에서는 조화로 장미나 백합을, 라틴 국가에서는 국화를 사용했다고 전한다. 여기서 국화는 영원한 생명의 또 다른 시작을 의미하는 문화적 코드가 숨어 있다고 한다. 이제 우리의 국가 의식도 문화적 전통과 접목하고 개성을 살려나가는 노력이 필요하다.

# 보훈 정책, 역사를 말하다

국가유공자의 공훈을 선양하고 애국정신을 계승 · 발전시킴으로써 국민의 애국심을 함양하는 것은 보훈 정책의 핵심기능이라 할 수 있다. 그러나 처음부터 그랬던 것은 아니다. 1980년대까지만 해도 연금, 교육, 의료, 취업 등의 지원업무가 대부분이었고 애국지사기금사업으로 소규모 추모사업을 수행하는 정도였다. 선양정책은 1984년 「국가유공자 등 예우에 관한 법률」의 제정과 함께 시작됐다. 그러나 의전상의 예우, 국가유공자 증서 수여 및 공훈록 편찬, 애국정신 계승을 위한 교육 · 홍보 등에 불과했고 이를 위한 예산도 거의 전무하다시피 했다. 그러다가 1990년에 처음으로 국 단위 전담조직인 기념사업국(현, 보훈선양국)을 편성함으로써 본격적 추진 기반을 마련할 수 있었다. 사실 당시 국 단위 조직을 새로 편성하는 일은 여간 어렵지 않았다. 그래서 국립보훈원의 교수부 조직을 폐지하고 정원을 이체 받아 만들 수밖에 없었던 것이 당시의 현실이었다.

기념사업국의 설치로 이른바 민족정기 선양사업이 중심이 되기는 했지만 각종 기념행사, 독립유공자 포상과 공훈록 발간, 순국선열 유해봉환, 독립운동사료 발굴, 애국지사 묘소 단장 등 다양한 형태의 기념사업이 추진될 수 있었다. 특히, 임시정부수립기념일(1990)과 순국선열의 날(1997)을 정부기념일로 승격하고 1993년 6월, 임시정부요인들의 유해를 상해 만국공묘로부터 국내로 봉환하여 국립묘지에 안장한 것은 임시정부의 위상을 바로 세우는 중요한 계기가 되었다. 헌법 전문에서 법통성을 천명하고도 형해화 되다시피 했던 임시정부에 생명을 불어넣었다고 할 수 있다. 이 과정에서 근현대사를 전공한 사학자들의 역할이 컸고 이들에게 활동 공간을 제공한 보훈처의 역할도 적지 않았다.

<국립 서울 현충원 임시정부요인묘지 제단>

1990년대 중반부터는 선양정책의 영역이 크게 확대됐다. 2000년 6·25전쟁 50주년을 계기로 기념행사, 전적지 및 기념물 관리, 호국용사 묘지 조성, 해외 참전용사 초청 및 교류 사업 등으로 확대되었다. 2010년 60주년은 보훈 외교의 새로운 영역이 개척되었다 할 정도로 기념사업이 큰 발전을 이뤘다. 아울러 4·19묘지와 3·15묘지의 국립묘지 승격, 4·19기념도서관 신축, 5·18민주화운동의 정부기념일 승격 및 5·18묘지의 국립묘지 승격이 있었다. 이로써 독립·호국·민주를 아우르는 공훈선양사업의 큰 축이 형성되었다.

<임정묘역> 제2대 대통령을 역임한 박은식 선생 등 18위가 모셔져 있다.

공훈선양이 보훈 정책의 핵심적 기능으로 제도적 기반을 구축하는 데 있어 2002년「국가유공자 등 예우 및 지원에 관한 법률」의 개정이 나름 대로 역할을 했다. 이 법에서 처음으로 현충 시설물의 지정·관리·설치 등에 필요한 법적 근거를 마련함으로써 보훈처는 현충 시설물에 대한 종합적 관리기능을 확보할 수 있게 되었다. 이어 2005년「국가보훈기본법」과「국립묘지의 설치 및 운영에 관한 법률」의 제정과「독립기념관법」의 개정으로 국립 대전 현충원이 국방부로부터, 독립기념관이 문화관광부로부터 각각 보훈처로 이관되었다.

<독립기념관>(출처: 국가보훈처)

이로써 보훈처는 각종 기념 및 추모 행사, 국내외 기념 시설물 건립·운영, 국립묘지 조성·관리, 교육·홍보프로그램, 국제보훈활동 등을 통하여 국민의 나라 사랑 정신을 고양하기 위한 중추부서로 자리매김하게 되었다. 그러나 선양정책의 꾸준한 발전에도 불구하고 아직 우리 역사에 대한 자긍심이나 국가유공자에 대한 존경심이 높지 못한 것이 사실이다. 또한 많은 국가적 위기를 겪었음에도 불구하고 국가적·집단적 기억을 국민정신으로 형상화하지 못하고 있다는 지적이 많다. 따라서 미래를 위한 정신적 가치를 창출하기 위한 무형의 간접 자본 투자라는 인식 하에 공훈선양과 보상복지가 서로 조화를 이뤄 함께 발전돼 나가야 할 것이다. 또한 보다 전문적이고 효과적인 나라 사랑 연구와 교육을 위한 법제, 조직, 인력 등의 보강과 프로그램의 개발이 필요하다.

&lt;국립 대전 현충원&gt;(출처: 국가보훈처)

# 제대군인 가산점 논란

종전의 제대군인 가산점제도는 병역의무를 다한 사람이 국가기관이나 기업체 등의 채용시험에 응시한 경우에 필기시험의 각 과목별 만점의 5% 범위 안에서 가점을 주도록 하던 것을 말한다. 이 제도는 1961년 7월 제정된 「원호 대상자임용법」과 「원호 대상자고용법」에 의하여 처음 시행되었다. "제대군인으로서 채용시험에 응한 경우에 그 시험 만점의 5%를 가산하고 상이군인 또는 전사자의 유족에 대하여는 10%를 가산한다."는 규정이 그것이다. 이 규정은 1984년 8월 법령 통폐합에 따라 새로 제정된 「국가유공자 예우 등에 관한 법률」에 흡수되었고, 이어 1977년 12월 「제대군인지원에 관한 법률」의 제정으로 가산점을 포함하여 제대군인 지원과 관련된 규정은 이 법으로 통합되었다.

그러나 1999년 12월 헌법재판소가 이 규정에 대해 위헌결정을 내림으로써 폐지되었다. 문제는 이것으로 끝나지 않았다. 국가유공자와 유가족에 대한 가산점 규정 역시 헌법소원으로 헌법 불합치 결정이 내려졌다. 이에 따라 2007년 3월부터 국가유공자 본인과 유족에 대한 가산점은 10%를 유지하되 그 가족에 대해서는 5%로 축소했다.

제대군인 채용시험에 있어서 가산점 논란의 시말은 이렇다. 1997년 장기복무 제대군인의 전역 후 사회적응을 원활하게 지원하기 위하여 제대군인지원법의 제정을 추진하게 되었다. 군 인적구조의 특수성에 따라 불가피하게 비교적 젊은 나이에 전역하게 되는 전역장병에 대한 재취업 등의 사회정착 지원은 매우 긴요한 일인데도 불구하고 사회적 공감대는 물론 정부 내에서 조차도 인식 공유가 매우 어려운 상황이었다. 제대군인의 원활한 사회복귀 지원 시스템을 마련하는 것은 훈련된 인적 자원을 효율적으로 활용하는 것이기도 하지만 통일 환경에 대비하는 의미도 있었다.

정부 입법으로는 몇 년이 걸릴지도 모르는 일이었다. 그래서 의원입법으로 추진하기로 하고 법안을 만들어 군 출신 국회의원 한 분께 부탁하여 국회에 제출하게 되었다. 공청회 등 관련 자료는 당연히 우리가 담당했다. 법안이 국회 보건복지위원회에 회부되어 심의를 받게 되었지만 법안소위원회 심의과정에서 한 야당의원의 반대로 무산 위기에 봉착하는 순간을 맞이했다. 군인들에게 특혜를 주기 위한 법안이라는 것이었다. 일이 틀어지려던 순간에 또 다른 원로 야당의원 한 분이 "국방을 위해 헌신하는 군인들을 욕되게 하지마라."며 질책을 하고 나섰다. 일시에 분위기가 바뀌었고 더 이상의 반대는 없었다.

이렇게 하여 1997년 12월 말, 「제대군인지원 등에 관한 법률」이 제정되었고 1998년 7월부터 시행되기에 이르렀다. 그런데 1998년 봄 시행령(대통령령)을 만드는 과정에서 문제가 생겼다. 법률의 규정에 따라서 가산점 비율을 5% 범위 안에서 대통령령으로 정하도록 위임되어 있었다. 이에 따라 2년 이상 복무자에게는 채용시험 만점의 5%를, 2년 미만 복무자에게는 3%를 가산해주는 내용을 담은 시행령(안)이 국무회의에 상정됐다. 그러나 관련부처 협의 과정이나 차관회의에서 아무런 이의가 없었던 가산점 조항이 문제가 되어 보류가 되고 말았다.

제대군인에 대한 지원을 강화하기 위한 법률의 제정이 오히려 큰 문제를 야기하고 말았던 것이다. 경위를 알아보니 '국민의 정부'에서 처음 설치된 여성특별위원회 위원장이 가산점 제도는 여성 차별이라며 반대 의견을 내자 회의를 주재하던 대통령이 부처 간에 더 협의해서 다시 상정하라는 지시를 했다는 것이다. 우여곡절을 겪은 끝에 이 제도가 남녀차별이 아니라 군 복무자와 비복무자 사이의 형평성의 문제이며, 갑작스런 가산점 폐지가 가져올 군복무자의 실망감 등을 고려하여 일단 시행 후 재론하기로 하고 어렵게 합의할 수 있었다. 이런 과정을 겪다보니 시행시기도 2개월 가까이 늦어졌다.

그러나 가산점 조항은 1999년 교원임용고시를 준비하던 몇몇 대학생들이 헌법소원을 제기함으로써 새로운 국면을 맞이했다. 사실 그 이전부터 임용고시에 가산점을 주는 문제는 수험생들의 중요한 관심사였다. 가산점 적용 여부에 대해서도 곳곳에서 혼선이 있었다. 이에 따라 가산점 적용대상 기관과 직종 그리고 직급을 명확히 규정하기 위하여 관련 조항을 손질하여 초·중·등학교 교원을 포함했다. 결과적으로 이것이 화근이 되었다. 예민한 사람들을 건드리는 꼴이 되었으니 말이다. 결국 가산점 제도는 헌법재판소의 위헌결정을 받게 되었고, 2001년 1월, 「제대군인 지원 등에 관한 법률」을 개정하여 관련 규정을 정비할 수밖에 없었다.

그 이후 가산점 폐지에 따른 대체 지원방안으로 군 복무를 마치고 복학한 학생들에게 학자금 대출을 우선 지원하거나 이자를 감면해주는 등의 방안을 검토했지만 관련 부처의 협조를 얻어내지 못하고 겉돌게 되었다. 그 때 논의되었던 학자금 대출 이자를 면제해주는 방안이 2012년에 와서 겨우 현실화되는 것을 보면서 곪아터질 상황이 되지 않으면 문제가 해결되기 어렵다는 생각이 든다.

헌법재판소의 위헌 결정의 요지를 보면 다음과 같다. 첫째, 군복무는 국방의무 수행으로서 국가가 보상조치나 특혜를 부여할 의무를 부담하는 것은 아니며 가산점 제도에 대한 헌법상 근거를 찾을 수 없다. 둘째, 전체 여성 중의 극히 일부만이 제대군인에 해당될 수 있는 반면, 남자의 대부분은 제대군인에 해당하므로 실질적으로 성별에 의한 차별이다. 셋째, 헌법상 평등권조항과 관련하여 '근로' 내지 '고용'의 영역에서 남녀 차별이며, 공무담임권의 중대한 제약을 초래한다. 재정적 뒷받침 없이 제대군인을 지원하려 한 나머지 결과적으로 여성과 장애인 등 사회적 약자들의 희생을 초래하였으며, '여성과 장애인에 대한 차별 금지와 보호'에도 저촉되므로 정책수단으로서의 적합성과 합리성을 상실했다. 또한 합격 여부에 결정적 영향을 미치게 됨으로써 가산점을 못 받는 사람들은 실질적으로 거의 배제될 수밖에 없으며, 횟수에 제한이 없이 가산점을 부여함으로써 다수의 비제대군인의 기회를 박탈할 수 있게 되는 등 비례성을 상실하고 있다. 넷째, 해당 공직이 요구하는 직무 수행 능력과 무관한 요소를 기준으로 삼는 것은 공직 취임권을 침해하는 것이다.

미국에서 가산점 제도는 공무원 채용에 있어서 적용되고 있다. 상이군인 등에게는 100점 만점 기준 10%를, 제대군인 등에게는 5%의 가점을 주고 있다. 물론 세부적인 요건에는 다소 차이가 있다. 미국에서도 우리나라와 같은 위헌 청구 사례가 있었다. 메사추세츠 주정부가 시행하는 공무원 선발 및 임용시험에 있어서 제대군인에게 우선권을 부여하는 것이 「수정헌법」 제14조(평등조항)에 위반이라는 위헌심판 청구에 대하여 연방 최고법원은 위반이 아니라고 판시했다. 청구인은 주정부가 실시한 시험에서 2차에 걸쳐 2~3위 안에 들었음에도 불구하고 임용에서 탈락하자 연방지방법원에 위헌 심판을 청구했다. 1심에서 위헌 결정이 내려졌지만 주정부의 상소에 의하여 연방 최고법원은 위헌이 아니라고 최종 판시했다.

최고법원의 결정 이유는 첫째, 군필자에 대한 우선권 부여는 군복무에 대한 보상과 사회복귀 지원의 책임에 기인하며, 애국적이고 규율 있는 인력을 주정부 공무원으로 채용하는 것은 전통적으로 정당화되어 있다. 둘째, 많은 군 미필자인 남성들이 불이익을 받는 상황에서 이 제도는 군필자와 미필자를 구분한 것이지 남녀를 구분한 것은 아니다. 셋째, 여성차별을 목적으로 하는 법이 아니며, 여성에 대한 부정적인 결과를 의도하지 않았다는 등이었다.

제대군인 가산점 제도는 위헌 결정 이후에도 논란이 계속되고 있다. 반대하는 측에서는 혜택을 줄 필요성은 인정되지만 많은 군필자 가운데 소수의 인원만 공직에 진출하는 상황에 비추어 모든 군필자에게 가산점을 주는 방식으로 해결하는 것은 잘못이라고 주장한다. 찬성하는 측에서도 금전적 지원을 포함하여 다른 방법이 있을 수 있지만 재정 부담 등 현실적 제약이 많기 때문에 단기간 내에 해결되기 어려우므로 최소한의 가산점이라도 주어 군필자를 배려해야 한다고 주장한다.

그러나 이러한 시각은 문제의 핵심과 거리가 있다. 군 복무로 인하여 불리하게 된 공직 담임 기회를 어떻게 하면 균등하게 하여 동일 출발선에서 경쟁할 수 있도록 해 줄 것인가 하는 관점에서 접근해야 한다는 것이다. 말하자면 요즘 많이 거론되고 있는 정의와 공정성 차원의 문제로 보아야 한다는 것이다. 그렇다고 보면 재정적으로 가능하다고 해도 군복무를 보상하는 금전적 지원책은 고려할 만한 방법이 아니다. 사회 진출에서 동등한 기회를 보장해주는 데 유용한 몇 가지 방법을 생각해 볼 수 있다. 첫째는 군 복무 중 사회 진출에 필요한 준비과정을 운영하는 일이다. 이를테면 자격증 취득이나 외국어 훈련, 전문 교육 프로그램 등을 생각할 수 있다. 둘째, 복무기간 바우처 제도를 도입하여 전역 후 일정기간 교육과 취업 준비에 필요한 비용을 지원해주는 것이다. 이는 미국에서 시행되고 있는 G. I. Bill과 유사한 교육지원 방식이다. 이 둘은 군 내부에서 해결하는 방안으로서 사회에 미치는 영향이 중립적이지만 군 복무 여건상 현실성이 낮거나 효과적인 대책이 못되는 한계가 있다.

그렇다면 군필자에게 사회 진출의 기회의 균등성을 보장해주기 위한 다른 방법은 없을까? 첫째, 위헌 결정의 취지에 정면으로 반하지 않는 범위 안에서 가산점제도를 다시 도입 하는 방안이 있다. 2008년 의원입법으로 국회에 제출됐던 「병역법 일부개정 법률안」이 그것이다. 이 법안은 그해 12월, 2% 범위 안에서 가산점을 부여하는 대신에 채용상한선을 두어 균형을 유지하는 내용으로 국방위원회에서 의결되었지만 법제사법위원회에서 장기 계류하다가 회기 만료로 폐기되고 말았다. 둘째, '군필자 채용할당제'를 검토할 수 있다. 이 방안은 보훈처가 추진 의사를 밝혔지만 아직까지 이렇다 할 진전이 나타나지 않고 있다.

이런 것들이 어렵다면 이런 방법은 어떨까? 군필자에 대한 혜택으로서 가산점을 주는 것이 아니라 경쟁하는 다른 지원자에 앞서 조직 생활을 경험하고 훈련을 받음으로써 보유하게 된 자질과 능력을 인정해주는 방식이다. 다시 말하면 군복무에 따른 혜택이 아니라 채용할 인력의 자질에 대한 객관적이고 균형 있는 평가의 문제로 접근하는 것이다. 시대 환경의 변화에 따라 대학 입학시험을 비롯하여 시험 방법이 다양해지고 있다. 공무원 채용시험도 예외가 아니다. 시험 점수뿐 아니라 공직 적격성에 대한 판단이 중요해지고 있다. 국가관이나 공인 의식이 무엇보다도 중요한 공직이라면 이런 논리는 더 설득력이 있을 것이다. 예컨대 전체 점수에서 공직 적격성 평가에 일정 비율을 할당하고 평가 요소 일부에서 우대해주는 방식이 검토될 수 있을 것이다. 이 방법은 공무원 채용시험 전반에 대한 검토가 있어야 하고 투명성과 실효성을 확보할 수 있어야 한다는 전제와 준비과정이 필요하다. 그렇지만 다른 방법에 비하여 공감대를 형성하기 용이한 점이 있고 공·사기업체를 포함하여 폭 넓게 활용할 수 있는 장점이 있다.

여기서 한 가지 덧붙인다면 군필자 채용과 관련한 사적 부문의 역할이다. 위헌 결정을 받기 이전의 가산점 제도는 공직에만 적용되었던 것은 아니었다. 법률상으로는 상시 16인 이상 고용하는 공·사기업과 단체에 적용되는 의무 규정이었다. 1980년대 초반까지만 해도 군필자 아니면 시중은행이나 유수 공·사기업체 취업이 어려울 정도로 가산점 제도는 광범위하게 시행됐다, 그러나 규정 위반에 대한 제재 규정이 없다 보니 사회변화와 더불어 점차 사문화되고 말았다. 이제 사적 부문에 대한 관여와 부담은 바람직하지 않지만 미국과 같이 국가유공자 또는 제대군인을 채용하는 기업에 세제 혜택을 주거나 정부 조달에서 우대해주는 등의 간접 유인책은 검토해 볼 수 있을 것이다.

# 대형 민원과 마주하다 1

## ― 월남전 고엽제

산을 오르면서 얼핏 이런 생각에 잠겨 있을 때였다. 북한은 정규군만 해도 우리의 배가 넘는 120만 명의 병력을 보유하고 있다는데 우리와 맞붙으면 어떨까. 전국에서 매일 산을 타는 수많은 등산객, 휴일에는 하루에도 수백만에 달하는……. 가파른 산을 타며 스스로 유격훈련을 하는 걸 보면 우리의 실질적 병력은 북한과 비교도 안 될 정도로 대단한 것이 아닌가. 게다가 남성뿐만 아니라 여성들이 더 많고 더 적극적이다. 요즘은 학부모가 아니라 군부모軍父母라 하지 않는가. 자식들이 위험하다 싶으면 먼저 달려 나갈 사람들이다. 세계에서 고어텍스 소비량에서 우리나라가 최고라 할 정도로 군복보다 더 우수한 등산복도 잘 준비돼 있다. 매주 수많은 등산객을 나르는 관광버스를 보면 유사시 수송수단도 충분할 것 같다. 무엇이 두렵겠는가. 이것이 북한이 간과하고 있는 자유주의 개방사회의 잠재력이 아닐까? 이런 생각에 빠져 있는데 앞서 가던 어떤 아주머니 한 분이 고엽제 운운하는 말이 귀에 쏙 들어왔다.

"○○아버지는 실명을 했는데 고엽제라나, 한 달에 받는 돈이 400만원 넘는다는데"

"아니 잘 못 들었겠지 그렇게 많이 줄 턱이 있어?"

"직접 들었는데 뭐 거짓말 하겠어? 간병인 쓰는 비용까지 준다네. 게다가 당뇨까지 있다는구먼."

"그래서 그런 것 같구먼. 그래, 당뇨가 심하면 실명도 온다고 하던데."

이 때, 일행 가운데 중년 남성 한 사람이 하는 말,

"그 돈 받아 간병인 쓰는 사람은 오죽할까?"

답답함을 느끼고 있던 차에 마지막을 정리하는 것 같은 이 말에 참기를 잘 했다는 생각이 들었다. 사실 6·25전상자, 4·19혁명 희생자, 월남전 전상자 등에 이르는 많은 집단적 민원을 겪은 보훈처지만 고엽제 피해 보상만큼 어려운 문제도 없었다. 보훈보상의 차원을 넘어 사회정책 차원의 이해와 대책이 필요했기 때문이다.

고엽제(defoliant)는 미군이 월남전에서 군사적 필요에 따라 1967년에서 1969년 사이에 살포한 제초제를 말한다. 월남전에서는 모두 6종의 제초제가 사용되었는데 그 중 가장 많이 사용된 것이 오렌지색 드럼통에 담긴 제초제여서 통상 에이전트 오렌지Agent Orange라 불린다. 그

<고엽제 살포 장면>(출처: 미국 보훈부)

런데 고엽제가 문제가 된 것은 노출과정에서 인체에 유해한 영향을 미칠 수 있다는 다이옥신Dioxin이 생성된다는 데 있다.

연인원 250만여 명이 파병됐던 미국에서는 1970년 후반 이들 참전군인의 정신질환이나 사회부적응과 같은 전쟁후유증이 많이 나타나는 가운데 고엽제로 인한 질병을 호소하는 집단적 민원이 야기되었다. 이에 따라 1979년부터 질병통제센터(CDC)를 중심으로 인체가 고엽제에 노출되었을 때의 유해성에 대한 과학적 구명에 나섰지만 명확한 답을 얻지 못했다. 이런 상황에서 미국, 호주, 뉴질랜드 등의 참전자들이 다우 케미컬 및 몬산토 등의 7개 고엽제 제조업체를 상대로 소송을 제기했다. 이들 제조업체들은 판결이 사업에 미칠 영향을 고려하여 1억 8천만 달러를 기금으로 내놓는 조건으로 화의가 성립되었다. 미 정부 입장에서도 무언가 답을 내놓지 않으면 안 되는 상황이 되었다. 우선 염소성 여드름을 유일한 고엽제 후유장애로 인정하였지만 지나치게 제한적이라는 1989년 법원의 판결과 질병통제센터의 연구결과를 반영하여 비호지킨 임파선암·연조직 육종암·말초신경병 등을 추가했다. 1991년 제정된 고엽제법(Agent Orange Act of 1991)은 모두 10개 질병을 인정했고 1997년 유전성이 인정되는 2세 질병으로 척추이분증을 추가했다. 미국은 1991년부터 국립과학원(NAS)으로 하여금 역학조사를 실시하게 하여 매 2년마다 조사결과를 발표하고 있다. 이에 따라 2012년 1월 현재 16개 질병으로 늘어났다.

미국에서 1977년부터 이 문제가 쟁점이 되고 있었음에도 불구하고 우리나라에서는 전혀 모르고 있었다. 1991년 호주 교민으로부터 고엽제로 인한 피해 문제가 알려진 후 비로소 사회문제로 급부상하게 되었다. 참전군인들이 고속도로를 점거하는 사태까지 발생했다. 월남전에서 전상을 입었거나 전사한 군인에 대한 보상과 지원책을 강구하는 것도 쉬운 일은 아니었지만 그래도 보상 시스템이 갖추어져 있어서 비교적 잘 대응하고 있는 상황이었다. 그러나 갑자기 등장한 고엽제 문제는 그 성격부터 달랐다. 문제 해결에 있어서 의학적 구명을 요하는 기술적 어려움도 있었다. 그래서 이 문제를 다룰 소관부처부터 정해야 했다. 1992년 관계 부처 대책회의에서 보훈처가 주관하여 피해 신고를 받는 한편, 미국에 조사단을 파견하여 고엽제 피해보상과 관련된 자료를 수집토록 했다. 당시 조사단에 의하면 주미대사관에서 조차도 이에 관한 정보나 지식이 없었다는 것이다. 자국 국민의 권익에 직결된 문제임에도 불구하고 관심이 없었다는 얘기다. 조사 결과 고엽제와의 직·간접적 관련성이 나타난 질병은 10개로서 그 중 관련성이 확인된 질병은 5개였고, 나머지 5개는 입증이 제한적이거나 부족한 질병으로 분류되었다. 이러한 자료를 바탕으로 1993년 3월「고엽제후유의증환자 진료 등에 관한 법률」을 제정할 수 있었다. 후유증환자와 후유의증환자로 구분하여 후유증환자에게는 연금을 비롯하여 전공사상 군경과 동일하게 보상하되 후유의증환자에게는 당해 질병에 한하여 국비로 가료해주도록 했다. 미국에서 인정된 10개 질병을 후유증으로 모두 수용하였을 뿐만 아니라 각 질병의 증상에 대한 인정기준을 보다 넓게 인정하였으며, 미국에서 인정되지 않는 후유의증을 별도로 인정한 것은 문제 해결을 위한 불가피한 정책적 선택이었다. 후유의증은 의학적으로 확인되지 않았지만 '고엽제로 인하여 발생되었다고 의심되는 질병'으로서 의학적으로 구명될 때까지 잠정적으로 보호할 필요가 있다는 고려에서 포함되었던 것이다.

1995년부터 고엽제 역학 조사를 실시하여 후유증의 범위를 확대해나가는 한편, 후유의증환자에 대한 지원을 확대하였다. 그러나 후유증환자는 상대적으로 적은 인원인데 비하여 후유의증환자는 계속 증가하는 기형적인 구조가 형성됨으로써 불씨를 안게 되었다. 후유의증제도를 폐지하고 후유증으로 인정해달라는 민원이 지속적으로 제기돼왔다. 이에 따라 정부는 국내외 고엽제 역학조사를 반영하여 후유증으로 인정하는 질병의 범위를 확대해 나가고 있다. 또한 후유의증환자에게도 장애 등급에 따라 매월 수당을 지급하고 국비 진료의 범위에 당해 질병뿐만 아니라 모든 질환을 포함하고 자녀에게 대학까지 교육 보호 혜택을 주는 등의 지원을 확대했다.

고엽제 문제 이전에도 보훈처는 조용한 적이 거의 없을 정도로 민원이 많은 부처였다. 그래서인지 정부종합청사에 단 한 번도 입주하지 못하고 단독 임대 청사를 전전했다. 6·25전상용사를 비롯하여 월남전 전상용사, 무공수훈자, 6·25전몰군경 유자녀 등 시기마다 이분들에 대한 보상과 예우 문제로 안에서 갈등하고 밖에서 싸우면서 일면 수용하고 일면 이해를 구하면서 조금씩 나아져 지금은 어느 정도 안정된 상태에 와 있다. 그것이 보훈의 역사가 되었다. 월남전 참전 고엽제 관련자 민원만 하더라도 고엽제로 인한 피해가 알려지고 대책을 강구하기 시작한지 20년이 되었다. 전쟁이 나면 당사자의 고통과 그로인한 국가의 부담은 100년 이상 계속된다는 것을 새삼 느끼게 된다. 월남전 참전군인에 대한 연금과 수당, 의료 및 교육 지원 등으로 매년 막대한 예산이 들어가고 있다.

고엽제 문제는 우리에게 몇 가지 논점을 남기고 있다. 첫째는 정보의 중요성이다. 미국에서 이미 1970년대 말에 문제가 되었고 제조 업체를 상대로 한 소송까지 있었던 일인데도 면밀한 대책을 준비하지 못하고 극심한 사회적 물의를 야기했다는 점이다. 둘째는 후유의증제도의 문제다. 후유의증제도는 문제 해결을 위한 불가피한 것이었고 또한 지난 20년간 이 문제를 안정화시키는데 중요한 역할을 했다. 그러나 해당 질병에 노인성·만성질환이 포함되다 보니 시간이 흐름에 따라 계속해서 늘어나는 문제점을 안고 있다. 정부는 역학 조사를 통하여 과학적 인과 관계가 구명되는 질환에 대해서는 후유증에 포함하고 있지만 후유증과 후유의증의 통합을 둘러싼 논란은 계속되고 있다. 셋째는 문제의 성격과 관련된 것이다. 특수한 피해에 대한 구제로 봐야 하는지 아니면 국가유공자에 대한 보상으로 봐야 하는가? 비근한 예로 5·18민주유공자에 대한 보상은 공권력에 의한 피해 보상적인 성격이 있다. 그래서 보상이 특별법에 의하여 배상으로 의제됐다. 이에 따라 해당 부처가 일시 보상을 한 이후에 보훈처가 이들에게 예우와 지원을 하는 것으로 정리되었다. 고엽제 피해의 경우에도 이런 논리가 적용될 수 있었지만 고엽제의 살포가 미군에 의하여 이루어졌고 미국 농무부에 의하여 사용이 금지되기까지는 불법이 아니었다는 점에서 권리 구제의 성격으로 처리하기 어려운 점이 있었다. 그렇다 보니 사회정책적 성격의 제도로 봉합된 측면이 있다는 것이다.

# 대형 민원과 마주하다 2
## ― 특수임무수행자

특수임무수행자는 북파공작원이나 HID로 더 잘 알려진 사람들을 말한다. 법률이 제정되기 전까지 북파공작원의 존재까지도 금기시되는 상황이었다. 어떤 나라건 북파공작원과 같은 유형의 비정규부대는 기밀사항일 수밖에 없다. 사실 부대를 잘 관리하지 못하고 노출시키고 사회적 문제를 야기한 것은 잘못된 일이다. 오랫동안 불만이 쌓여 있던 북파공작원들은 국민의 정부 출범과 함께 실체 인정과 보상 대책을 요구하면서 집단행동에 나섰다. 정부로서도 북파공작원의 존재를 명시적으로 인정하기는 어려운 상황이었지만 더 이상 손을 놓고 있을 수 없었다. 이에 따라 국방부와 보훈처의 부기관장 선에서 서로 실무진을 대동하고 협의에 나서 몇 가지 해결원칙을 정리했다. 북파공작원으로서 사망하였거나 부상을 입은 사람에 대해서는 보훈처가 「국가유공자 예우 및 지원에 관한 법률」을 개정하여 수용하기로 하되, 요원의 처우와 관련하여 발생된 보상에 관한 사항은 그 운용 주체인 국방부가 책임지고 해결한다는 내용이었다.

다음날 출근하자마자 함께 협의에 참석했던 담당국장을 불렀다. "국방부 입장에서는 현 단계에서 사상자를 국가유공자로 하는 것이 최우선 전략일 수 있다. 잘못하면 보훈처가 다 덮어쓸 수 있다. 일단 보훈 제도의 틀안에 들어오면 국방부는 빠질 수 있으니 문서로서 명확하게 정리해놓지 않으면 안 되겠다. 그러니 어제 합의한 내용을 공문으로 보내 확인 공문을 받아놓으라."고 했다. 물론 그날로 지시했던 대로 되었다. 일이 이렇게 되어 2002년 1월, 「국가유공자 예우 및 지원에 관한 법률」을 개정하여 사상자에 대해서는 국가유공자로 인정하여 예우를 실시하게 되었다. 그 때도 법률에서는 '북파공작원'이라는 용어를 사용하지 않고 '애국단체원'에 포함하는 등 나름대로 신중을 기했다. 국방부 역시 필요한 예산을 편성하여 보상금을 지급하기 시작했다.

그런데 2003년 새 정부가 출범하면서 상황은 달라졌다. 일련의 과거사 정리를 위한 입법이 추진되는 가운데 북파공작원들은 국방부의 보상금에 불만을 제기하고 수령을 거부함으로서 이 문제는 다시 원점으로 회귀하고 말았다. 북파공작원 실체의 인정과 보상을 요구하는 격렬한 집단시위가 재연되는 상황이 전개됐다. 정부가 혼란을 겪고 있는 상황에서 이 문제에 관심이 많았던 국회의원 한 분이 나섰다. 「북파공작원 보상에 관한 법률안」과 「북파공작원 예우 및 지원에 관한 법률안」 등 두 개의 법안을 제안하면서 국방부는 이미 이에 동의했다며 보훈처의 동의를 요청해왔다. 보상은 국방부가 책임지고 사상자는 국가유공자로 예우하기로 했던 기존의 방침이 당시로서는 최선이라 생각했던 보훈처 역시 입법적 해결이 불가피하다는 것을 인식하고 있었다. 일단 종전의 방침을 유지하는 방향에서 대응하기로 하고 두 개의 법안을 「북파공작원 보상에 관한 법률」로 일원화하는 수정 제안을 내놓았다. 물론 「북파공작원 예우 및 지원에 관한 법률안」에 담긴 내용을 이 법에 포함시켜 보상금을 산정하도록 함으로써 실질적인 내용에서는 큰 차이가 없었다. 아울러 법률에 '북파공작원'이라는 용어를 사용하는 것은 국가의 체면과 관련이 있고 국민들에게 부정적 이미지를 줄 수 있다는 점을 고려하여 '특수임무수행자'로 하자는 수정 의견을 제시했다. 이러한 입장을 관철하기 위해 최선을 다하되 여의치 않으면 두 가지 법안 가운데 문제점만이라도 수정·보완하는 선에서 수용하는 수밖에 없다고 보았다.

예상했던 대로 수정안은 우선 당사자들의 반대를 극복하지 못한데다가 국회 심의과정의 어려움으로 다른 방향으로 진행되었다. 두 개의 법안이 소관별로 국방위원회와 정무위원회에 동시 부의되다 보니 보훈처가 아무리 뛰어다녀도 통합 조정이 되지 않았다. 하는 수 없이 법안을 제안한 의원을 만나 의논해봤지만 흐름을 바꾸기에는 역부족이었다. 마침내 2004년 1월, 국방부 소관의 「특수임무수행자 보상에 관한 법률안」과 보훈처 소관의 「특수임무수행자 예우 및 지원에 관한 법률안」이 국회에서 통과돼 2004년 7월부터 시행되었다. 그 이후에도 민원은 끝나지 않아 2012년 3월, 법률을 개정하여 특수임무수행자를 특수임무유공자로 격상했다.

북파공작원 문제는 국방자원상의 취약점을 드러낸 대표적 사례였다. 제대로 된 국가라면 이 같은 정예 요원의 처우나 관리 시스템이 밖으로 노출될 수 없다. 당사자들이 거리에 나선다는 것은 상상할 수 없다. 아무리 어려웠던 과거의 일이라고는 하지만 잘못된 일임에 틀림없다. 문제가 발생하고 난 다음에도 해결에 미온적이었다는 것을 솔직히 인정하지 않을 수 없다. 생각을 바꾼다는 것이 얼마나 어렵고 또 중요한 것인가 하는 것을 새삼 인식하게 된다. 억울한 국민이 있다면 찾아내어 풀어주는 게 당연한 국가의 임무지만 오랜 기간의 호소에도 불구하고 묻어두는 데 급급했던 것이 지난 시대 우리의 모습이었다. 이런 집단 민원을 접하면서도 어떻게 하면 빨리 무마하고 마무리할 것인가에 골몰했지 그분들을 만나 아픔을 함께 하고 그 속에서 해결책을 찾아가는 노력, 요즘 말하는 진정한 소통을 가져본 적이 있는가. 그랬다면 좀 더 일찍이 보다 합리적인 방법으로 문제를 풀 수 있었을지 모른다.

# 국립묘지 조성

1997년 3월, 국회 보건복지위원회 회의장에서 있었던 일이다. 재향군인회에서 시행하는 향군묘지 조성과 관련하여 질의와 답변이 진행되고 있었다. 묘지조성에 관한 근거법률인 「매장 및 묘지 등에 관한 법률」에 의해서 재향군인회에서 제반 인허가 절차를 거쳐 조성할 계획이며, 예산지원은 「재향군인회법」 제16조 및 「보조금의 예산 및 관리에 관한 법률」에 의거하여 국고보조사업으로 시행하고 있다는 답변에 대해 의원 한 분이 법률적 근거를 따지는 상황이었다.

"잠깐만요. 적용 법률이 그게 아닌 것 같은데요. 제가 질의한 것은 국가 예산이라는 것이 이런 것이 있지 않습니까? 어떤 사업을 할 수 있다 그러면 법률이 먼저 있어야 그 다음에 그 사업을 하기 위한 예산이 뒷받침되는 것이지 지금 「매장 및 묘지에 관한 법률」은 사업 얘기가 아니고 묘지를 설치할 때는 규격이 어떠해야 된다 라든가 이런 것을 정해놓은 것이거든요."

국가유공자예우법이라든지 이런 법률에 근거해서 참전한 군인의 경우에는 국가의 묘지 또는 향군묘지에 안장을 할 수 있다 그 안장 근거를 말씀하시는 것으로 저는 이해를 합니다. 다만, 문제가 무엇이냐 하면 저희도 그러한 것이 바람직한 방향이 아닌가, 이런 생각을 합니다마는 현재 묘지를 개설할 수 있는 근거 법률은 유일하게「매장 및 묘지에 관한 법률」이라는 것 하나밖에 없습니다. 그런데 국가가 조성하든 자치단체가 조성을 하건 법인이 조성을 하건 묘지를 개설할 수 있는 법률 자체는「매장 및 묘지에 관한 법률」에 의한 절차를 밟아야 되도록 되어 있습니다.

"대단히 편법을 써서 국고를 낭비하고 있는데요."

국립묘지 같으면 되지 않느냐, 이런 말씀을 하실 수 있겠는데, 국립묘지 같은 경우에도 1952년에 조성이 되었는데, 그 당시에는 보건복지부에서 관장을 하고 있는「매장 및 묘지에 관한 법률」이 없었습니다. 그러다 보니까 국가에서 그냥 조성을 했습니다마는 현재 상태에서 저희가 정부에서 묘지를 조성한다면 이 법에 따르지 않고는 안 된다는 것을 좀 말씀을 드립니다.

"그렇게 향군묘지가 필요하면「재향군인회법」을 개정하든지 아니면「국가유공자 예우 등에 관한 법률」을 개정한 연후에 그것에 근거해서 예산을 청구하고 국회를 통과해야 되는 것이 정상적이지 않습니까?"

지금 말씀하신 것은 두 가지 방법이 있겠습니다. 법에 의해 가지고 법적 근거를 만들어서 묘지를 설치하는 방안이 하나 있을 것이고, 또 하나는 현행 법률에 의해 가지고 재향군인회가 공익법인이기 때문에 법인의 자격으로 법적인 절차를 밟아 가지고 회원의 복지사업의 일환으로 이렇게 묘지도 조성을 할 수가 있는 것입니다. 다만, 저희가 채택한 안은 제가 두 번째 말씀드린 그 후자의 방법에 의해서 추진했다는 것을 말씀드리고 재향군인회의 목적사업에 호국정신 고취라든지 이런 것도 할 수 있도록 되어있기 때문에 거기에 따라서 제16조에 보조금의 지급 근거가 있습니다. 정부는 재향군인회에 대해서 보조금을 줄 수 있도록 되어 있기 때문에 그러한 절차와「보조금의 예산 및 관리에 관한 법률」

에 의해 가지고 예산 편성이라든지 국회의 심의 절차를 거쳤고 작년 같은 경우에 여러 위원님들께서 걱정을 해주셔서 오히려 이 보건복지위원회에서는 증액 의결까지 해주신 그런 사항이라는 것을 말씀드립니다.

"향군묘지령이라든가 이런 것을 통해 이것의 법적근거를 마련해야 되겠다, 하는 그런 논의가 있었습니까, 없었습니까?"

현재 보건복지부에서 매장 및 묘지에 관한 법률을 장묘법(葬墓法)이라는 이름으로 전면 개정작업을 하고 있습니다. 그 개정안에 의하면 국가가 묘지를 조성하고 관계규정을 따로 정할 수 있는 예외 규정을 두고 있습니다. 장묘법(葬墓法)이 개정된 이후에는 저희들 향군묘지령 같은 것을 만들 수 있다고 생각하고 있습니다.

"사업계획서의 타당성 같은 것을 검토해야 될 것 아닙니까? 대상자는 이미 6·25참전자, 월남 참전자로 확정이 되었으니까 여기에 몇 명이나 묻힐 것인가, 이런 것에 대한 설문조사가 있었습니까?"

사업 타당성을 판단할 때 이것이 분묘의 형태가 아니고 납골묘이기 때문에 화장을 해서 들어가야 됩니다. 그렇다면 일반 국민들이 화장을 선호하는 비율이 얼마인가를 보건복지부에서 자료를 받아가지고, 당시 '95년도에 한 22% 정도로 저희들이 그 자료를 받았고 지금 저희들이 참전 제대군인이 80만이기 때문에 22%라는 숫자는 앞으로 그 추세는 상당히 더 늘어날 것이라고 보고 20%만 적용하더라도 한 20만 가까운 숫자가 안장을 희망하지 않을까 그렇게 판단했습니다.

"너무 안이한 것 아닙니까? 이것 각 도(道)마다 다 만들 것 아닙니까?"

2000년까지 일단 영·호남에 하나씩 해서 두 개를 가지고 시범적으로 운영하면서 그때 가서 아까 위원님께서 염려하신 대로 안장 희망자가 없어서 시설을 비워놓는다든지 이런 문제가 있어서는 안 되겠다 해서 그 이후에 신중하게 검토하겠다는 그런 뜻입니다.

"여기에 들어가는 것은 참전군인이 아니면 안 됩니까?"

일단 6·25와 월남전참전군인만 대상으로 생각하고 있습니다.

"그렇게 한정하는 이유는 무엇이지요?"

우선 이것이 참전군인의 여망을 수렴한 숙원사업이고 외국의 예를 보더라도 참전군인에 대한 제일 기본적인 국가의 배려는 첫째는 국립묘지 안장이고 두 번째는 의료지원입니다. 이 두 가지 사업으로 되어 있는데 저희들도 참전군인의 경우에는 어떻게 하든지 국가의 책임 하에 안장해 드리는 것이 그 분들을 예우하는 것이 아닌가, 이렇게 생각하고 있습니다.

"그러면 우리도 외국처럼 국립묘지로 해야 될 것 아닙니까? 향군묘지라고 해서 왜 돌아가요?"

국립묘지는 분묘와 납골묘를 병설하는 형태로 되어 있는데 저희들은 여러 가지 정부시책도 그렇고 해서 아주 간소한 기당 1평 정도의 납골묘 형태로 해서 시범적으로 함으로써 오히려 보건복지부에서 하고 있는 장제문화(葬祭文化)를 개선하는데 공익단체인 재향군인회가 앞장설 수 있지 않느냐 하는 그런 차원도 고려된 것입니다.

질의와 답변이 소강국면으로 접어드는 상황에서 다른 의원이 정리에 나섰다. "선진국에 비해서 우리나라는 추모지나 유적지 같은 것이 상당히 부족하다. 몇 군데 있지만 예산을 많이 투입했는데도 불구하고 내용이 빈약한 것을 많이 봤다. 그 점을 유념해서 기왕에 조성하기로 되어 있는 이 두 개의 묘역을 단순히 묘역에서 끝나지 않고 거기에 갔다 오고 나면 정말 애국 정신이 더 많이 생길 수 있도록 그렇게 조성에 신경을 써 달라."는 주문으로 상황은 마무리됐다.

그 상황에서는 재향군인회를 통하여 추진하게 된 이유나 방향에 대해서 나름대로 잘 설명했다고 생각이 들지만 돌이켜보면 의원의 지적은 합당했다. 참전군인이 사망할 때 국립묘지 안장이 필요하다면 먼저 법률에 근거하여 안장에 관한 권리를 부여하고 예산을 편성하여 시행하는 것이 올바른 방향이었다. 당시 「참전군인 등 지원에 관한 법률」이 있었지만 수많은 참전군인들을 국립묘지에 안장할 수 있는 근거 법률을 마련하기란 당시로서는 매우 어려운 일이었다. 국립묘지를 조성할 수 있는 법률적 근거도 없었다. 대통령령인 「국립묘지령」이 있었지만 국방부가 관장하고 있었고 그나마 「매장 및 묘지에 관한 법률」에 저촉되는 규정이었다. 또한 국가보훈처가 국립묘지를 조성하겠다고 나오면 부처 간 분쟁이 생길 것이고 그렇게 되면 그것을 빌미로 예산 당국에서도 반대할게 뻔했다.

당시 재향군인회나 참전군인 단체에서는 국립묘지를 추가로 조성해야 한다는 요구가 많았다. 국방부는 움직임이 없었고 보훈처에서는 해결책을 찾지 못하고 표류하고 있었다. 재향군인회는 이런 정부를 불신하는 상황이었다. 그래서 재향군인회장을 만나 당장 국립묘지로 추진하는 것은 법률적으로나 현실적으로나 어려우니 국고보조사업으로 하여 묘지를 조성하는 방안을 제시하고 동의를 구했다. 재향군인회를 앞세운 것은 정치적 영향력을 이용하는 것이 빠른 길이라고 생각했다. 솔직히 당시 보훈처의 힘으로는 어려운 일이었다.

이에 따라 「참전군인묘지 조성계획」을 입안하여 예산 확보에 들어갔다. 정상적으로 예산을 요구하여 승인을 받아 추진하는 것은 어렵다고 보고 대통령 비서실을 노크했다. 재향군인회장이 나서 시간을 조율하고 보훈처장과 보좌진이 함께 들어가 비서실장에게 조성 계획을 보고하고 협조를 구했다. 그 결과 예산 당국에 검토하라는 지시가 떨어지고 1997년 예산에 계상되어 영·호남 두 곳에서 동시에 묘지 조성에 착수할 수 있었다. 대통령 비서실의 지원이 있었지만 실제 예산을 반영하는 과정은 여러 관료들의 벽을 넘어야 했다. 이렇게 하여 조성된 것이 오늘의 국립호국원이다.

호국용사묘지는 「매장 및 묘지에 관한 법률」에 따라 인허가 절차를 거쳐 조성되었지만 안장 자격과 안장 범위를 정하는 것은 보훈처의 행정 지침만으로는 부족한 점이 있었다. 그래서 2001년 1월, 「참전군인등 지원에 관한 법률」을 개정하여 국립묘지나 국가 또는 지방자치단체가 조성 경비의 100분의 50이상을 부담한 시설에 안장 또는 안치할 수 있다는 법적 근거를 마련했다. 말하자면 그 의원이 지적했던 대로 곧장 가지 못하고 돌아서 갔던 것이다. 장애를 헤쳐 나가기 위해 시간을 보내는 것보다 다른 방식으로라도 우회하여 먼저 시행하고 나중에 보완하는 것도 하나의 방법이 아니었나 싶다.

2003년 7월, 「호국보훈 정책 중장기 발전계획」 수립과 관련하여 독립기념관, 국립 현충원 등의 관리 일원화 문제가 검토되고 있는 가운데 남극 세종 기지에서 조난 구조 중 순직한 전재규 대원의 국립묘지 안장 문제가 현안으로 등장했다. 이를 계기로 국무총리실에 '국립묘지개선위원회'가 설치되었고 여기서 전사·순직군인 중심의 현행 제도가 유지돼야 한다는 주장과 일반국민에 개방하는 방식으로 바뀌어야 한다는 주장이 팽팽히 맞섰다. 결국 의원입법으로 「국립묘지의 설치 및 운영에 관한 법률」이 제정됨으로써 보훈처는 종전에 관장하던 국립 4·19묘지, 국립 3·15묘지, 국립호국원 외에 국방부로부터 국립 대전 현충원을 인수하여 국립묘지 설치·관리의 주관부처로서 위상을 갖게 되었다. 서울 동작동의 국립 서울 현충원은 1956년 국군묘지에서 출발하여 1965년 국립묘지로 승격된 것이다. 6·25전쟁이 나기 전에는 현재의 장충단공원인 장충사獎忠祠에 안치했었다. 국립묘지의 유래가 이렇다보니 '국립묘지개선위원회'에서 민간인 안장을 확대하는 것에 대한 논란이 있었던 것이다.

이제 참전군인 대다수가 고령화되어 사망자가 급증하고 있는 반면에 국립묘지 수용 능력은 제한돼 있다. 국립묘지를 추가로 조성해야 할 상황이지만 입지 확보 등의 어려움으로 추진 여건이 여의치 않다. 미국 보훈부는 1973년부터 알링턴 국립묘지를 제외한 모든 국립묘지를 관장하고 있다. 141개소의 국립묘지 외에도 98개소의 주립묘지가 있지만 참전군인 2,300만 명 가운데 하루에도 1,300여 명이 사망하는 추세를 보임으로써 안장 수요가 급증하고 있다. 이에 따라 보훈부는 국립묘지를 추가 조성하는 한편, 주정부에 대한 재정 지원을 통하여 주립묘지를 늘여나가는 것으로 대처하고 있다. 이 같은 미국의 방법은 아니라 하더라도 내 고장을 빛낸 국가유공자의 공훈을 선양하고 애향심을 북돋우는 차원에서 자방자치단체의 적극적인 참여와 협력이 요구되고 있다.

# 보훈의 가치 논쟁

「5ㆍ18민주유공자 예우에 관한 법률」 제정과 관련하여 많은 논란이 있었다. 지금도 그러한 논란은 그치지 않고 있다. 심지어 보훈 제도가 누더기가 되었다는 비판도 있다. 5ㆍ18민주유공자 예우법 제정 과정은 이렇다. 광주문제는 이미 두 차례의 법률 제정을 통하여 보상 조치가 마무리된 상황이었다. 그러나 국민의 정부 출범을 전후하여 금전적 보상을 넘어 명예회복이라는 적극적 조치를 요구하게 되었다. 다시 말하면 「광주민주화운동보상에 관한 법률」에 의한 보상이 이뤄진 이후 다시 특별법에 의하여 보상을 배상으로 의제하는 조치가 있었음에도 불구하고 명예 회복에는 못 미쳤다는 것이다. 이에 따라 국가유공자 지정과 5ㆍ18묘지의 국립묘지 승격 그리고 5ㆍ18행사의 정부 기념행사로의 격상 등의 약속이 선거공약으로 제시되었다.

국민의 정부 출범 후 보훈처는 이 문제를 적극적으로 검토하지 않을 수 없는 입장에 처하게 되었다. 그러나 기존 국가유공자의 강한 반발이 예견되는 뜨거운 감자였다. 여기서 나온 아이디어가 윈윈 전략과 차별화 방안이었다. 첫째는 5·18민주화운동 관련자에 대한 보상과의 형평성을 고려하여 기존 국가유공자에 대한 예우의 개선이 함께 이루어지도록 한다는 것, 둘째는 국권을 상실했을 때 국권 회복에 기여하였거나 국가체제 그 자체의 수호에 기여한 공헌과 국가체제 안에서 민주사회 발전에 기여한 공헌은 구별돼야 한다는 것이었다. 이를테면 '국가 공동체'와 '민주공동체' 공헌으로 구분, 법제화하자는 것이다. 국가유공자 예우법과 별도로 법률을 제정하여 '민주유공자'라는 개념으로 대응하는 방향이었다.

그러나 법안을 마련하는 과정에서 양쪽을 설득해야하는 문제가 있었다. 기존 국가유공자 단체에 대해서는 국가유공자 예우법 적용 대상이 아니라는 것을 분명히 하면서 기존 국가유공자 예우 개선을 위한 기회로 활용할 수 있다는 점을 들어 설득했다. 다행히 심한 조직적·공식적 반발을 불러오지 않았다. 오히려 더 어려웠던 것은 5·18 민주화운동 관련자들을 설득하는 일이었다. 왜 국가유공자 예우법 적용대상이 될 수 없는가? 예우법에는 4·19혁명 희생자도 포함돼 있지 않은가? 첫째의 논리는 성격이 상이한 유공자를 한 법률로 규정하고 있어 특성을 반영하지 못하는 문제점이 있다. 그래서 단일법 체계를 독립유공자, 국가수호유공자, 민주유공자 등 3개 법체계로 개편하는 방안을 추진하고 있다. 독립유공자는 1995년에 이미 분리되었으니 민주유공자 예우법도 따로 제정하는 것이 바람직하다는 논지로 설득했다. 둘째는 실질적인 권리관계와 관련된 것이었다. 국가유공자 예우법에 5·18 상이자를 억지로 넣으면 상이등급 분류체계에 문제가 야기된다는 것이었다. 즉, 국가유공자 예우법의 상이등급은 1급 내지 7급으로 되어 있지만 5·18 상이자의 경우는 14등급으로 되어 있어 서로 형평에 맞추려면 재분류를 해야 하고 그렇게 되면 일부 제외되는 대상자가 생길 수 있다는 점을 들어 설득했다.

이렇게 하여 입법 방침을 마련하고 당시 여당에서 법안을 성안하여 국회에 제출하게 되었다. 보훈처에서는 법안의 통과는 여야 간의 협의사항이라 보고 국가유공자 예우 개선에 집중하게 되었다. 법안 통과에 대비한 일종의 정지 작업이었다. 이에 따라 그 간에 많은 민원이 제기되어 왔던 무공수훈자 명예수당, 6·25전몰군경 유자녀수당, 6급 상이군경 유족 연금 승계 등에 필요한 예산 확보와 법령 개정 등의 가시적 조치를 마무리할 수 있었다. 이 조치는 대단히 큰 의미가 있었다. 오랜 기간 수많은 마찰과 갈등을 겪고 불신의 근원이 되었던 국가유공자 단체의 민원이 해결됨으로써 보훈 정책 발전을 위한 여력을 확보할 수 있었기 때문이다.

다시 5·18 법안으로 되돌아가 보자. 국회에서 법안 심의 과정은 순탄치 않았다. 여야의 이견으로 2년 여 계류되었다가 야당에서 '6·25 및 월남전 참전군인'을 국가유공자에 포함하는 법안을 제출하여 맞불을 놓는 상황이 되었다. 정부 입장에서는 상이를 입거나 훈장을 받을 정도로 큰 공적이 있는 분들만 국가유공자로 하고 있는 기존 보훈 체계에 부합하지 않아 안정적으로 관리하여야 할 보훈 체계에 큰 혼란을 초래한다는 점을 들어 상이가 없거나 훈장을 받지 않은 일반 참전군인을 국가유공자로 지정하기 어렵다는 의견을 제시했다.

이후에도 법안 심의는 수차 중단을 거듭한 끝에 정부에서 국가유공자에 포함하기는 어렵지만 '참전유공자'로 승격하고 저소득자 생계보조금을 참전명예수당으로 전환하여 70세 이상 전원에게 지급하는 방안을 제시하였고, 여야 공히 수용함으로써 「5 · 18민주유공자 예우에 관한 법률」이 통과됐다. 이로써 5 · 18 묘지가 국립묘지로 승격되었고 5 · 18 행사는 정부행사로 격상되었다. 아울러 「참전군인등 지원에 관한 법률」도 「참전유공자등 예우에 관한 법률」로 개정되어 예우 차원의 법제로 전환되었다.

<국립 5 · 18묘지>(출처: 국가보훈처)

이렇게 하여 5 · 18민주유공자에 대한 예우를 위한 입법이 마무리되었다. 그러나 여전히 민주화 운동 희생자에 대한 보훈이 정당한가, 하는 논란이 있다. 이 문제는 결국 외부로부터 국가 공동체를 지키기 위하여 희생한 성원에게 주어지는 보훈을 공동체 내의 희생으로까지 확대하는 것을 의미하는 것이기 때문이다. 시민사회가 성장하여 국민국가를 형성한 선진국에서는 이러한 예를 찾아보기 어렵다. 성숙한 사회에서는 인권이 침해되었거나 신체적, 정신적 손상이나 재산상의 피해를 입었다면 실정법에 의하여 구제를 받을 수 있다. 그러나 그렇지 않은 사회, 특히 국가권력이 자유를 압도하는 사회에서는 국가권력에 의한 피해가 발생해도 구제를 받기 위한 접근 자체가 어려울 뿐만 아니라 그런 절차가 보장되어

도 불법행위를 입증하기란 몹시 어려운 일이다. 사정이 그렇다보니 5 · 18의 경우에도 많은 세월이 흐른 후 국가배상법을 대체하는 두 개의 법률, 즉 「5 · 18광주민주화운동 관련자 보상 등에 관한 법률」(1990)과 「5 · 18민주화운동 등에 관한 특별법」(1995)을 제정하는 입법적 해결이 불가 피했다. 피해에 대한 보상이 끝난 연후에 민주화에 기여한 공로의 인정과 명예 선양의 한 방법으로서 보훈입법의 필요성이 제기되었던 것이다. 첫 단계가 법률적 책임의 문제였다면 다음 단계는 정책적 고려의 문제였다. 5 · 18은 역사적 평가를 통하여 민주화운동으로 규정되었고 관련 법률이 이미 제정 · 시행되고 있었다. 이런 상황에서는 기존 보훈 체계의 혼란을 최소화할 수 있는 대안을 제시하는 것이 우리가 할 수 있는 범위의 일이 었다. 그래서 우리가 내놓은 대안이 국가유공자 예우와 구별되는 별도의 법체계를 통하여 수용하며, 기존 국가유공자와의 형평성 문제가 야기되 지 않도록 예우의 개선을 선행하는 것이었다. 아울러 보훈에 대한 개념의 확대도 필요했다. "국가 공동체의 존립 기반이 위태로울 정도로 민주주의 가 심각하게 훼손되고 억압된 상황에서 이를 회복하기 위하여 시민적 의 무를 다하다가 희생한 것은 국민의 귀감으로 존중되어 마땅하다." 이것이 보훈이 '민주사회의 발전을 위한 공헌'의 영역으로 확대된 논리였다.

# 참전유공자에 대한 예우

앞에서 간단히 언급했던 참전유공자에 대한 예우의 진행과정을 구체적으로 살펴보자. 여기서 참전유공자라 함은 6·25전쟁과 월남전에 참전한 분들로서 전사하였거나 부상을 당하지 않고 전역한 분들을 말한다. 물론 여기에는 참전한 경찰과 민간인이 포함된다. 1990년을 전후하여 긴급한 현안으로 부상했던 상이군경과 유족에 대한 연금 현실화 문제가 어느 정도 해결되자 곧 이어 등장한 것이 참전군인 문제였다. 참전군인 가운데서도 가장 문제가 된 것은 월남전 참전 고엽제 관련 피해자에 대한 구제였다. 앞서 살펴본 대로 1993년 3월, 「고엽제후유의증환자 진료 등에 관한 법률」을 제정하여 수습의 단초를 마련했다. 이어서 동년 12월, 「참전군인 등 지원에 관한 법률」을 제정하여 6·25전쟁, 월남전에 참전한 사람으로서 전상을 입지 않은 일반 참전군인의 명예 선양과 복리 증진을 위한 제도를 마련했다.

그러나 이 법은 전문 8조에 불과할 정도로 이름뿐인 형식적 법률이었다. 첫째, 법률에서는 명예 선양과 복리 증진을 위한 사업을 한다는 규정만 있을 뿐 아무런 세부 규정을 두지 않았다. 둘째, 정부가 직접 실시하지 않고 법인이나 단체에 위탁하여 수행하도록 했다. 셋째, 참전군인등지원기금을 설치하여 기금 사업으로 행한다는 내용이었다. 그러다보니 1994년 7월에 제정된 시행령은 사업과 기금 운영을 한국보훈복지공단(현, 보훈복지의료공단)에 위탁하도록 하고 사업 내용은 참전기념 조형물 건립, 대통령 명의 증서, 교육·홍보, 학술회의 등을 규정하는데 그쳤다. 공단에 위탁한 것은 일종의 '꼼수'였다. 당초 법 제정과정에서 법률의 집행을 재향군인회에 넘겨주어 참전군인 문제를 마무리할 생각이었다. 그런데 곰곰이 따져 보니 참전군인을 회원으로 하는 민간단체에 위탁하는 것은 문제를 더 확산시킬 가능성이 있었다. 그래서 공공기관이고 직접적인 이해관계가 없는 공단을 지정하게 되었던 것이다.

이렇게 하여 법률은 제정되었지만 그야말로 '빈 깡통'에 불과했다. 더구나 당초 관계 부처 회의에서 연 100억 원씩 정부 예산에서 출연하여 3년간 300억 원을 조성키로 했던 기금 조성 계획이 처음부터 빗나가기 시작했다. 첫해 50억 원의 정부 출연을 끝으로 더 이상 조성되지 못했다. 얼마 되지 않는 이자 수입을 가지고 한 일이라는 게 참전군인 등록, 참전기록표 수집, 참전군인 증서 교부, 인명록, 참전 기념조형물 실태조사 및 도록 제작, 참전 기념행사 지원 등이었다. 초기에는 참전군인 데이터베이스가 되어 있지 않아서 참전 사실을 확인하고 등록하는 것이 쉽지 않았다. 그래서 군 본부의 자료를 받아다가 데이터베이스를 구축해야 했다. 결국 1990년대 말까지 이런 상태로 흘러갔다. 앞서 이야기 한 대로 호국용사 묘지(현, 국립호국원) 조성은 이와는 별도로 재향군인회에 대한 국고보조 사업으로 추진되었다.

참전군인 지원 제도는 2000년 10월, 법률을 전면적으로 개편하여 정부 사업으로 전환했다. 첫째, 종전에 위탁하여 수행하던 것을 국가와 지방자치단체의 책임으로 행하도록 했다. 둘째, 기금에 의한 임의적 지원 제도에서 생계 지원, 의료 지원, 양로 지원, 안장 지원, 공공시설 이용지원 등 법정 제도로 전환했다. 비로소 법률에 의한 권리를 부여하는 제도로 변화되었다는 뜻이다. 셋째, '참전군인등지원기금'이 '참전기념사업기금'으로 변경되었다. 종전의 기금은 기념사업 용도로 사용되고 생계 지원 등은 정부 예산으로 충당하게 되었다는 것이다. 이렇게 하여 65세 이상으로서 일정 생활기준에 미달하는 참전군인에게는 소액이지만 월 6만 5천원의 생계보조비, 보훈병원 진료비 감면, 공공시설 이용료 감면 등 제한된 범위에서 나마 실질적인 지원이 이뤄지기 시작했다. 아울러 사망 시에는 장제보조비가 지원되었고, 영천과 임실 두 곳에서 조성 중이던 호국용사묘지가 완공되어 2001년부터 안장에 들어갔다. 돌이켜 보면 예산 당국에서 재원이 많이 들어간다고 하여 기금 출연을 중단한 것이 참전군인 지원 제도의 전환을 가져온 기폭제가 되었다 할 수 있다. 처음 계획대로 300억원 규모의 기금 조성이 되었다면 어떻게 되었을까?

참전군인 지원 제도는 또 한 번 변화를 맞이했다. 「5·18민주유공자 예우에 관한 법률」의 제정과 관련하여 형평성 문제가 제기되었다. 참전군인 단체에서는 물질적 지원은 없어도 좋으니 이름만이라도 국가유공자에 포함해 달라는 요구가 많았다. 이에 따라 「참전군인 등 지원에 관한 법률」을 「참전유공자 예우에 관한 법률」로 전면 개편하여 참전유공자에 대한 예우 차원의 제도로 전환했다. 그에 따른 상징적인 조치로 생계 보조비를 '참전명예수당'으로 하여 생활 정도에 관계없이 70세 이상 모든 참전유공자에 지급토록 했다. 이 법안의 통과로 참전군인들의 명예는 높아졌지만 명예 수당 지급에 따른 재원 때문에 보훈처는 정부 내에서 비판을 감수해야 했다. 70세 이상으로 했던 것도 재원 때문이었지만 그 연령기준은 그대로 유지되기는 어려웠다. 2003년 다시 법률을 개정하여 65세 이상으로 하향 조정했다.

2005년 국가보훈기본법의 제정은 참전유공자의 예우를 향상하는데 또 다른 계기가 되었다. 지방자치단체의 보훈에 대한 책임을 규정하면서 조례의 개정을 통하여 참전유공자에게 별도의 수당을 만들어 지급하기 시작했다. 재정 여건에 따라 다르지만 지금은 대부분 자치단체에서 시행하고 있다.

이리하여 참전유공자에 대한 예우는 참전명예수당, 의료지원, 국립묘지 안장, 장제 보조비 등으로 안정적 국면에 진입했다. 그럼에도 불구하고 국가유공자의 범위에 포함해 달라는 요구는 지속되었고 이를 정치권이 수용함에 따라 2008년 6월, 「국가유공자 등 예우 및 지원에 관한 법률」의 개정으로 6·25 참전유공자가 국가유공자에 포함됐다. 이어 월남전 참전유공자의 경우도 같은 경로를 거쳐 2011년 6월에 국가유공자에 포함됐다.

1993년의 「참전군인 등 지원에 관한 법률」 제정을 시작으로 근 20년간 지속된 참전군인 문제의 귀결이 이와 같다. 한 번 전쟁이 시작되면 그 전쟁의 후유증을 치유하고 보듬기 위해 얼마나 많은 갈등과 시간을 겪어야 하는가 하는 것을 잘 보여주는 사례가 아닐 수 없다. 이 책의 서두에서 얘기했던 것처럼 보훈을 하는 것도 또 하나의 전쟁이었다는 말이 실감이 나지 않는가.

# 국가보훈처의 위상


정권 교체기마다 정부조직은 늘 시험대에 오른다. 적지 않은 부처가 이름이 바뀌거나 통폐합 또는 신설되기도 한다. 제6공화국까지는 대체로 큰 변화 없이 안정적으로 유지되어왔지만 문민정부 이후에는 정권 교체기마다 큰 폭의 손질이 상례화 되다시피 했다. 이러한 현상은 선진국에서는 찾아보기 어렵다. 미국의 정부조직은 매우 보수적이어서 정권이 교체되어도 조직이 달라지는 경우는 거의 없다. 9 · 11테러 직후인 2002년 국토안보부(DHS)를 신설한 것 외에 변화 없이 유지되어 오고 있다. 정부조직이 자주 변한다는 것은 그 사회의 역동성과 발전전략을 반영하는 것이기도 하지만, 전 정권과의 차별화 또는 조직 재형성 그 자체에 너무 많은 관심을 기울인 결과일 수 있다. 우리나라도 이제 정부의 교체와 관계없이 그 기능과 효율의 극대화에 중점을 둘 때가 되었다.

앞에서 본 대로 국가보훈처는 1998년 2월 '국민의 정부'가 출범하기 직전까지 국무총리 소속 장관급 기관으로 유지돼 왔다. '국민의 정부' 출범을 계기로 정부조직 개편을 검토하면서 축소 대상기관의 하나로 지목됐다. 1997년 12월 대선이 끝나고 새 정부가 출발하기 전, 국회의원회관 대회의장에서 정부조직개편위원회가 주관한 새 정부 조직개편 공청회가 열리고 있었다. 정부조직 개편시안은 국가보훈처를 보건복지부 산하 국가보훈청으로 하는 안과 국무총리 소속기관으로 유지하되 차관급으로 축소하는 2개 안을 제시하고 있었다. 이때 토론자로 나선 언론인 한 분이 개편안이 당연한 것처럼 오해할 수 있는 발언이 나오는 순간에 상이군경회 회원들의 격렬한 반발로 공청회가 한동안 중단될 정도로 큰 소란이 벌어졌다. 사실 공청회 이전에 개편안 수립 과정에서 각 부처의 의견을 듣는 절차가 주어지긴 했다. 그러나 요식행위에 불과했고 귀 담아 듣는 진지한 분위기는 아니었다. 그때 우리의 항변은 이랬다.

> 보훈은 업무량이나 행정대상자 숫자로만 평가돼서는 안 된다. 이 분들에 대한 국가가 챙기는 관심의 정도를 나타내는 것이다. 차관급으로 낮추어봐야 몇 사람 봉급이 약간 줄어드는 효과밖에 없지만 전체 국가유공자나 국민에게 주는 부정적 효과는 그에 비교할 수 없을 정도로 크다. 특히 새 정부가 많은 개혁적인 일을 수행할 터인데 이들 보수단체의 협조를 얻기 위해서는 전 정부보다 오히려 더 잘 챙겨준다는 것을 보여줄 필요가 있다.

이런 것은 정치인들이 해야 할 발언인지도 모른다. 우여곡절을 겪은 끝에 보훈처는 독립 중앙행정기관으로 유지됐지만 차관급 기관으로 그 위상이 낮아졌다. 이로 인해 국민의 정부가 끝날 때까지 보훈 단체의 원상회복 요구와 불만이 계속되었다. 실제 국민의 정부 기간 중 국가유공자에 대한 보상과 예우의 향상에 상당한 노력을 기울였음에도 불구하고 조직의 축소로 인해 빛이 나지 않은 결과를 초래했다.

보훈처는 이러한 실수를 되풀이 하지 않기 위해 '국민의 정부' 말, 전문 연구기관에 용역을 주어 차기 정부의 조직 개편에 대비하고 있었다. 때마침 호국보훈 정책기획단을 구성하라는 국무총리의 지시가 있었다. 국무 조정실을 중심으로 관련부처에서 참여하여 보훈 정책 전반에 대한 개선과제를 도출하고 호국보훈 정책 중장기 발전계획을 수립하게 되었다. 국가보훈처의 위상 승격, 독립기념관과 국립묘지 등 보훈시설물 관리 일원화, 국가보훈기본법 제정, 국가보훈위원회 설치 등이 주된 내용이었다. 이 작업은 2003년 '참여정부'가 출범한 이후에도 계속되어 그해 6월 최종 발표시점까지 활동하였다.

> 정부를 잘 도와주십시오. 국가보훈처 승격에 대한 여론이 많다는 것을 잘 알고 있습니다. 그렇게 하도록 하겠습니다. 그리고 독립기념관도 넘겨드리겠습니다. 국립묘지는 국방부에서 이견이 있다고 하는데 더 논의해보겠습니다.

2003년 6월 25일 오전, 청와대에서 국가보훈처 업무 보고에서 있었던 일이다. "아, 이제 되었구나!" 하면서 사무실로 돌아왔다. 그런데 잠시 후 12시 뉴스에서 "국가보훈처를 장관급으로 승격한다, 국무위원으로 한다." 는 등의 보도가 이어졌다. 그 날 오전 업무 보고에 이어 대통령과 국가유공자단체 의 임원들과 가진 오찬행사 자리에서 한 단체장의 건의를 받고 그같이 승격을 약속했던 것이다.

> 노 대통령은 이 날 오찬장에서 보훈 업무 주무부서인 국가보훈처를 "장관급 부처로 승격해드리겠다"고 약속해 참석자들로부터 큰 박수를 받았다고 한다. 노 대통령의 이 같은 약속에 대해 윤태영 청와대 대변인은 브리핑을 통해 "보훈처의 격상문제는 보훈처가 인수위 시절부터 줄곧 요구해왔는데 인원이나 기구의 확대 없이 부처의 격을 국무위원급

으로 격상시키는 것을 긍정적으로 검토하겠다는 뜻"이라고 설명했다. 윤 대변인의 설명을 보면 '보훈처 격상'은 업무영역 확대나 재조정과 같은 획기적인 변화는 없고 단지 수장인 국가보훈처장의 지위를 현 차관급에서 장관급으로만 격상하려는 것 같다. 이 자체로만 본다면 청와대 오찬에 참석했던 국가유공자들이 노 대통령의 '약속'에 대해 박수칠 것도 없어 보인다. 노무현정부가 국가보훈 업무에 대해 '애정을 가지고' 접근하고자 한다면 보훈처장의 직위를 한 단계 높이는 식의 전시행정을 펼 것이 아니다. 각 부처별로 산재해 있는 보훈 관련 업무 전반에 대해 정밀진단을 통해 나라 사랑하는 마음을 국민들에게 심어주는 방안을 모색해야 할 것이다.(오마이뉴스, 2003.6.25)

마침 호국보훈 정책기획단의 활동이 완료되는 상황이었다. 국무총리가 주재하는 호국보훈관계장관회의를 열어 '호국보훈 정책 중장기 발전계획'을 확정하고 언론기관 브리핑까지 마쳤다. 호국보훈관계장관회의를 개최한 것은 보훈처 창설 이래 처음 있는 일이었다. 여기에는 국가보훈처의 승격, 국가보훈기본법 제정, 국가보훈위원회 설치, 국가유공자에 대한 합리적 보상과 노후 복지사업의 확대, 제대군인 사회복귀지원, 현충 시설물 관리 일원화 및 6·25전사자 유해 발굴을 비롯한 국내외 독립·참전 기념행사 등의 내용이 포함되었다.

실제 정부조직법이 개정되기까지에는 그로부터 9개월의 시간이 필요했다. 당정 협의를 통하여 처處를 부部로 개편하는 방안을 추진했지만 정부조직을 담당하는 행정자치부(현, 행정안전부)의 반대로 장관급 기관으로의 승격에 만족해야 했다. 쉽게 통과 될 것으로 예상했던 국회에서도 어려움이 있었다. 국회의원 개개인의 생각이 달랐고 법제처와 문화재청의 승격, 소방방제청의 신설 등의 문제가 함께 걸린 탓이었다. 그 때문에 정부조직법 개정안은 2003년 12월, 국회 본회의에서 예기치 않게 부결되고 말았다. 이듬해 정부가 다시 법안을 제출하는 절차를 거쳐 2004년 3월, 본회의에서 통과됨으로써 보훈처는 다시 장관급 기관으로 승격되었다. 이어 2005년 독립기념관과 국립 대전 현충원 등 중요 보훈 시설물을 이관 받음으로써 나라 사랑 정책 기관으로서 위상을 확보하게 되었다.

그러나 2008년 새 정부 출범과 함께 정부조직이 큰 폭으로 개편되면서 다시 차관급 기관으로 낮춰졌다. 국가유공자들은 보훈처의 위상을 자신들의 위상과 동일시하면서 자신들의 이해를 대변해주는 기관장이 국무위원으로서 위상과 무게가 있어야 한다고 생각한다. 미

<1988년 레이건 대통령이 보훈부 승격 법안에 서명하는 장면>(출처: 미국 보훈부)

국에서도 이와 같은 문제로 논란을 겪어오다가 1989년 5월, 내각의 일원인 보훈부(Cabinet-Level Status)로 승격되었다. "인구의 3분의 1이 보훈수혜(veterans benefits) 대상자다. 보훈 기구는 대통령에 직접 접근할 수 있는 내각의 장관에 의하여 대표되어야 한다."는 것이 승격을 요구하는 논리였다. 부 승격과 함께 부시 대통령은 "백악관 내각 회의실에 제대군인을 위한 자리는 대통령과 함께하는 오직 한 자리가 있을 뿐이다."라는 말을 남겼다. 제대군인 문제는 늘 대통령과 함께 하고 있으며 내각 회의실에서 자신의 옆에 보훈부 장관을 두고 함께 챙기겠다는 뜻이다.

다른 나라의 예를 좀 더 살펴보자. 참전군인의 수가 대단히 많은 미국에서는 고령 참전군인의 사망으로 그 수가 급격히 감소하고 있는 데도 불구하고 보훈기능은 더욱 강화되는 추세를 보이고 있다. 캐나다와 호주의

경우는 참전군인의 수가 많지 않지만 기관의 상징성과 국민 통합의 역할 등을 고려하여 보훈부를 두고 있다. 영국은 선진국에서 가장 빠른 1916년에 연금부라는 이름의 보훈 기구를 설치·운영해오다가 제2차 세계대전 후 복지국가의 시대가 열리면서 사회보장부서로 일원화되었다가 1994년 전쟁연금청으로 개편되었다. 영국이 이런 과정을 거치게 된 것은 연금 외의 다른 지원은 국민보건서비스(NHS)를 비롯한 복지 서비스에 의하여 실시되기 때문이다. 그러나 제대군인에 대한 종합적인 지원 정책이 필요해짐에 따라 2002년에 국방부장관(Secretary of State for Defence) 아래 보훈장관(Minister of Veterans)으로, 2007년에 인사·복지·보훈장관(Minister for Defence Personnel, Welfare and Veterans)으로 각각 개편되었다. 프랑스 역시 영국과 비슷한 시기인 1920년 보훈부를 설치·운영해오다가 1999년 11월, 국방 정책과 연계를 강화하기 위하여 국방부와 통합했지만 보훈 장관을 따로 두어 독립성을 유지하고 있다. 영국이 제대군인에 대한 지원정책에 중점을 두고 있다면 프랑스는 기억의 전승을 위한 기념 활동에 중점을 두고 있는 점에 차이가 있다. 타이완의 보훈 기구는 행정원 산하 행정위원회 형태로 되어 있다. 국군퇴제역관병위원회國軍退除役官兵委員會의 주임위원은 주로 국방장관을 역임한 후 맡는 직위로서 선임장관 또는 부총리급에 해당할 정도로 위상이 높다.

우리나라 보훈처의 위상과 관련하여 반론이 있는 것도 사실이다. 일본이나 독일은 국局 단위 조직으로 되어 있지 않는가? 이만하면 높여준 것 아니냐?는 반론이 없지 않았다. 그러나 이들 국가들은 제2차 세계대전 패전국으로 소위 전범국가다. 그래서 국가유공자에 대한 보훈 차원의 업무가 아니라 원호나 부조, 즉 사회 보장 차원으로 되어 있다는 점을 고려할 필요가 있다. 다시 말하면 일본이나 독일에서는 전쟁 희생자들의 건강과 생활을 보호해주는 제도는 있지만 그들의 공훈을 기리고 애국 정신을 계승하는 정신선양 기능이 없다는 점에서 우리나라 보훈 정책과 완연히 다르다는 것이다.

역사를 돌이켜 보면, 보훈 기구는 국가의 융성과 깊은 관련이 있다. 조선시대에 보훈 업무를 담당하던 충훈부는 고종 때 기공국으로 격하되었다. 의병이 비적으로 토벌 대상이 되는가 하면 임금이 의병장에게 따로 밀지를 내리는 상황에서 보훈 기능은 작동할 수 없었다. 주권을 상실한 일제강점기는 수많은 애국지사들의 활동이 있었지만 나라 없는 백성에게는 보훈이 있을 수가 없었다. 그러나 광복된 조국에서도 보훈을 위한 기구는 존재하지 않았고 독립유공자는 오랜 기간 방치된 상태에 있었다. 전상용사들은 자구책을 강구하지 않으면 안 되었다. 그것이 우리의 국민정신에 얼마나 큰 해악을 남겼는지 되새겨볼 필요가 있다.

국가보훈처는 1998년 2월, '문민정부'가 끝날 때까지 장관급 기관으로 유지되어 왔다. '국민의 정부'에서 축소되었던 조직이 '참여정부'에서 원상회복되었지만 4년을 버티지 못하고 다시 축소되고 말았다. 국가유공자들은 조직의 축소를 자신에 대한 평가절하로 인식하는 경향이 있다. 더구나 부처에 따라서는 복수 차관제가 시행되고 각종 정부위원회의 위원들까지 차관급에 해당할 정도로 차관급의 숫자가 많이 늘어나다보니 상대적 박탈감까지 나타나고 있다

이제 보훈 정책의 기능과 역할이 전에 비교할 수 없을 정도로 커졌다. 국가유공자에 대한 보상과 지원 업무에서 국립묘지나 독립기념관을 비롯한 현충 시설물의 운영, 사적지·전적지·기념관·기념조형물 등의 관

리와 활용, 애국정신 함양 교육·홍보, 보훈 문화 확산의 중심적 기능을 담당하는 기관으로 변화되었다. 또한 제대군인 인적 자원 개발과 사회복귀 지원 업무도 큰 비중을 차지하고 있다. 더욱이 우리 사회에서 공적 헌신에 대한 관심이 갈수록 약화되고 있다. 선공후사의 정신을 함양하고 명예를 존중하는 사회적 기풍을 확산하는데 보훈 정책의 적극적인 역할이 필요하다. 또한 보훈처는 통일 이후 가장 큰 어려움을 겪을 수 있는 기관이다. 국가의 정체성이나 보훈을 둘러싼 갈등은 새로운 국가의 통합에 장애 요인으로 작용할 소지가 다분하다. 그렇기 때문에 미래의 보훈 정책은 그러한 사회 통합의 요구에 부응할 수 있어야 한다. 통일 후 병력 정리 과정에서 배출될 수많은 전역군인, 최대 백만 명이 넘는 인력을 흡수할 수 있는 사회 복귀 지원 시스템을 미리 만들어 대비하는 것도 빼놓을 수 없는 과제다. 아울러 독립운동사를 비롯한 근대사 인식의 공동화空洞化에 대비하고 역사 인식의 동질성을 확보하는 것도 매우 중요한 일이다.

조직 개편은 국민의 애국심을 함양하고 확산하며 명예 존중의 사회 기풍을 진작하는 핵심적 기능을 잘 수행할 수 있는 조직 기반과 정책추진 역량을 갖추어 주고 미래 정책 환경에 대비할 수 있도록 하는데 초점이 맞추어져야 한다. 또한 보훈 업무의 영역이 다방면으로 확대된 만큼 교육, 고용, 군필자 지원, 현충 시설물 관리 등의 많은 분야에서 관련부처 및 지방자치단체와의 정책 조율과 협력이 긴요해졌다. 이들 유관 기관과 협력을 이끌어 낼 수 있는 위상과 역량이 있어야 한다. 과거의 경험에 비추어 단순히 기관장의 직급만 높이는 것으로는 한계가 있다는 말이다. 국가유공자에 대한 보상과 예우, 애국정신 선양, 제대군인 사회 복귀 및 인적 자원 관리에 이르는 총체적 기능이 잘 작동될 수 있도록 해주어야 한다는 것이다. 지난 2004년 한 언론이 지적했던 것처럼 단순한 위상 승격이 아니라 정부부처 간의 업무 조정을 통하여 보훈 기능을 활성화해주는 방안을 강구할 필요가 있다. 예컨대 3 · 1절이나 광복절을 비롯한 국가기념행사, 국립묘지와 전쟁기념관을 비롯한 주요 기념 시설 관리의 일원화를 통하여 보훈처를 애국심 고양과 국민통합의 중추 부처로 확실하게 자리매김할 수 있도록 해 주어야 한다는 것이다.

보훈 업무는 기본적으로 집행 기능을 포함하는 부部에 가깝다. 장관은 장관대로 국무위원의 한 사람으로서 여타 장관과 대등한 위치에서 보훈 정책을 국정의 한 축으로 올려놓고 책임과 역할을 다할 수 있으며, 그 아래 공직자들의 정책 추진 역량이 크게 향상될 수 있다. 타이완의 행정위원회 방식의 국가보훈위원회를 상정해볼 수 있다. 보훈 정책과 관련이 있는 재정, 국방, 교육, 고용, 복지 등 중앙행정기관의 장으로 위원회를 구성하고 위원장 아래 국가보훈처를 두는 방식이다. 범정부적 차원에서 보훈 정책을 협력적으로 추진하는데 장점이 있지만 우리나라 현실에서는 형식화될 가능성이 있고 조직의 역량을 높이는 데 한계가 있을 것이다. 또 하나의 대안으로는 보훈에 관한 기능과 국가 상징과 의식에 관한 기능을 통합하여 나라 사랑 정책을 주관하는 것을 임무로 하는 기구를 상정해 볼 수 있다. 이런 점에 착안하여 '국가의전보훈부'라는 안을 제시하는 학자도 있다. 이렇게 되면 보훈 정책은 나라 사랑 정신을 함양하고 국가의 품격을 높이는 데 좀 더 적극적인 역할을 수행할 수 있고, 정부조직상 편제에 있어서도 국가의 중추적 부서로서의 위상을 높일 수 있는 장점이 있다. 정부기능의 조정을 통하여 필요한 기능과 업무를 통합하여 제 기능을 할 수 있는 조직으로 개편되어야 한다는 주장에도 부합하는 안이다. 다른 정책과 달리 상징 정책을 수행하는 기구의 명칭은 국민 의식에 큰 영향을 미칠 수 있다. 생계 지원 위주의 원호처가 공훈선양과 정신적 · 물질적 예우에 중점을 둔 국가보훈처로 개편된 이후의 변화를 보면 잘 알 수 있다. 장기적으로 보면 보상과 예우의 실체가 현저하게 줄어들고 역사적 인물로만 남게 되는 상황에서는 지금의 '보훈'은 또 다른 이름을 요구받게 될 것이다. 다시 말하면 정책의 주된 내용이 보답 행위가 아니라 기억을 통한 연대와 통합에 있다면 '보훈'보다는 '나라 사랑'이 더 적합할 수 있다는 것이다.

역대 정부는 대개 작은 정부를 강조하면서 시작했다가 시간이 흐를수록 조직과 인력이 늘어났다. 힘 있는 부처일수록, 사건과 사고 많이 터지는 부처일수록 그랬다. 그리고 새 정부가 들어서면 다시 조직 축소에 나선다. 이때는 으레 작고 힘없는 부처가 먼저 도마에 오른다. 보훈처가 늘 그랬다. 이제 작은 정부냐 큰 정부냐가 아니라 제 역할을 할 수 있는 조직이 되어야 한다. 권한의 행사로 일하는 조직이 있고 조직의 위상으로 목적을 달성할 수 있는 조직이 있다. 조직의 상징성만으로 정책 효과가 있는 조직이 있다. 상징으로 일하는 조직이 말석을 차지하고 있다면 아무리 잘 해주어도 정책 효과는 반감된다는 것이다. 실질적으로 더 많은 예산을 투입하면서도 박수를 받지 못했던 정부를 경험한 바 있다. 이제부터라도 조직 효율성의 논리에 집착하는 잘못을 되풀이하기보다는 국가유공자의 높아진 자존감에 부합하는 위상을 세워줌으로써 정책 효과를 극대화하고 그것을 통하여 국민들에게 보훈 의식을 새롭게 하는 계기를 만들었으면 한다. 더욱이 보훈처는 창설 이래 한 번도 정부종합청사에 입주하지 못했을 뿐만 아니라 단독 청사도 가지지 못했다. 정부종합청사에 못 들어 간 것은 집단 민원이 많다는 것이 내면적 이유였다. 늘 임차 건물을 사용했다. 그렇다 보니 "민족정기가 세貰 들어 있다."는 자조도 있었다. 보훈 공직자들의 자존심과 경쟁력에도 좋지 않는 영향을 주었다. 그런 보훈처였지만 정부 부처가 세종시로 옮겨 가면서 뒤늦게나마 정부종합청사의 일원이 되었다. 이제 달라진 외양에 걸맞은 조직의 위상과 역량을 갖춤으로써 이미지를 쇄신하고 역할을 다할 수 있어야 한다는 여론의 기대치가 높다. 보훈 정책의 적극적인 변화를 유도하기 위해서는 위상의 조정과는 별개로 대통령이 직접 주재하는 '호국보훈장관회의' 또는 '나라 사랑장관회의'를 고려할 수 있다. 여기에는 연 1회 대통령이 주재하는 프랑스의 '전쟁기억고위위원회'를 참고할 수 있을 것이다.

이와 함께 보훈처가 애국정신 발전소로서 역할을 다하기 위해서는 조직 위상의 변화뿐 아니라 정책 수단을 갖추어주어야 한다. 예를 들면 나라 사랑 정신의 연구와 교육, 보훈 문화의 진흥 그리고 현충 시설물의 종합적 관리 · 활용을 위한 전문 기관이 필요하다는 것이다. 현충 시설물만 하더라도 국내에 1,734개 소, 해외에 1,577개 소가 있지만 대부분 관리의 손길이 미치지 못하고 사각지대에 놓여 있다. 특히, 해외 독립운동 사적지의 경우는 방치되다시피 한 곳이 한두 곳이 아니다. 이들 사적지와 시설물에 대한 적극적인 보존 관리와 활용 대책이 절실한 상황이다.

# 국가보훈기본법 제정, 그 이후

2005년 국가보훈기본법의 제정은 보훈 정책 발전을 위한 매우 의미 있는 변화였다. 이 법의 제정은 독립유공자, 국가유공자, 참전유공자, 민주유공자, 특수임무수행자 등으로 다기화 되어 있던 여러 형태의 개별 법률들을 총괄하는 상위 규범을 만들어 보훈 체계를 가지런하게 정리하고 정책추진체계를 강화하자는 취지에서 비롯되었다.

일반적으로 기본법은 법체계의 다기화에 따른 통일성 부족의 문제를 해결하기 위한 법 운영의 경험적 산물이다. 「사회보장기본법」이나 「과학기술정책기본법」 등에서 보는 바와 같이 기본법은 정책의 목적 · 원칙 · 운영방법을 정하고 관련 정책의 총괄 및 종합 조정 등 정책 관리를 위하여 운용된다. 따라서 기본법과 개별법 관계는 일반법과 특별법의 관계와 달리 특별한 규정이 없는 한 동일한 효력을 가지며 상호간에는 신법 우선의 원칙이 적용된다. 국가보훈기본법에서는 "국가보훈에 관한 다른 법률을 제정 또는 개정하는 경우에는 이 법의 목적과 기본 이념에 맞도록 하여야 한다.”는 규정을 두어 상위 규범으로서의 성격을 부여하고 있다. 그러나 구체적 권리관계를 규정하기보다는 국가와 지방자치단체 등의 책무를 선언적으로 규정하고 있기 때문에 법률적 효력은 개별법에 의하여 발생한다고 보아야 한다.

당초 법안 검토 단계에서는 국가유공자의 권리관계를 중심으로 하는 권리법제의 한계를 극복하고 국가의 미래를 위한 비전과 정책 방향을 제시하는 ‘보훈정책기본법’을 구상했다. 국가적 기억을 전승하고 국민정신을 고양하는 정책기능을 수행할 수 있도록 하기 위해서는 일종의 문화 법제가 필요하다고 보았다. 말하자면 ‘기억의 정치’를 정책적으로 풀어가는 틀을 만들어 보자는 것이었다.

그래서 내용 구성을, 첫째 헌법의 가치와 연계한 보훈의 이념, 둘째 보훈 이념의 구현을 위한 기본 원칙으로서 기억의 전승과 명예와 예우, 셋째 가치 구현의 주체로서 국가와 지방자치단체 및 국민의 책무, 넷째 정책추진기구 및 체계, 다섯째 구체적 정책 프로그램을 제시하는 것이었다. 이를 위해서 관계 전문가들에게 연구를 의뢰하고 분야별 토론도 거쳤다. 그러나 최종 법안은 그 같은 틀을 만드는 일이 간단한 일이 아니었던지 처음의 의도를 살리지 못하고 국가보훈발전계획 수립, 국가보훈위원회 설치, 예우 및 공훈 선양의 대강을 정하는 선에서 마무리되었다.

이 같은 문제에도 불구하고 기본법에서 눈여겨보아야 할 부분은 국가와 지방자치단체가 복지증진과 관련된 정책을 수립·시행하거나 법령 등을 제정 또는 개정하는 때에는 보훈대상자를 우선 배려하도록 하고 이에 필요한 재원을 조성토록 한 대목이다. 이와 관련된 구체적인 규정으로 매 5년마다 국가보훈발전계획을 수립토록 하되, 관계 중앙행정기관과 지방자치단체로 하여금 소관 업무별로 실천 계획을 수립토록 함으로써 주무부처와 유관부처 그리고 중앙부처와 지방자치단체 간의 제도적 연계와 실효성을 담보하기 위한 장치를 두고 있다.

보훈기본법 제정 이후 중앙부처보다는 지방자치단체에서 변화가 나타나고 있다. 참전유공자에 대한 명예수당 지급, 생존 독립유공자 예우, 시립 병원 및 복지시설의 이용 확대, 보훈 시설물 건립 등의 예우조치가 뒤따르고 있다. 이것은 기본법 제정의 가장 실질적 성과라 할 수 있다. 그렇지만 관련 부처나 지방자치단체에 맡겨둔다면 규정의 실효성을 확보하는 데 어려움이 있을 것이다. 기본법의 취지를 좀 더 잘 살려 나가기 위해서는 기존의 법령이나 조례 및 규칙들 가운데 정비 보완이 필요한 부분을 추출하여 입법 및 행정 조치를 권고하는 등의 후속 조치에 세심한 신경을 쓸 필요가 있다.

유관 부처의 법령과 지방자치단체의 조례 · 규칙 등을 살펴보면 보훈과 관련된 규정이 여러 곳에 산재해 있다. 그러나 용어의 사용이 적절하지 못하거나 통일성이 부족한 문제점도 발견된다. 따라서 국가보훈기본법의 실천을 위해서는 국가보훈발전계획을 수립하는 과정에서 중앙정부의 유관법령이나 각급 자치단체의 조례 및 규칙, 그리고 제도 운용 실태 조사를 통하여 소관별 입법 계획을 수립토록 할 필요가 있다.

미국의 경우 보훈 업무는 연방정부 보훈부에서 관장하지만 노동부, 국방부, 농무부, 인사 관리처, 중소기업청 등에서 긴밀히 협력하고 있으며, 주정부 및 지방정부에서도 특별한 보훈 제도가 시행되고 있다. 심지어 상 · 하원에 각각 보훈상임위원회를, 법원에는 별도의 특별재판소를 두고 있을 정도로 조직적 연계가 잘 이루어지고 있다. 우리나라에서도 중앙 정부에만 맡기지 말고 지방 정부에서도 각각의 지역 여건에 적합한 에우 제도와 나라 사랑 프로그램을 개발하여 시행함으로써 보훈 사업에 대한 지방 정부의 역할을 높여 나갈 필요가 있다. 보훈에 대한 관심과 책임은 국가와 국민, 중앙과 지방이 다를 수 없다. 지방화 추세에 걸맞게 지방 보훈 사업이 경쟁적으로 개발되고 그것이 지역의 자랑으로, 애향심으로, 또 애국심으로 퍼져나가야 한다. '복지재단'만 운영할 것이 아니라 '보훈재 단'도 검토되었으면 한다. 어떤 특수한 서비스에서는 중앙부처보다 더 잘 할 수 있을 것이다. 이러한 것을 실질적인 성과로 연결시켜 나가기 위한 방법으로서 우수 프로그램 포상제, 지원금 우대 등의 인센티브 제도를 생 각할 수 있다. 또한 '보훈지수'를 전면 개편하여 국민의 보훈 의식지수와 함께 분야별, 기관별 보훈지수를 개발하여 적용, 평가, 시정해 나가는 방 법을 고려할 수 있을 것이다.

여기서 또 하나 지적하고 싶은 것은 민간 보훈의 활성화다. 대개 민간 사회복지는 복지법인, 기업, 공동 모금회, 민간단체 등을 통하여 이뤄지 지만 보훈복지는 그렇지 못하다. 최근 장학사업, 나라 사랑 캠페인, 자원 봉사를 비롯한 민간보훈의 활성화는 매우 바람직한 흐름이다. 이런 것이 잘 이루어져야 광범위한 보훈 생태계가 형성될 수 있고 보훈 거버넌스도 구축될 수 있다.

보훈기본법은 보훈관계법의 헌법 아래의 최상위 규범으로서 기능을 할 수 있어야 한다. 다른 법률의 제·개정의 준거가 되고 해석의 기준이 될 수 있을 정도로 보훈의 기본 원칙과 정책 방향을 정치하게 가다듬을 필요가 있다. 예를 들어 새로운 법적용 대상자를 신설하거나 보상이나 예우의 내용을 변경할 경우에는 보훈기본법에서 제시된 원칙이 기준이 되어야 한다는 것이다. 그래서 어떤 사안이 발생하면 먼저 기본법에 부합하는지를 검토하고 국가보훈위원회의 심의를 거쳐 관련 법령을 제·개정하거나 해석상 판단을 내리는 방식으로 운영돼야 한다는 것이다. 당초 국무총리 소속으로 국가보훈위원회를 설치하게 된 것은 국회의 법안심의 과정에서 보훈기본법과 국가보훈위원회의 심의·결정된 내용을 참작하여 법안을 처리하게 함으로써 국가보훈 체계의 원칙을 유지해 나가자는 취지였다. 국회의 입법권을 제약하자는 것이 아니라 기본법이 정하고 있는 원칙과 충돌하는 문제는 없는지, 기본법의 개정을 요하는 문제인지 하는 것을 숙고해 보자는 것이었다. 그러한 취지에도 불구하고 지금까지는 유용한 틀로 활용되지 못했다. 그 이후의 법률의 제·개정 과정은 그것을 잘 보여주고 있다. 보훈 정책에 대한 정치권의 관심은 필요한 일이지만 정치적 고려가 지나치면 보훈 체계에 혼란을 가져올 수 있다는 것을 충분히 경험했다.

국가보훈위원회는 1963년 8월, 군사원호보상법에 의하여 설치되었던 원호위원회의 기능과 유사한 측면이 있다. 원호위원회는 원호에 관한 중요 사항을 심의하기 위하여 설치한 것으로서 위원장과 위원은 임기 2년의 상임으로 되어 있었다. 그러나 해당 직급의 보수에 상당한 수당을 받는 잡급직으로서 공무원 정원에 포함되지 않았다. 그러다가 1981년 2월, 원호위원회 직제를 제정하여 위원장과 위원을 별정직 공무원으로 조정했다. 사실 이렇게 되는 과정에도 사연은 있었다. 당시 다른 기관의 고위 공무원으로 있다가 원호위원장에 임명되어 부임하고 보니 자신이 정규직 공무원이 아니었던 것이다. 이에 따라 정부조직과 정원을 담당하던 총무처와 협의 한 끝에 새로 대통령령을 제정하고 위원장과 위원을 정규직으로 전환할 수 있었다. 이것은 위원회의 책임성에 강화하기 위하여 필요한 조치였다. 그러나 문제는 제도 개선이 조직 내부의 각성에서 비롯된 것이 아니라 수동적인 해결이었다는데 있다. 사실 당시 원호처에는 이런 일들이 비일비재했다. 원호위원회는 1985년 1월, 「국가유공자 예우 등에 관한 법률」의 제정으로 보훈심사위원회로 그 명칭과 기능이 달라졌다. 국가유공자의 자격과 관련된 심사 업무를 주된 기능으로 하고 정책심의 기능은 정리되었다. 정책심의 기능은 이미 사문화되었기 때문이다. 그 후 보훈심사위원회는 몇 차례 부실 심사의 논란을 겪으면서 심사 업무의 전문화를 위하여 조직이 크게 확대되었다. 보훈 정책의 본령이 국가유공자를 찾아내어 정확하게 심사하고 그 희생과 공헌에 합당한 보답을 하는 데 있다는 점에서 보훈심사 기능의 강화는 매우 바람직한 방향이다. 이같이 보훈기본법에 의하여 설치된 국가보훈위원회는 과거 원호위원회가 살려 나가지 못했던 정책 심의 기능과 맥을 같이 한다. 지금 국가보훈위원회는 당초의 입법 위치를 반영하지 못하고 있다. 솔직히 입법기관 앞에는 무력하다. 그렇지만 위원회가 권위를 갖고 못 갖고 하는 것은 운용하기 나름이다. 범정부적 차원의 정책심의 기능을 활성화하고 정책과 제도를 합리화하는 중요한 기제로 발전되기를 기대한다.

앞으로 국가보훈기본법의 제정 취지를 적극적으로 살려 나가기 위해서는 총괄규범으로서의 규범성을 높이고 국가보훈위원회의 권능을 강화해야 한다. 또한 국가·지방·민간이 함께 협력하는 보다 큰 틀의 보훈 정책 추진체계를 수립하는 중요한 틀의 역할을 할 수 있어야 한다. 아울러 국가유공자의 공훈 선양을 통한 나라 사랑 정신의 함양과 보훈 문화 확산을 위한 제도와 프로그램의 보강이 필요하다. 국가유공자 예우를 넘어 국민의 애국심을 함양하는 문화법적 성격을 갖도록 하자는 것이 법 제정 목적의 하나였다는 것을 상기하고자 한다.

# 여성주의 관점의 보훈

요즘 복지국가의 진로와 관련하여 많은 논쟁이 벌어지고 있다. 이미 복지국가의 정점에 있는 선진국에서는 복지비 부담으로 인한 재정 위기와 관련한 논쟁이, 우리나라에서는 사회 양극화와 신 빈곤층의 확대에 따른 대책으로 무상복지 또는 보편적 복지 논쟁이 매우 뜨겁다. 이런 논쟁과는 궤를 달리하지만 여성주의적 관점은 복지국가에서 제기되고 있는 중요한 흐름의 하나이다. 이런 흐름은 저 출산 고령사회에 대처하는 정책적 시사점을 주는 측면도 있다. 페미니즘은 복지국가가 가정 친화적이라는 긍정적 입장이 없는 것은 아니지만 대체로 남성 중심적 제도이며 여성에 대한 성차별과 빈곤화를 초래했다고 비판한다. 산업화의 진전에 따른 인력 수요는 주로 남성들의 몫이었기 때문에 사회 보장 프로그램은 결국 일하는 남성에게 유리한 환경을 제공하는 대신에 여성을 자녀를 양육하는 예속적 존재로 만들었다는 것이다. 이 주장의 옳고 그름 떠나서 일과 가정이 양립할 수 있도록 하고 그래서 여성의 삶의 질을 높일 수 있는 사회적 여건을 조성하는 일은 매우 중요하다.

이러한 우리 사회가 안고 있는 정책적 과제를 접하면서 보훈 정책을 다시 한 번 생각해 보게 된다. 국가유공자와 유가족을 보훈대상으로 하고 있지만 독립유공자, 전상군경, 참전군인 등 본인이 주가 되고 있으며 대부분이 남성들이다. 그러다 보니 여성 배우자의 삶에 대한 생각이 부족했던 것이 아닌가 한다. 이임하의 「여성, 전쟁을 넘어 일어서다」를 보면, 6·25전쟁이 여성의 삶에 어떤 영향을 미쳤는가 하는 것을 잘 보여주고 있다. 일제강점기에 일본군 위안부로 끌려가 겪어야 했던 고통과 그로 인한 상처는 지금도 끝나지 않았다. 더 멀리 올라가면 조선시대 왜란과 호란을 당해 얼마나 많은 부녀자들이 끌려가고 또 유린되었는가. 이같이 전쟁은 여성의 삶에 절대적인 영향을 미치는 것이다.

전쟁의 고통과 후유증은 직접적인 희생자뿐만이 아니다. 남겨진 가족에게도 큰 고통이다. 먼저 살펴볼 것은 전사자나 순직자의 배우자, 즉 미망인의 삶이다. 사실 미망인이라는 용어도 전근대적 용어다. 남편을 따라서 죽어야 하는데 죽지 못하고 사는 사람이라는 뜻을 가지고 있다. 여기서는 생존 국가유공자의 배우자와 구분하기 위해 미망인이라는 말을 사용하지만 법적 용어는 어디까지나 배우자다.

그간 보훈 제도에 있어서 일부 수당 지급에서 미망인을 우대해주는 경우가 없지 않았지만 남편을 대신하여 가족의 생계와 양육을 책임지는 만큼의 금전적 보상이 따르지 못했다. 과거 군인연금 수급권이 있는 미망인의 경우에는 보훈처에서 받는 금액만큼 군인연금에서 공제하는 제도가 있었다. 이 규정은 1988년 12월, 「군인연금법」 개정으로 폐지되었지만 미망인에 대한 배려가 부족했던 사례였다. 이뿐만 아니라 건강, 문화, 복지 등의 삶의 질에 대한 배려가 부족했다.

과거에는 유족의 범위에서도 남녀 간에 차이가 있었다. 독립유공자의 자녀와 손자녀는 유족에 포함되지만 이 중 출가한 딸과 손녀는 다른 유족이 없고 친가가 후손이 없는 경우에만 유족의 자격이 주어졌다. 또한 국가유공자의 자녀 역시 유족에 포함되지만 출가한 딸은 다른 유족이 없고 친가가 후손이 없는 경우에만 유족의 자격이 주어졌다. '국민의 정부'가 출범 후 양성평등 차원에서 2001년 7월부터 출가한 딸과 손녀에 대해서도 동일한 자격이 주어졌다. 다만, 연금 지급 순위에 있어서는 친가의 다른 유족의 후순위로 하고 있었다. 전통적 관념이나 사회상규에 비추어 친가에 우선적 부양책임이 있다고 보았기 때문이다. 그러나 이 역시 양성평등의 원칙에 맞지 않는다 하여 2007년부터 남녀, 출가 여부에 관계없이 동일 순위로 조정되었다. 그러나 이 조치는 가족 간의 분란을 야기할 수 있었다. 그래서 실제 부양자에 우선권을 부여하되 형제자매 간의 협의에 의하여 수급자를 정할 수 있도록 하였다.

보훈 제도가 국가유공자 본인을 중심으로 되어 있다 보니 중상이 국가유공자의 배우자에 대한 고려를 하지 못하고 있는 맹점이 있다. 이들의 삶은 고스란히 중상이자인 남편을 위해 바쳐진 삶, 어떻게 보면 당사자보다도 더 고통스럽고 황폐한 삶인지도 모른다. 우리나라는 1, 2급 중상이자에게 매월 간호 수당을 지급하고 있지만 개호에 필요한 추가 비용을 보전해주는 성격이다. 실제 배우자가 대신하는 경우가 많아 생활비에는 도움이 될지 모르지만 자기 자신을 위한 생활은 거의 없지 않은가. 어떤 중상이 국가유공자로부터 이런 얘기를 들은 적이 있다.

젊을 때는 항상 집사람이 도망갈까 노심초사해 왔다. 힘든 것을 마다 않고 평생을 뒷바라지 해준 집사람이 너무 고맙고 미안할 뿐이다.

그런 점에서 어떻게 하면 중상이 국가유공자의 배우자가 건강하고 보람 있는 삶을 영위할 수 있을까, 하는 성찰이 필요하다. 국가유공자의 배우자가 행복해야 국가유공자 본인의 삶의 질이 높아질 수

<국가유공자 생활체육>
(출처: 보훈공단보훈재활체육센터)

있다. 그렇기 때문에 국가유공자 개인 단위의 정책으로부터 배우자를 포함한 가족 단위의 복지정책으로 전환할 필요가 있다. 예를 들면 배우자와 함께 여가, 건강 증진, 재활, 복지프로그램을 이용할 수 있도록 하는 방법이다. 거동이 불편한 중상이 국가유공자들이 밖으로 나가 그 여건에 맞는 일을 할 수 있게 하거나 스포츠 활동, 그림, 음악과 같은 취미·창작 활동을 통하여 신체적 정신적 재활을 도모하게 하는 것은 매우 중요한 일이다. 삶의 질을 높일 수 있을 뿐만 아니라 건강 증진을 통하여 결과적으로 진료비, 요양비 등 예산을 절감하는 효과를 얻을 수 있다. 이러한 것은 결국 배우자의 협력이 있어야 성공할 수 있는 만큼 배우자의 삶을 함께 고려하는 정책적 전환이 필요하다는 것이다.

또 하나 앞으로 예상되는 여성 제대군인의 증가에 대비하여 여성에 특화된 건강 관리, 일자리, 사회 활동 지원 등의 프로그램을 발전시켜 나갈 필요가 있다. 여성 제대군인의 비율이 제대군인 전체의 8.3%를 차지하고 있는 미국에서는 이미 1994년 여성 제대군인센터와 보건사무소를 설립

했다. 이어 1997년 종합여성보건센터 8개소와 스트레스장애치료센터 4개소를 만들어 여성 제대군인의 신체적 정신적 건강 증진을 통하여 삶의 질 향상에 적극적으로 대처하고 있다.

보훈 정책을 여성주의적 관점에서 보면 관심을 가져야 할 분야는 더 있다. 여성 독립유공자가 220여 분이 되지만 그 중 유관순 열사를 제외하고는 개별 추모 행사나 기념사업이 거의 없는 실정이다. 앞으로 이에 대한 보다 적극적인 관심과 정책적 배려를 기울일 필요가 있다.

# 글로벌 보훈

우리나라는 유엔 한국전 참전용사의 은공을 오랫동안 잊고 있었다. 그들에게 한 일이라고는 유엔 참전 16개국의 참전 기념비를 건립하고 연간 700명 정도를 재방한 초청하는 등의 일이 고작이었다. 그것도 재향군인회, 유엔한국전참전국협회 등 주로 민간단체가 나서서 한 일이었다.

그러다가 1995년에 미국 워싱턴 D.C.에 조성된 한국전참전기념공원 제막식 행사를 계기로 유엔 참전국과의 국제교류 활동에 적극 나서게 되었다.

<미국 워싱턴 D.C.의 한국전 참전 기념공원>
(출처: 국가보훈처)

2000년, 6 · 25전쟁 50주년을 전후하여 현지 방문 행사와 재방한 초청,

참전기념 시설물 건립지원 등의 사업이 활발히 추진됐다. 1996년 에티오피아를 시작으로 2002년까지 영국, 미국, 호주, 캐나다, 터키 등 주요 참전국을 순방하면서 감사와 위로를 드리는 현지 행사를 가졌다. 여기에는 우리 참전용사들, 때로는 문화예술단이나 의료봉사단까지 참여하여 힘을 보탰다. 이러한 일은 보훈처 창설 이래 처음 있는 일로서 보훈 정책의 영역이 해외로 확장되는 계기가 되었다.

<2000년 전쟁기념관에 세워진 6 · 25전쟁 50주년 기념조형물과 유엔 참전국 국기>

<6 · 25전쟁 60주년 기념식>(출처: 국가보훈처)

2010년 6 · 25전쟁 60주년에는 대규모 재방한 초청과 현지 방문 행사, 유엔 참전국 청소년 평화 캠프 등을 통하여 '보훈외교'의 지평을 열었다 할 만큼 괄목할만한 성과를 거두었다. 아울러 참전국의 기념 시설물 건립 사업에도 적극적으로 참여하여 2000년에 건립된 호주 캔버라의 한국전 참전 기념비를 비롯하여 2010년까지 10개국, 24개소를 지원했다. 여기서는 국제보훈 활동과 관련하여 기억에 남는 몇 가지 사례만 소개한다.

## 에티오피아 참전용사

"유엔 창설 멤버로서의 의무를 다하기 위하여 참전했습니다." 멀고도 먼 극동의 조그마한 나라에 어떻게 참전하게 되었냐고 물었을 때 에티오피아 한국전참전용사회 엠넬루 워라데 회장은 그같이 말했다. 이때 에티오피아는 유엔 창설 후 첫 파병에 동참한다는 의무감도 있었지만 국제연맹에 도움을 청했다가 거부당했던 경험이 그런 결정을 한 배경이 되었다고 한다. 당시 하일레 셀라시에 1세 황제는 참전부대를 근위병으로 편성하고 용맹무쌍한 부대라는 뜻으로 '각뉴kagnew'라는 이름을 주어 파병했다. 각뉴는 특히 밤에 잘 싸우는 것으로 유명했는데 철원 적근산 · 삼현전투, 김화 삼각지전투, 연천 요크 · 엉클고지전투 등에서 포로를 남기지 않은 유일한 군대라는 말을 들을 정도로 용맹했다고 한다. 황제의 친위부대로서 명예와 자존심이 포로가 되는 것을 허락하지 않았던 것 같다.

과거 우리 정부가 학교를 지어주고 식수 개발과 의료 지원 등으로 도움을 주기도 했지만 1996년 언론을 통하여 실상이 알려지기 전까지 에티오피아 참전용사들은 우리의 관심 밖에 있었다. 연인원 3,518명을 파병하여 전사자 121명을 포함하여 총 657명의 사상자를 낸 이들은 아디스 아바바시 외곽지역에 '코레아 샤페르'라 불리는 마을을 형성해 살아왔다.

이들은 1973년 친북한 사회주의 정권이 들어선 이후 한국전 참전용사임을 드러내지도 못하고 지내오다 1993년 민주정부 수립 후 조금 나아졌지만 1인당 GDP가 400달러에 불과한 이 나라에서 참전용사들은 매우 어려운 생활을 하고 있다.

1996년 5월, 보훈처와 국제로타리클럽(강원지구) 등 민관합동으로 방문단을 꾸려 현지를 방문했다. '코리아 샤페르'는 아디스 아바바 외곽, 워레다 지역의 낮은 산기슭에 위치한 낙후된 지역으로 주거 상태가 매우 열악했다. 마을 입구에 걸린 '한국촌'이라는 간판을 보니 우리가 모르고 있던 또 다른 한국이 여기에 있구나 하는 생각이 들었다. 유엔 참전용사들은 한국을 또 다른 조국이라 여기고 있다는 것을 우리는 생각하지 못하고 있었던 것이다.

<아디스 아바바 한국전 참전용사 마을> 1996년 5월 당시 모습이다.

한국전 참전을 기념하는 행사가 당시 출정식을 했던 광장에서 열렸다. 이들이 귀국한 후 50년 만에 처음 있는 일이었다. 그날 저녁에는 참전용사들을 위한 잔치도 벌어졌다. 지난 50년간의 어두움을 모두 씻어낼 수는

없었지만 그들에게는 얼마간의 자존감과 희망을 갖게 하는 밤이었다. 부수상 겸 국방부장관을 방문하는 소중한 기회도 있었다. 우리나라의 경험을 소개하면서 참전용사에 대한 국가의 관심과 예우는 나라의 장래를 위해 꼭 필요한 일이라는 것을 말했던 기억이 난다. 당시 참전용사들은 고작 월 19달러의 연금을 받고 있었다. 나중에 생각하니 도와주겠다고 간 사람이 도리어 그 나라 정부에게 잘 챙겨달라고 부탁한 꼴이 되었다.

에티오피아에서 돌아와 뜻있는 민간단체들과 함께 지원 방안을 검토하기 시작했다. 보훈처는 이들에게 기념 회관을 지어주기로 하고 필요한 예산을 확보하는 한편, 후손들을 산업연수생으로 들어올 수 있도록 하기 위해 중소기업청과 협의에 나섰다. 그러나 기념관 건립은 예산을 계상했음에도 불구하고 부지 확보의 어려움 등 현지 사정으로 어려움을 겪었다. 산업연수생은 아프리카 국가까지 확대할 수 없다는 방침에 막혀 개별 기업 채널을 통해 들여오는 것에 만족해야 했다. 기념관은 장기간 표류하다가

&lt;이디오피아, 한국전 참전 기념비&gt;
(출처: 국가보훈처)

2006년에 참전용사후원회와 춘천시 그리고 보훈처의 지원으로 참전 기념비와 전시관이 건립되었다. 정부와 민간단체에서 장학금 지원, 의료지원, 국내 연수 등으로 경제적인 도움을 주기 위한 노력이 지속되고 있지만 한계가 있다.

## 터키 참전용사

터키는 연 인원 14,936명의 병력을 파견하여 전사자 721명을 포함하여 총 3,214명의 사상자를 냈다. 무엇이 이 많은 인원을 파병하게 하였는가? 터키의 근대 역사와 관련이 있다. 터키는 제1차 세계대전 때 독일편에 섰다가 연합국에 의하여 주권이 해체될 위기에 직면했다. 이때 오스만 제국의 막이 내리고 무스타파 케말 파샤에 의하여 1923년 터키공화국이 성립한다. 1차 대전 때의 쓰라린 경험이 그 같은 대규모 파병을 결심하게 했던 것이다. '토이기군'이라 불린 터키군은 군우리, 금양장리, 네바다 전투 등을 통하여 막대한 희생자를 내면서 중공군을 구축하는데 큰 역할을 했다.

2002년 가을, 보훈처는 6 · 25전쟁 50주년 기념사업회 백선엽 위원장 일행과 해외한방의료봉사단과 함께 터키를 방문했다. 의료 봉사단는 터키 중부 카이세리 소재 에르지에스 대학병원에서 참전용사를 비

<터키, 한국전 참전 기념비>
(출처: 국가보훈처)

롯한 천여 명의 시민들에게 동양의 신비한 침술을 선보이며 큰 호응을 얻었다. 우리 일행은 터키참전용사협회(Turkish War Veterans Association) 킬테킨 알프칸 회장과 함께 대통령을 예방하는 기회가 있었다. 대통령은 월드컵 얘기를 하면서 터키와 중국과 경기에서 한국 관중들이 중국 편을 드는 것 같아서 섭섭했었는데 한국과 3, 4위전을 치루면서 양국 국민들의 형제애를 확인했노라 하면서 반갑게 맞아주었다. 그런데 참전용사협회 회장이 갑자기 우리의 국가유공자증 같은 것을 보여주면서 민원을 제기

하는 것이었다. "연금이 너무 적으니 올려 달라, 철도나 버스 같은 교통편을 이용하는데 잘 안 된다."는 등의 내용이었다. "아하, 여기도 똑 같구나!" 하는 생각이 들었다. 이런 장면은 우리에게도 너무나 익숙한 것이었다. 과거 우리 보훈 단체 임원들이 대통령을 만났을 때도 그와 다르지 않았다. 우리 일행의 방문을 자기 나라 대통령을 면담하는 절호의 기회로 생각하고 있었던 것 같았다. 터키는 2002년부터 터키 참전 용사회 창립일인 9월 19일을 공휴일로 지정하여 참전용사들의 명예와 자긍심 제고에 신경을 쓰고 있었다. 우리 일행은 공휴일로 지정된 그해, 첫 행사에 참석하게 되었던 것이다.

그리고 나서 터키군 총사령관을 만났다. 터키에서 총사령관은 국방부 장관보다 의전 서열이 높은 군부의 대표로서 제4위에 해당하는 직위였다. 총사령관은 얼마 전에 서울에 다녀왔다고 하면서 이런 말을 했다. 한국에서 보니 "한 가지는 너무 기뻤고 한 가지는 너무 슬펐다. 기뻤던 것은 잿더미 위의 한국이 너무나 발전한 것이었고 슬펐던 것은 그 동안 우리는 무엇을 했던가 하는 것이었다." 찬란했던 강국 오스만터키의 몰락에 대한 안타까움과 영광의 재현에 대한 갈구로 보였다. 그런 터키는 저력 있는 나라답게 선도 성장 국가의 하나로 주목받고 있다. 조지 프리드먼은 「100년 후 세계」에서 터키가 다시 강대국으로 부상할 것으로 내다보고 있다. 터키를 돌아보면 충분히 그럴만한 저력이 있는 국가라는 것을 금방 알 수 있다.

터키 국민들은 튀르크Türk나 튀르키예Türkye라 부르는 것을 훨씬 좋아한다. 터키에 가면 우리나라 사람을 코넬리Koreli라고 부르며 형제처럼 여기는 모습을 금방 확인할 수 있다. 한국 사람이 보이면 어디서든지 달려와 호의를 보이는 다정한 사람들이다. 터키에서 한국전 참전용사들은 '코레 가지Kore-Gazi'라 불린다. '가지'라는 말은 용감한 군인이라는 뜻이다. 그때 수도 앙카라와 이스탄불에서 두 차례 참전용사들을 초청하여 '평화의 사도' 증서와 메달을 달아드리고 위로했다. 그것으로 50년간의 섭섭함을 풀어드릴 수 있는 것은 아니었지만 그래도 잊지 않고 있었다는 것만이라도 전달됐으면 싶었다.

　　우리가 방문한 코레 가지 중에서 팔다리에 장애가 있던 분들은 침술만으로도 효험이 있어서 본인은 물론, 가족들이 몹시 기뻐하는 모습을 볼 수 있었지만 한 분은 전쟁의 상처와 당뇨 합병증 등으로 온 몸이 퉁퉁 부어있는 안타까운 상황이었다. 만나는 순간부터 한의사의 표정이 달랐다. 병이 너무 깊어 손을 쓰기 어려운 분이었다. 우리가 할 수 있는 일은 고작 보약과 준비해 간 얼마간의 위문금을 전달하며 위로하는 것이었다. 그런데 영영 뇌리를 떠나지 않는 것은 시종 그치지 않은 그의 서글픈 울음소리였다. 반가움보다는 신병으로 인한 서러움의 눈물인 것 같아 가슴이 아팠다. 우리가 너무 늦게 왔던 것이다.(한국일보, 2004.2.25. '터키 코레 가지와의 만남' 중에서)

　한의사 한 분과 동행하여 앙카라 외곽지역에 거주하는 참전용사 가정을 방문했을 때 접했던 사연이다. 그때 동행했던 우리 일행은 이 일을 평생 잊지 못할 일로 간직하고 있다. 유가족의 가슴 아픈 이야기도 들었다. 아버지가 잠

<부산 남구 소재, 유엔기념공원 유엔군 묘지> 현재 11개국 2,300명의 전사자가 안장되어 있다. (출처: 국가보훈처)

든 묘지조차 어디에 있는지 알 수 없다는 사연이었다. 부산 유엔묘지에는 고국으로 미처 모시지 못한 터키 장병 유해 462기가 안장돼있다. 귀국하자마자 부산에 있는 유엔묘지에 확인해 보니 터키군 유해 462기가 안장돼 있었다. 부랴부랴 예산을 확보하고 유엔 참전용사 자녀들을 초청하여 참배할 수 있도록 했다. 유복자로 태어나 첫 방문단의 일원으로 방한한 피어스(52) 여사의 인사말이 가슴 뭉클하다.

> 부산에서 맞이할 금요일(10월 24일 UN Day) 아침은 제겐 역사적인 순간이 될 것입니다. 이 날은 제가 아버지에게 가장 가까이 다가가기 때문입니다. 아버지와 저는 한 번도 만나본 적도 없고 서로 알지도 못합니다.

## 호주 참전용사

호주는 연인원 1만 7천여 명의 병력을 파견하여 전사자 339명을 포함하여 총 1,555명의 사상자를 냈다. 호주 정부는 한국전 50주년을 기리기 위하여 다른 나라보다 일찍이 기념사업을 준비하고 있었다. 참전 50주년을 기하여 한국전 참전 기념비를 제막할 계획으로 모금활동에 나서는 한편, 우리 정부의 지원 의사를 타진해왔다. 보훈처에서는 건립비 일부를 지원하고 국방부에서는 가평석加平石, 즉 호주군이 참전했던 가평지역에서 돌을 구해 보내주었다. 유엔 참전국의 자국 내 기념사업을 위해 정부가 재정지원에 나선 것은 처음 있는 일이었다.

2000년 4월, 수도 캔버라에서 50주년 기념행사가 성대히 열렸다. 행사의 주제가 'Out of Cold'라고 쓴 플래카드와 배너가 눈에 확 들어왔다. 호주군 참전용사들에게는 추위가 더 무서웠던 모양이었다. 안작 퍼레이드 Anzac Parade에서 총리와 총독 그리고 우리 측 대표가 참석하여 한국전 참전 기념비 제막식이 열렸다. 안작 퍼레이드는 제1차 세계대전 때 이집트에 주둔하던 호주·뉴질랜드 연합군(Australian and New Zealand Amy Cops)이 1915년 4월 25일 터키 갈리폴리 상륙작전에서 희생된 장병들을 추모하기 위해 조성된 기념광장이다. 주둔군의 주소를 표시하는 전신 코드명에 유래한 것이 안작Anzac이며 국가 최고 기념일인 안작 데이Anzac Day다. 국회의사당과 일직선상에 전쟁기념관이 있고 광장 양측에는 한국전 참전 기념비를 비롯한 호주군 부대별 참전 기념비가 설치돼 있다. 국회의사당은 지붕이 잔디로 덮여 있어 시민들이 걸어서 올라갈 수 있는 구조로 돼 있다. 시민들이 언제나 쉽게 접근할 수 있도록 하기 위한 배려라고는 하지만 시민의 발밑에 의회가 존재한다는 것을 보여주기 위한 상징이라는 느낌이 들었다. 이런 나라에서 군림하려는 국회의원을 상상이나 할 수 있을까.

호주 참전용사들은 서로 만날 때마다 '하이 마이트!'라 외친다. 안작전투에서 비롯된 동료애 '마이트십Mate-ship'을 최고의 국민정신으로 여기고 있는 호주는 상징성을 잘 활용하고 있는 국가다. 시드니의 안작기념관(AnzacMemorial)은 상징성을 잘 표현한 하나의 예술작품이다. 기념관 천정에 전사자 한 사람 한 사람을 상징하는 황금색 '별' 조각을 부조하여 호주의 영원한 하늘의 별이라는 상징을 부여하고 있다. 호주군 제3대대 (3 RAR)는 한국전에 참전하여 전사한 장병의

<호주, 한국전 참전 기념비>
(출처: 국가보훈처)

이름을 새겨 마이트십의 표상으로 기리고 있으며 전시관까지 갖추어 전쟁 중에 오고갔던 편지나 엽서까지도 꼼꼼하게 진열해 놓고 있다. 어떻게 가져왔는지 38선 표지석까지 여기에 있다.

제3대대 대대장으로 참전하여 북상하던 중 1950년 11월 전사한 찰스 그린 중령의 미망인 올윈 그린 여사가 쓴 애절한 사부곡, 「그대 이름은 아직도 찰리*The Name's Still Charlie*」라는 책은 호주는 물론이고 우리나라에도 잘 알려져 있다. 그린 중령은 전사 당시 30세였고 그린 여사는 26세였다. 부산 유엔묘지에 묻힌 남편을 만나러 입국하여 보훈처를 방문한 적이 있고, 2000년 4월 호주 한국전 참전 기념비 제막식에 참석한 우리 측 대표단을 찾아와 책을 전하고 한국 국민이

부군을 기억해줄 것을 부탁하기도 했다. 부군에 대한 애절한 사랑을 간직하면서 참 곱게 늙으신 분이라는 느낌을 받았다. 이쯤 되면 왜 유해를 고국으로 모셔서 자주 찾지 않을까 하는 의문이 있을 수 있지만 실은 영국과 영연방국가들은 미국과 달리 현지 안장을 원칙으로 하고 있기 때문이다. 그래서 영연방 국가들은 영연방전쟁묘지위원회(CWGC)를 설치하여 148개국에 산재된 전사자 묘지를 공동 관리하고 있다.

6·25전쟁 60주년을 맞아 6·25의 실상과 의미를 재조명하고 참전용사들의 희생과 공훈을 기리기 위한 기념사업이 활발히 추진되고 있다. (…) 정부에서는 국내외 참전용사 28만 명에 대한 대통령 명의의 감사 서한을 발송한데 이어 유엔 참전용사들의 희생에 대한 국가적 차원의 감사와 경의를 표하고 국제사회에 대한 기여를 다짐하는 참전 21개국 일간지 기고문을 게재하고 있다. 국회 정무위원회에서는 '참전국과 참전용사들에 대한 감사 결의안'이 가결돼 본회의 통과를 앞두고 있다.

참전용사들의 크나큰 희생으로 오늘의 대한민국이 있음에도 불구하고 60년 만에 처음으로 이런 결의안이 채택될 정도로 그분들에 대한 보은에 소홀했던 것이 사실이다.(문화일보, 2010.6.23. '6·25참전용사들에 대한 책무' 중에서)

많은 국가들이 유엔 가입국으로서의 책임을 다하기 위하여 3만 7천여 명의 전사자를 내는 큰 희생을 치렀다. 전사자의 유가족과 전상용사들의 고통은 지금도 계속되고 있다. 또한 그들의 참전용사들을 보살펴드리기 위하여 많은 비용을 부담하고 있다. 그런데도 불구하고 이분들에 대한 관심이 부족했다. 은혜를 갚는다고 하면 으레 부모님이나 선생님, 그리고 특별한 도움을 준 사람들을 떠올리게 되는 것은 어쩔 수 없는 인지상정이기는 하다. 그렇지만 다시 생각해보면 나라를 되찾아 우리의 생존권을 지켜준 순국선열이나 호국용사의 은덕이야말로 정말 잊어서는 안 되는 것이 아닐까. 더구나 전혀 알지도 못하는 나라, 한 번도 만난 적이 없는 우리 국민을 위하여 귀한 목숨을 바친 유엔 참전용사에게는 말할 것도 없다.

우리나라가 좀 더 신경을 써야 할 것은 특히 어려운 참전국이다. 원조를 받는 나라에서 원조를 주는 나라가 되었다면 어떤 나라부터 챙겨야 하는 것일까? 보훈 정책뿐만 아니라 공적 개발원조(ODA), 국제협력, 인력양성, 장학사업, 문화교류 등 각 분야에서 이들 국가들을 우선적으로 배려할 필요가 있다. 그러기 위해서는 정부뿐만 아니라 지방자치단체, 그리고 민간단체와 기업체의 긴밀한 협력이 필요하다. 특히, 유엔 참전용사 후손들과의 교류의 활성화를 통하여 계속적인 유대를 이어가는 것은 국가의 장래를 위해서도 의미 있는 일이다. 예컨대 유엔 청소년 평화 캠프를 비롯하여 국내외 참전용사 후손이 함께하는 체험 봉사 활동, 국내 유학 지원 또는 특별 교육과정 운영 등을 생각할 수 있다.

은혜를 갚는다는 것은 그 자체로 응당히 해야 할 일이지만 국가의 품격을 높이는 일이기도 하다. 돌이켜보면 6·25전쟁을 수습한 후 가장 먼저 했어야 했던 일은 유엔 참전국들을 찾아가 감사하고 위로를 드리는 일이었다. 그런 외교적 의

<UN 참전국 청소년 평화캠프>
(출처: 국가보훈처)

례조차도 아직 마무리되지 않았다. 우리의 자식들이 참전하여 피를 흘렸는데 모른 척 한다면, 때로는 무시하거나 비판까지 한다면 어떻겠는가? 2002년 한·일 월드컵 때 터키 국민이 느꼈을 섭섭함, 당혹감이 그런 것이 아니었을까. 많은 참전용사들과 접할 기회가 있었다. 자신이 참전했던 대한민국이 위기를 극복하고 경이적인 발전을 이룬 것에 대해 너무나 기뻐한다. 무엇을 바라는 것은 아니다. 다만, 자신들의 희생을 인정해주고 고마움으로 받아들여지고 있다면 그것으로 족한 것이다. "만약 당신들이, 죽은 우리와의 신의를 깬다면 우리는 잠들지 못할 것입니다."라는 '플랑드르 들판에서'라는 시의 한 구절처럼 자신의 정당성이 인정되기를 바랄 뿐이다.

<전쟁기념관 '유엔군 전사자 명비' 위에 쓰인 글> "전혀 알지도 못하는 나라, 한 번도 만난 적이 없는 국민을 지키라는 부름에 응했던 그 아들 · 딸들에게 경의를 표합니다."라 되어 있다. 이글은 워싱턴 D.C. 한국전 참전 기념공원에 쓰인 글이다.

<전쟁기념관에 설치된 '유엔군 전사자 명비'> 총 37,645명의 이름이 동판에 양각되어 있다. 미국 33,642, 영국 1,086, 터키 724, 캐나다 516, 호주 332, 프랑스 269, 콜롬비아 213, 기타 863명이다.

# 보훈과 국가 정체성

　최근의 국내외 정세는 1세기 전의 일본을 대신한 거대 중국의 등장과 러시아의 재부상으로 인한 동북아 질서의 재편이라는 큰 변화의 조짐을 보이고 있다. 이런 가운데 우리 사회는 북한 문제와 관련하여 내부 갈등이 한층 더 심화되고 있다. 근·현대사에 대한 바른 이해를 통하여 흔들림 없는 국가관이 무엇보다 중요한 시점이다. 보훈 정책은 함께 겪은 집단적 기억을 국가 정체성으로 하여 국민 통합으로 이끄는 상징적 기제이다. 우리나라 보훈은 근현대사의 흐름과 맥을 같이 한다. 독립, 호국, 민주로 이어진 민족운동사는 국가의 정체성을 구성하고 있다는 것이다. 그렇기 때문에 보훈 의식은 역사인식과 맞닿아 있다. 국가유공자를 역사의 주인공으로 인정하는 일은 국가와 역사에 대한 긍정과 긍지를 갖게 하는 일이며 국가정체성을 분명히 하는 일이다.

　8·15는 해방이 아니라 광복이다. 해방은 제2차 세계대전에서 연합국

이 승리함으로써 가져온 피지배 민족의 해방이라는 측면이 강조된 개념이다. 계급 해방을 내건 사회주의 국가에서는 흔히 해방이라 부른다. 우리에게는 어디까지나 국권을 되찾은 광복이다. 피로 점철된 투쟁의 역사, 혈사血史 그 자체이기에 해방이라는 말로 담아내기는 부족하다.

19세기 말 근대국가를 수립하지 못하고 식민지로 전락한 이후 반봉건과 반제국주의 투쟁이 동시에 전개되는 과정에서 일제의 탄압과 회유, 주변국들의 기회주의적 태도, 사상과 노선의 갈등 그리고 지도력의 부족 등으로 많은 어려움을 겪어야 했지만 끝내 광복을 맞이할 수 있도록 한 원동력은 민족정신이었다.

근대 한국민족주의를 견인한 민족정신의 핵심은 민족정기였다. 민족정기는 역사 속에서 갖게 된 민족의 원형적 기질 또는 정수로서 '국혼'이나 '얼'로서 표현되었다. 대의를 지향하는 정신으로서 국가가 강요하거나 주도한 것이 아니라 개인적 신념에서 비롯된 자발적인 것이었으며, 국난극복 정신을 바탕으로 하여 시대정신으로 표출되었다. 특히 일제강점기 독립운동에서 발휘된 민족정기는 민족주의의 모든 것을 규정할 정도로 압도적인 의미를 갖게 되었다. 힘을 바탕으로 자기 정신을 실현하려는 제국주의의 지배 아래서 오직 민족정기만이 그에 대응하는 유일한 수단이요 방책이었기 때문이다.

이같이 국권을 상실한 상황에서 민족의 활로를 열고 끝내 광복의 날을 맞이할 수 있었던 저력은 민족정기 말고 다른 무엇으로도 설명하기 어렵다. 식민지 해방은 제2차 세계대전의 산물이라 하지만 우리에게는 해방이 아니라 국권의 회복이며 광복이다. 모든 수단을 동원하여 끝까지 독립운동을 전개하였던 점에서 그렇고 그것을 통하여 연합국들이 한국의 독립의지와 역량을 인정하였던 점에서 그렇다. 또한 민족정기가 강조되었지만 다른 민족이나 국가를 압도하자는 것이 아니라 어디까지나 대응적인 것이었고, 인류 보편의 정의·인도·평화의 가치를 중시하였다. 안중근 의사의 동양평화론, 3·1독립선언서, 도산 안창호 선생의 '꽃밭론', 백범 김구 선생의 '문화국가' 등이 주창하는 협화공영協和共榮의 사상이 이를 증명한다. 따라서 민족정기는 강요된 사상이 아니라 자발적으로 표출되는 대의 정신으로서 구시대의 유물이 아니라 오늘날 세계화 시대에도 부합하는 가치 지향이다.

유려한 문장으로 되어 있는 한국의 독립선언서는 고귀한 사상과 주의 주장을 갖고 있으며 그 속에는 유교사상과 풍부한 기독교 사상이 함축되어 있다. 한국의 독립운동은 역사상 가장 위대한 혁명의 하나이며 기독교 국

<3·1독립운동기념탑과 독립선언문>
(서대문독립공원 소재)

가도 감히 행할 수 없는 훌륭한 쾌거이다. 독립선언서 안에 담긴 주장은 혁명사에 길이 남을 것이다.(작가 Sydney Greenbie)

민족정기는 바름을 지향하는 소중한 가치로 재인식돼야 한다. 민족정기는 근대 민족운동사에 대한 바른 이해의 자긍심의 근거가 될 수 있다. 민족의 생존 과정에서 악조건 속에서도 강한 생존 능력이 배태되었고 일제강점기를 거치면서 민족적 특질이 크게 강화되었고 그것이 바로 혼이나 얼로서 표현되었던 민족정기였기 때문이다.

민족정기는 일제강점기에는 독립정신으로, 공산주의 침략에는 호국 정신으로, 민주주의의 위기에는 민주 정신으로 나타났다. 국가가 위기를 맞이했을 때에는 당연히 강한 투쟁정신으로 나타나야 할 것이지만 오늘의 현실에서도 역할을 할 수 있어야 한다. 민족정기는 국가적 위기의 앞에서는 통합과 단결의 기제로 작용해야 하지만, 사회 내부의 정의와 투명성 그리고 도덕성을 높이는 가치 정향으로서의 역할을 할 수 있어야 한다. 그래야 사회의 질을 높일 수 있을 뿐만 아니라 국가의 품격과 이미지를 높이는 데도 일정한 역할을 할 수 있다.

오늘의 한국은 이중의 과제를 안고 있다. 그것은 세계화에 대응하여 선진국에 진입해야 하며, 남·북한 평화 체제를 구축하고 통합을 이루는 일이다. 우리에게는 세계화의 조류에 대응하여 선진화를 달성하고 통합된 민족국가를 완성해야 할 국가적 과제가 있다. 여기에는 정치·경제·사회에 걸친 총체적인 대응 전략이 필요하지만 무엇보다도 사회적 갈등을 극복하고 국민적 에너지를 결집할 수 있는 정신적 기제가 필요하다. 이를 위하여 가장 중요한 것은 근현대사를 인식하는 데 있어서 '지킴'과 '채움'의 가치가 함께 존중되어야 한다는 것이다. 대한민국의 정체성은 근대 초 좌절되었던 민족의 실존 열망을 실현하고 실체적 민족주의에 도달했다는 데 있다. 산업화와 민주화의 과제가 충돌하고 국가주의로 인한 폐해가 있었지만 그것을 극복할 수 있었기에 산업화도 민주화도 실존의 가치로 귀일할 수 있었다. 2012년 우리나라는 세계에서 일곱 번째로 20-50클럽에 들었다. 인구 5천만 명 이상의 국가로서 1인당 GDP 2만 달러를 넘어서는 나라가 되었다는 뜻이다.

민족 통합의 과제는 1945년 해방 정국으로의 회귀라는 관점에서 풀려고 해서는 곤란하다. 분단 이후 남북한체제가 걸어온 길을 통하여 어떤 체제가 역사 발전의 보편적 흐름에 맞는 체제인지, 민족에게 더 나은 삶을 보장할 수 있는 체제인지는 분명해졌다. 그렇기 때문에 대북 교류 협력은 북한이 개방을 지향함으로써 국민국가에 합류할 수 있도록 하는 데 목표가 두어져야 한다.

이 시대의 자주와 주체는 정치적 이데올로기가 아니라 경제적 자유, 즉 국제사회에서 경제적 영향력에 의존한다. 경제적으로 종속된 상황에서 자주는 정치적 선전에 불과하다는 것을 에너지와 식량을 비롯한 경제 전반이 중국의 영향력 하에 있는 오늘의 북한이 그것을 증명하고 있다. 북한의 위기가 체제의 내적 모순, 즉 주체사상에 의한 폐쇄성에 있다는 것에는 이견이 없다. 성원들의 모든 의식과 행동이 하나의 사상에 의하여 규정되는 사회에서는 성취 의욕과 진취성을 기대할 수 없기 때문이다. 북한에 비하여 객관적 조건에서 훨씬 뒤져 있었던 남한이 오늘날 세계 10위권에 접근하는 경제력을 갖게 된 것은 자기 정화 능력이 있는 개방체제를 빼놓고 무엇으로 설명할 수 있겠는가. 국권 침탈을 전후하여 조선 사람과 문화를 접했던 외국인들은 지적으로나 체력적으로나 우수한 민족인 조선이 왜 일본의 식민지로 전락했는지 궁금해 했다. 해답은 바로 그 물음 속에 있었다. 능력 있는 민족이었지만 체제의 폐쇄성으로 인하여 그것을 발휘할 수 없었기 때문이다. 그래도 강한 민족정신이 있었기 때문에 국권을 회복할 수 있었고, 개방체제를 선택했기 때문에 짧은 기간에 세계사의 흐름을 따라잡아 근대화를 성취하고 민족의 실존 열망을 실현할 수 있었다. 그것만으로도 국가를 긍정해야 할 충분한 근거가 있지 않겠는가. 전후 독일과 일본의 발전을 얘기하지만 이미 만들어진 기반 위에서 재건에 성공한 그들과 우리나라는 전혀 다르다. 딛고 일어설 것이 아무 것도 없는 피폐한 나라에서, 전쟁의 폐허 위에서 이런 나라를 만든 것은 숨어 있던 민족적 저력을 잘 이끌어 낼 수 있었기 때문이다.

역동적으로 전개된 민족운동에 대한 바른 인식이 없이는 피동성과 정체성을 강조하는 식민사관에서 벗어날 수 없으며 온전한 국민정신을 기대하기 어렵다. 독립투쟁의 과정에서 표출된 민족정기는 역사상 가장 빛나는 것이었으며 이전의 그것과 달리 근대적 의식과 결합된 것으로서 새로운 국가건설을 지향한 것이었다. 이 같은 민족운동을 잘못 이해하거나 부끄러운 역사로 인식하는 것은 국가 그 자체를 부정하는 것과 다를 바 없다. 북한이 근대사를 계급사관으로 재단하고 정치적 목적으로 왜곡하여 전파하는 상황에서 국가 정체성에 관한 확고한 믿음이 없이는 사상적 갈등과 혼란을 극복할 수 없으며 국민통합도 기대할 수 없다.

우리가 평화적 남북협력시대를 지향하는 상황에서 그 같은 대립적 논쟁이 무슨 도움이 되겠느냐는 반문이 있을 수 있다. 그러나 진짜 문제는 지금부터 일지 모른다. 그것은 외형적 대결구조에서 우리 안의 갈등과 대결로 비화될 수 있기 때문이다. 내부적인 갈등과 마찰이 없어야 남북한 평화 협력 체제를 정착시킬 수 있고 민족 통합에 다가설 수 있다.

'채움'의 가치가 존중되지 않고는 선진화도 민족 통합의 과제도 달성하기 어렵기 때문이다. 21세기 세계화 시대에 대응하여 선진화를 달성하기 위해서는 여하히 '채움'을 성취할 수 있느냐에 달려 있으며, 민족통합의 과제 역시 '채움'을 통하여 해결되어야 하며 지금까지 북한이 걸어온 것과 같은 잘못된 '지킴'에 기대해서는 그 어느 쪽에도 성공할 수 없다. 민족이나 국가의 본질은 실존 열망에 있다는 것은 되풀이 할 필요가 없다. 일제강점기의 독립운동도, 광복 후 새로운 국민국가의 건설도, 그간의 산업화와 민주화도 모두 실존 열망을 실현하기 위한 것이었으며 선진화와 민족 통합 역시 그 도정의 연장선에서 추구되어야 할 과제이다.

　　"국방부의 주장은 우선 대한민국의 정통성을 어디로 볼 것이냐 하는 문제인데요. 우리가 1948년 7월 달에 만들어졌던 제헌헌법을 보나 지금의 헌법을 보나 뭐라고 쓰어 있냐 하면 3·1운동으로 대한민국을 건립하여 세계에 선포된 위대한 독립정신을 계승하여 민주독립국가를 재건한다고 되어 있습니다. 우선 1948년을 건국이라 하지 않고 대통령으로 뽑혔던 이승만 대통령 역시 이것을 임정에, 임정 때 이미 건국되어 있고 정부는 없었으니까 임시정부를 만들었다가 1948년에 다시 '임시' 자를 떼고 정부수립이다. 정부수립 축하식이라고 했던 것이고……

　　또 그 뒤에 어떻게 돼 있냐 하면 지금 헌법에는 임정의 법통과 불의에 항거한 4·19민주이념을 계승한다. 이게 우리 대한민국의 정통성입니다. 민주주의를 제대로 실현했느냐, 그런데 한 쪽에서 주장하는 자유민주주라던가 이런 것은 민주주의의 개념을 오히려 축소시키는 것일 뿐만 아니라 오히려 반공을 내세워 민주주의를 탄압하고 억압했던 독재를 옹호하는 쪽으로 나가고 있어서 굉장히 염려스럽고……

　　또 국방부의 주장을 한 가지만 이렇게 소개하면 이런 식의 어처구니없는 주장도 있습니다. 1950년 6월 25일 북한이 대대적으로 남한을 공격했다. 근데 문제가 뭐냐 '남침'이라는 용어를 쓰지 않았다는 거죠. 그거는 그 자체에서 이미 포함돼 있는 건데 좀 억지 주장에 불과하고…….

　　알겠습니다. 제가 국방부의 의견을 대신 전해드릴 수 없지만 아무튼 '남침'이라는 용어를 쓰지 않았다는 거에 국방부도 좀 불만을 표시할 수 있겠지요.

역사 교과서 편향 논란과 관련하여 KBS 뉴스라인(2011.8.29) 뉴스토크에서 오간 내용이다. 국방부가 교과부에 역사교과서 일부 내용을 수정 요구한데 따라 제기된 논쟁이다. 앵커의 마지막 멘트가 의미심장하다는 생각이 들었다. '남침' 사실 자체는 구소련 비밀문서의 공개 등으로 이미 명백해졌다. 더욱이 근래에는 중국에서 국공내전에 투입되었던 만주 동포들이 1949년 7월부터 북한군에 편입돼 남침에 동원되었다는 것이 속속 밝혀지고 있다. 남침을 동의하고 지원하지 않았다면 있을 수 없는 일이다. 여기서 '남침'이라는 표현이 있고 없고는 대단히 중요하다. '공격'에는 '정당한 공격', '반공격'이 있을 수 있고, 의도적으로 '남침'이라는 용어를 회피하기 위한 표현이라는 오해를 불러올 수도 있다. 오해를 피하기 위해서라도 보다 명확한 표현을 사용할 필요가 있다고 본다.

> 많은 인사가 참석해 큰 성황을 이뤘다. 그런데 한 가지 유감인 것은 그렇게 안보의식을 강조하던 정치권이나 정부 인사는 찾아보기 어려웠다는 점이다. "처음부터 끝까지 읽었지만 한 자도 빠트리지 않고 다 읽었지만 백 장군님을 직접 만나보기 위해 나왔노라."고 할 정도로 참석자 대부분이 강연을 듣지 않아도 좋을 애독자였으며, 나라를 걱정하는 시민들이었다. (…) 6·25전쟁에 대한 정확한 이해는 대한민국의 정체성을 위해 대단히 중요하다. "지난날을 회고할 때면 눈물밖에는 달리 아무 것도 없다."는 장군의 말씀처럼 우리 국민들은 피가 필요할 때면 피를 흘렸고 눈물이 필요할 때면 눈물을 흘렸다. 그것이 오늘의 대한민국을 만든 원동력이며 자기 긍정이다.(중앙일보, 2011.3.25. '바른 역사관이 안보의식이다' 중에서)

2011년 3월, '내가 겪은 6·25전쟁과 대한민국'의 연재를 끝내면서 중앙일보 측이 마련한 백선엽 장군의 강연회 자리를 스케치한 글이다. 전국시대 제나라 사마양저의 『사마법』에 나온다는 '천하수안 망전필위天下雖安 忘戰必危', 즉 천하가 태평해도 전쟁을 잊으면 반드시 위기가 온다는 것은 지난 역사가 증명하고 있다. 국가안보는 군사력만이 아니다. 바른 역사관에 입각한 '내적 안보'가 더 중요하다. '내적 안보'는 일찍이 독일의 피히테가 말한 '내적 국경'과 다름없다. 외적 안보인 군사력이 아무리 잘 갖추어져 있어도 '내적 국경'이 무너지면 힘을 쓰기 어렵다. 월남의 패망은 '내적 국경'이 무너진 결과로 초래된 전형적인 예라 할 수 있다.

1948년 8월 15일의 성격이 '정부 수립'인가? '건국'인가?, 그리고 '자유민주주의'인가? '민주주의'인가 하는 논쟁은 여전히 진행형이다. 그러나 국가의 정체성을 규정하는 최고의 규범이 헌법이라 할 때 헌법의 규정과 정신에 비추어 판단하는 것이 합리적이지 않을까 한다.

일제강점기에는 남궁억 선생·문일평 선생 등이 독립정신 고취를 위한 방편으로 무궁화 꽃 장려운동에 앞장서기도 하였으며, 이양하 시인은 대인군자의 풍모로 예찬하기도 했다. (…) 1992년의 갤럽조사에서도 우리 국민들이 좋아하는 꽃은 장미 37.9%, 국화 14.7%, 무궁화 5.5%로 나타나

&lt;백단심白丹心 무궁화&gt;

나라꽃에 걸맞지 않는 선호도를 나타내고 있다. (…) 또 다른 국가의 상징인 태극기와 애국가도 마찬가지다. 애국의 표상으로 또 우리 국민의 마음속에 진정한 애국혼의 상징으로 자리매김을 하고 있느냐 하는 것을 생각해 보면 매우 회의적이다. (…) 이런 연유로 국가 행사가 많은 보훈처에서는 행사 때마다 애국가는 꼭 4절까지 부른다. (…) 무궁화·태극기·애국가가 우리들 마음속에 대한민국의 상징으로 진정한 자리를 잡을 때 국가도 민족도 바로 설 수 있을 것이다.(중앙일보, 1994.8.15. '국화·국가·국기에 애정을 갖자' 중에서)

태극기와 국화와 같은 국가 상징뿐만 아니라 국민의례 역시 국가정체성을 확인하는 방법이다. 일부 진보 단체에서 국민의례를 하지 않는다 하

여 문제가 된 적이 있다. 대개 진보주의는 '국가', '국민', '애국'과 같은 말 그 자체에 거부감을 가지고 있다. 개인을 구속하는 기제로 보기 때문이다. 참여정부 시절에 '국기에 대한 맹세'가 시대에 맞지 않다고 해서 고친 적이 있다. "나는 자랑스러운 태극기 앞에 조국과 민족의 무궁한 영광을 위하여 몸과 마음을 바쳐 충성을 다할 것을 굳게 다짐합니다."를 "나는 자랑스러운 태극기 앞에 자유롭고 정의로운 대한민국의 무궁한 영광을 위하여 충성을 다할 것을 굳게 다짐합니다."로 바꿨다. '몸과 마음을 바쳐'가 아니라 '자유롭고 정의로운 대한민국의 무궁한 영광을 위하여'에 방점이 있다.

국민의례를 한다는 것은 그가 속한 국가 공동체에 대한 자기 확인이며 고백이다. 기본적 의무이며 최소한의 예의이기도 한다. 르낭의 말을 빌리면 그것은 도덕적 양심이다. 쇼비니즘이나 국가사회주의와 같은 폐쇄적, 배타적 애국주의는 경계할 일이다. 그렇지만 '자유롭고 정의로운 나라'를 반대할 이유는 없지 않는가. 사실 국가의 상징은 하루아침에 만들어진 것이 아니다. 태극기, 애국가, 무궁화는 일제강점기와 6·25전쟁에서 함께 흘린 피와 땀이 녹아 있

&lt;안중근 의사의 단지혈서 엽서&gt;
(출처: 독립기념관)

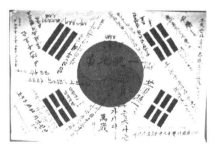

&lt;학도병 서명 태극기&gt;(출처: 독립기념관)

는 민족적 정서의 결정체로서 이미 이 땅에 살아온 사람들의 마음속에 녹아 있는 것이다. 의병들이 사용했던 불원복기不遠復旗, 3·1만세운동 때 거족적으로 들었던 태극기, 임시정부 태극기, 6·25전쟁 때 학도병 서명 태극기에는 민족혼이 서려 있다. 엄혹했던 시대에 숨어서 불러야 했던 애국가, 우리 강산을 상징하는 노래와 문장紋章으로 사용된 무궁화도 다르지 않다.

# 보훈과 민족 통합

보훈 정책은 남과 북이 대치하고 있는 상황에서 만들어진 분단과 냉전 시대의 산물이다. 통일은 서로 다른 이념과 체제를 하나로 통합하는 것이다. 또 다시 국가 정체성을 둘러싼 반목과 갈등을 피하기 어려울 것이다. 앞에서 본 것처럼 보훈은 국가 정체성과 관련이 되어 있다. 통일된 국가에서 무엇을 기념하고 누구에게 보훈할 것인가? 깊은 고민과 준비가 필요한 상황이다.

아무에게도 악의(惡意)를 품지 말고 모든 사람을 사랑으로 대합시다. 하나님께서 우리에게 주신 정의를 굳게 지키면서 우리가 이미 시작한 사업을 끝내도록 힘써 봅시다. 국가의 상처를 싸매고 전쟁터에서 쓰러진 자와 그의 미망인과 고아를 돌보기 위하여, 또 우리 내부와 모든 나라와 나라 사이에서 공정하고 항구적인 평화를 이룩하고 간직하기 위하여 힘씁시다.(김동길, 「링컨의 일생」 중에서)

남북전쟁이 끝날 무렵, 1865년 3월 4일 링컨 대통령이 의회에서 한 재취임 연설(Second Inaugural Address)의 일부다. 링컨의 호소처럼 상처를 싸매고 미국은 하나가 되었는가? 결론은 그렇지 못했다는 것이다. 링컨은 남북전쟁을 수행함에 있어서 남군을 국가가 아닌 반역자 집단으로 규정했지만 전쟁이 끝난 후 남부연맹의 죄과를 묻는데 매우 관대했다. 남·북군을 포함하여 총 300만 명 이상이 참전하여 100만 명 이상의 희생자를 낸 전쟁에서 제퍼슨 데이비스Jefferson Davis를 포함한 다섯 명의 정치지도자만이 수감되었다가 곧 석방되었고, 총사령관 로버트 리Robert E. Lee 장군의 시민권이 박탈되었으며 고위직으로서 남군에 가담했던 사람의 공직 취임이 거부되는 정도였다. 이런 관용적 조치는 연설문에 나오는 것처럼 '국가의 상처를 싸매고' 빠른 국민통합을 달성하기 위한 것이었다.

그러나 링컨 대통령은 한 달 후 피살되었고 남군 출신 참전자에 연방의 보훈은 간단한 문제가 아니었다. 남군 출신 제대군인들의 집단적인 청원과 요구가 있었음에

<게티스버그 전투>(출처: 위키피디아)

도 불구하고 연방 차원의 보훈 제도에서 배제되었다. 연방(Union)에 반대하여 남부연맹(Confederacy)에 가담한 자를 수혜대상으로 할 경우 분리주의를 용인하는 결과를 초래할 수 있다는 점 때문이었다. 남북전쟁이 끝난 후 93년이 지난 1958년에 와서야 비로소 남군 출신 참전자들을 받아들이고 보훈 혜택을 주었다. 그때까지 생존한 참전자 본인은 몇몇에 불과했고 소수의 미망인과 자녀만이 혜택을 받을 수 있는 상황에 내려진 상징적인 조치였다.

남군 참전자에 대한 연방 보훈과 달리 국립묘지 안장과 추모는 남군 전사자 유족의 반대로 갈등을 겪었다. 워싱턴 D. C. 국회의사당과 일직선상에 위치하고 있는 알링턴 국립묘지Arlington National Cemetery는 남북전쟁 전 로버트 리Robert E. Lee 장군의 저택이었다. 리 장군의 저택은 지금도 알링턴 하우스Arlington House라는 이름으로 보존되고 있다. 리 장군은 링컨의 요청에도 불구하고 남군에 가담했고 그의 땅에는 북군 출신 전사자들이 안장됐다. 전쟁이 끝난 후 많은 햇수가 지나 남군 출신 전사자 수백명이 안장되었지만 남군 전사자 유족들은 이곳을 '북군의 묘지'로 여겼다. 현충일에 꽃을 장식하는 것을 반대하거나 심지어 묘지에 들어가는 것조차 거부했다. 그러다가 스페인-미국전쟁 동안 남부 출신 제대군인

<알링턴 국립묘지 남군 기념물> 주위에 원형으로 482기가 안장되어 있다.(출처: 알링턴 국립묘지)

들이 자원하여 공동의 국가 방위에 나서는 경험을 함으로써 거부감이 점차 완화되기 시작했다. 이에 따라 워싱턴 주변 지역에 안장돼 있던 묘지들이 알링턴 국립묘지로 이장되었다.

남군 기념물 건립은 1906년 3월, '남부동맹의 딸들'이라는 단체의 청원에 의하여 시작됐다. 1912년 12월, 총공화군(GAR · 북군참전군인회) 총사령관 윌리엄 J. 브라이언에 의하여 시작되어 1914년 6월, 남부연맹 대통령 제퍼슨 데이비스의 106회 생일에 맞추어 제막되었다. 제막식은 남군과 북군의 화해를 선언하는 상징적 이벤트였다. 우드로 윌슨 대통령이 번호를 전달했고 남, 북군 제대군인들이 서로 그들의 적이었던 무덤위에 화환을 놓았다. 서로가 서로를 용서하고 하나가 된 것이다. 그러나 현충

일(Memorial Day)을 보면 아직도 그렇지 않다는 것을 알 수 있다. 지금도 남부 지역에서는 남부동맹 현충일(Confederate Memorial Day)을 따로 제정하여 공식 또는 비공식적으로 추념하고 있다. 테네시, 텍사스, 미시시피, 플로리다. 조지아. 노스 캐롤라이나, 사우스 캐롤라이나, 알라바마, 루이지애나 등 9개 주에서는 공식 행사로, 또 다른 5개 주에서는 비공식 행사로 하고 있다. 텍사스 주에서는 현충일의 공식적 명칭이 '남부연맹 영웅들의 날(Confederate Heroes Day)'로 되어 있을 정도다. 이 같은 미국의 현실은 전쟁을 치르고도 동일한 정체성, 같은 감정을 갖는다는 것은 매우 어려운 일이라는 것을 잘 보여주고 있다.

이와 같이 미국 남북전쟁 후 보훈 제도를 보면 통합 정신의 강조에도 불구하고 현실적으로는 오랜 기간 분열의 기재로 작용했다. 남군 참전군인에 대한 추모 활동을 둘러싼 갈등도 있었다. 전쟁이 끝나고도 근 150년이 다 되었지만 아직도 남군 출신 참전군인의 명예를 찾기 위한 노력이 이어지고 있다. 일례로 1981년 6월, 미시시피 주 보부아르에 있는 '남부동맹 박물관'에 남군 무명용사묘(Tomb of the Unknown Confederate Soldier)를 설치하고 1979년에 발굴된 이름을 알 수 없는 남군의 유해를 안치했다. 1983년 5월에 '남부동맹 참전군인 아들들'이라는 단체는 이 무명용사에게 남부동맹 명예메달(Confederate Medal of Honor)을 수여했다. 이 메달은 최고의 훈장으로 의회에서 수여하는 명예메달(Congressional Medal of Honor)과 같은 것이다. 이 명예훈장은 최고의 무공훈장으로서 남북전쟁 이후 현재까지 3,500여 명에게 수여되어 100여 명이 생존해 있다. 미국에서 훈장에는 연금이 따르지 않는 것이 원칙이지만 이들에게는 매월 연금이 지급되고 자동차 번호판을 따로 부착해 줄 정도로 특별히 예우한다. 그런데 남군 무명용사에게 그 같은 훈장을 준다는 것은 상징적 의미가 클 수밖에 없다. 비록 연방의회나 정부가 공식적으로 제정하여 수여한 것은 아니지만……. 지금도 '남부동맹 참전군인의 아들들', '남부동맹의 딸들', '남부동맹의 자녀들'과 같은 단체들은 남군의 명예를 선양하기 위한 활동에 나서고 있다.

미국의 이 같은 현실은 전쟁의 후유증은 시간이 흐른다고 자연히 치유되는 것은 아니라는 것을 보여주고 있다. '누구를 기억하고 추모할 것인가?' 하는 것은 국가의 정체성과 직접적으로 관련이 있기 때문이다. 존 F. 케네디 대통령은 1961년 11월 11일 알링턴 국립묘지에서 행한 연설에서 이렇게 말한다.

> 이 묘지는 97년 전 처음 설립되었습니다. 이 언덕에는 일찍이 있었던 전쟁, 즉 우리나라 안 여기에서 벌어진 노예전쟁에서 죽은 사람들이 묻혀 있습니다. 97년 전 오늘, 회색 옷을 입은 사람들은 앤티텀에서 퇴각하는 중이었습니다. 그 비극적 하루의 새벽과 황혼 사이에 천여 명이 죽은 그곳에서 말입니다. 푸른 옷을 입은 사람들은 프레더릭버그를 향하여 이동하는 중이었습니다. 천여 명의 영웅적이고 때로는 불행한 죽음으로 바위벽 옆에 눕게 될 곳으로 말입니다. 이것은 우리나라 역사에서 중대한 순간이었습니다. 그러나 슬프고 또 자랑스러운 기억들, 이 조용한 경관, 이 묘지 그리고 세계 곳곳의 이 같은 것들은 우리의 의무와 우리의 기회에 대한 긍지를 생각나게 합니다.

앤티텀 전투는 1862년 9월, 메릴랜드주 샤프스버그 근처 앤티텀에서 벌어진 남북전쟁 최초의 전투를 말한다. 고작 하루 동안 전투에서 3천 6백여 명의 전사자를 포함하여 양측에서 총 2만 3천여 명의 희생자를 낸 이 전투에서 북군은 북부를 점령하려는 남군의 공세를 저지함으로써 링컨 대통령이 노예 해방을 선언할 기회를 얻을 수 있었다. 그리고 다음해 7

월, 게티스버그 전투를 전환점으로 북군의 승리로 돌아갔다. 연설문에서 회색 옷을 입은 사람들은 남군을, 푸른 옷을 입은 사람들은 북군을 의미한다. 그러나 이 시대에도 존경과 추모에 대해서는 구체적으로 언급하지 않는다. 민감한 부분은 추상적인 말로 넘어가고 있다는 느낌이다.

<Friend to Friend Memorial> 북군의 헨리 빙햄 대위와 남군의 루이스아미스테드 장군 사이의 만남을 표현한 조형물이다. 빙햄은 부상을 당한 아미스테드 장군을 북군 야전병원으로 후송했지만 이틀 후 사망했다. 게티스버그 국립묘지 별관에 위치해 있다.

(출처: Gettysburg National Military Park 제공)

비록 정부는 어떠한 편견도 없다고 하지만, 남부 베트남 출신 참전군인과 화해하거나 과거의 갈등과 충돌로 선을 긋고 정리하려는 시도를 하지 않고 있다. 북쪽은 명예롭고 애국적인 열사로, 남쪽은 괴뢰로 불리고 있다. 북쪽의 전사자 유가족에게는 매월 연금이 지급되고 있지만 남쪽의 전사자에게는 아무런 혜택이 없다. 북부 출신 전사자 묘지는 국가적 추모의 장소로 되어 있지만 남부 출신 전사자 묘지는 파괴된 채로 버려져 있다.(*Time*, 1998.7.25)

베트남의 역사는 우리의 역사와 닮았다. 당나라가 고구려를 멸하고 안동도호부를 세운 시기에 베트남에 안남도호부가 세워졌다. 조선이 1875

년 운양호 사건으로 개항을 강요당했던 것과 마찬가지로 베트남은 통상을 요구하는 프랑스와 대립하다가 전쟁을 겪은 끝에 1885년부터 1945년까지 '프랑스령 인도차이나'에 편입되어 프랑스의 지배를 받았다. 1941년 일본군이 남부 베트남에 진주하여 프랑스 세력을 축출하는 과정에서 꼭두각시 정부 '베트남제국'이 세워졌지만 일본의 패전으로 막을 내렸다. 일본은 1895년 청일전쟁 후 타이완을 할양 받은 이래 1910년 대한제국을 강점하였고, 1932년 만주국을, 1945년 베트남제국을 세워 식민지 전쟁을 벌였다. 1945년 8월 일본의 패망으로 베트남민주공화국이 수립되었지만 다시 프랑스가 복귀하여 남부지역을 지배하게 되자 1946년 11월, 제1차 인도차이나전쟁이 발발했다. 1954년 7월, 종전과 함께 제네바 협정에 의하여 북위 17도선으로 남·북베트남으로 분단됐다. 그러나 1964년 8월, 북베트남에 의하여 미구축함이 피격되는 통킹만 사건을 계기로 제2차 인도차이나전쟁, 즉 베트남전쟁이 발발한 끝에 1975년 4월, 사이공의 함락과 함께 베트남사회주의공화국이 성립되어 오늘에 이르고 있다.

남·북베트남은 1955년부터 1975년까지 20년간의 분단을 경험했다. 1995년 베트남 정부의 발표에 의하면 1964년 전쟁 발발로부터 1975년 종전 때까지 남·북베트남을 포함하여 총 110만 명이 전사하고 60만 명이 부상한 것으로 나타나고 있다. 그러나 해외 자료에 의하면 부상자는 이보다 몇 배가 많은 200만 명 내지 260만 명으로 추산되고 있다.

베트남민주공화국 헌법은 "상이군인, 열사가정은 국가의 우대정책을 향유한다. 상이군인에게 건강에 부합되는 직업을 주어 생활을 안정시킨다. 국가에 공이 있는 자와 가정에는 포상을 하고 돌본다. 무의탁 노인, 상이자, 고아는 국가와 사회로부터 지원을 받는다."라는 규정을 두고 있다. 베트남 정부는 노동보훈사회부(Ministry of Labour-Invalids and Social

Affairs)에 전담조직을 두어 국가유공자 우대정책, 감사운동, 재활 및 보장구, 애국열사 묘지 및 사적지 보존 등 기념사업을 시행하고 있다. 7월 27일을 우리의 현충일과 같은 '상이 · 열사의 날'로 지정하여 기념하고 있으며, 국가유공자에 대한 감사운동(Den on Dap Nghia)을 전개하고 있다. 국가유공자에게는 매달 보조금을 지급하고 일자리, 주택, 교육훈련, 건강관리 등 각종 경제 · 사회 · 문화적 우대 조치를 해주고 있다. 그러나 이것은 어디까지나 북베트남 출신 국가유공자들에 국한된 얘기다.

타임이 소개한 대로 남베트남 출신 참전자들은 보훈에서 배제돼 있다. 한 자료에 의하면 1979년 미국−베트남 출국프로그램에 의하여 군부 지도자 등 수만 명이 미국을 비롯한 서방국가로 떠날 수 있었지만 그렇지 못한 대다수의 참전군인들은 낙인이 찍혀 학살당하거나 재교육 조치를 받았다. 중국 국경에 접한 산악지대를 비롯하여 100여 곳에 수용소를 설치하고 수용소 마다 2천 명 내지 4천 명에게 재교육을 실시했다. 또한 미개척지에 신경제구를 설치하고 강제 노역에 투입했으며 그 인원이 100만 명에 달했다고 한다.

비록 남 · 북베트남이 통일되었지만 북쪽의 사회주의 체제를 남쪽에 확대 적용하는 일방적인 것이었다. 1980년에 신헌법이 제정되었지만 1930년대 이래 베트남 공산당의 반외세 투쟁의 역사를 끌어들임으로써 북베트남의 역사적 정통성이 더 강화됐다. 남베트남 출신에 대한 포용이나 사회통합은 더욱 어려워졌다는 얘기다. 이에 따라 과거 북베트남에서 시행되었던 적용 대상, 우대 조치, 추모 활동, 국립묘지 등 보훈 제도의 기본틀은 그대로 유지되고 있다. 북베트남 출신만이 참전군인만 국가유공자가 될 수 있다는 말이다.

남·북한이 통일되었을 때를 상상해보자. 양쪽 모두가 국가유공자로, 모든 역사적 사건이 국가기념일로, 양쪽의 국립묘지가 모두 통일국가의 국립묘지로 인정될 수 있을까? 자칫하면 보훈은 국민 통합의 기제가 아니라 국민의 편을 가르는 분열의 도구가 될 수 있다. 물론 독일 방식의 통일이 가능하지 않는가 하는 반론이 있을 수 있다. 그러나 독일의 통일은 미국이나 베트남과는 크게 다르다. 독일은 1945년 제2차 세계대전 종전처리로서 연합국에 의하여 동서독으로 분단되었다가 1990년 통합되었다. 1990년 8월 31일 통일조약과 함께 1991년부터 구서독 보훈 제도를 신 연방지역, 즉 구동독에 확대 적용했다. 이와 함께 구동독에서 정치적 이유나 민주화 운동으로 구금되었거나 희생된 사람들을 복권하고 보상하도록 했다. 또한 구동독지역의 문화 유적을 원형 보존하는 조치를 취했다. 아울러 구동독군의 대령급 이상의 전 장교와 55세 이상의 현역군인 및 모든 계급의 정치군인은 강제 예편되었고 나머지 5만 명은 연방군에 편입하되 6개월의 유예기간을 두고 그 기간 재임용 되지 않으면 전역하게 하는 방법으로 정리됐다.

이같이 동·서독의 보훈 제도 통합이 큰 무리 없이 진행될 수 있었던 것은 제2차 세계대전 패전에 따른 국제정치적 요인에 의한 분단이었으며 분단 후에도 전쟁을 겪지 않았으며 합의에 통일로 적대의식이 크지 않았기 때문이다. 이보다 더 큰 요인은 보훈 제도의 성격에서 찾을 수 있다. 독일의 보훈 제도가 국가유공자에 대한 예우가 아니라 전쟁 희생자에 대한 부조와 사회보상의 성격을 가지고 있기 때문이다. 굳이 국가유공자 여부를 가릴 필요가 없이 피해가 존재한다는 객관적 요건만으로 지원이 가능한 법적 성격을 가지고 있었다는 점이다.

흔히 보훈 정책은 국민 통합의 중요한 기제라고 말한다. 전쟁의 상처를 치유하고 애국심을 고양함으로써 국민을 하나로 묶을 수 있고 정체성의 근거를 제공하기 때문이다. 그러나 보훈 정책은 통합의 기제가 될 수도, 분열의 기제가 될 수도 있다. 미국처럼 한 국가 내에서 전쟁을 경험하였거나 베트남처럼 분단되었다가 재통합을 이룬 국가에서는 그것이 또 하나 분열과 갈등의 불씨가 될 수 있다는 것이다. 6·25전쟁, 그리고 오랜 기간 분단과 전쟁을 경험하였고 반목과 갈등이 극도로 심화되어 있는 우리의 경우에는 평화적 통일이 이루어진다고 해도 통합은 매우 어려운 과제가 아닐 수 없다. 현재의 통일 정책은 통일에 대한 국민적 공감대 형성과 재원 대책에 초점이 맞추어져 있고 선례 연구 역시 독일 통일 사례를 중심으로 다루고 있다. 그러나 독일 통일과 한반도 통일은 역사적 환경과 여건이 크게 다르고 더욱 난해하다는 것을 염두에 둘 필요가 있다.

첫째, 동·서독은 비록 분단이 되었지만 내재적 요인이 없이 국제 역학적 요인에 의한 것이었으며 분단 후에도 서로 무력 충돌이 없었기 때문에 통합에 인적 장애가 없었지만 남북한의 분단은 서로 전쟁을 경험하였고 오랜 기간 적대관계를 유지해온 결과로 인적 장애가 매우 크다는 점, 둘째 통독에 있어서 동독이 차지하는 비중이 크지 않았고 서독은 이를 수용할 능력이 구비되어 있었다는 점, 다시 말하면 통일 당시 서독은 인구가 3.8배, 면적이 3.3배, 병력이 2.9배로 모든 면에서 월등했다. 그렇기 때문에 독일의 통일은 정치적으로는 국가 대 국가의 통합이었지만 일부 지역 편입의 성격 강했다. 그 반면에 1인당 국민소득은 2.1 대 1로 상대적으로 유리한 환경에 있었다. 이에 비하여 남, 북한은 경제력에는 큰 격차가 있지만 국토 면적, 인구, 병력 규모면에서는 독일의 경우처럼 지역적 문제로 다루는 것은 불가능에 가깝다. 구 동독군은 총 17만 명으로 상대적으로 적었고, 봉급과 실업수당을 주면서 단계적으로 전역시킴으로써 병력을 무리 없이 정리할 수 있었지만 남한보다 2배나 많은 병력을 가진 거대

규모의 북한군은 통일을 되돌릴 수 있는 매우 어려운 문제라는 것을 전제로 치밀한 대책과 준비가 필요하다. 또 하나 간과할 수 없는 것은 독일과 달리 과거 청산, 역사 청산의 심각한 갈등요인이 내재되어 있다는 점이다. 남북한 정부 수립의 역사가 다르고 전쟁 책임 문제를 내포하고 있는 남북한의 통일에 있어서는 역사의 정리와 과거 청산에 있어서 독일과 같은 유연함을 견지하기 어렵다. 자칫 통일국가의 성패에 영향을 줄 정도로 첨예한 갈등과 반목을 배제하기 어렵다. 따라서 통독 사례 외에 전쟁을 경험한 베트남이나 예멘 등의 사례를 연구하여 한반도 상황에 맞는 대책을 준비하고 실천하기 위한 프로그램이 마련되어야 할 것이다.

국가 통일과 국민 통합의 과제를 안고 있는 나라에서 보훈 정책은 통합을 촉진하는 기제가 될 수 있고 또한 국민의 분열과 갈등을 조장하는 불씨가 될 수 있다는 점에서 정책적 대비의 중요성은 누차 강조해도 지나침이 없다.

<전쟁기념관 '형제의 상'>
6·25전쟁 당시 원주 치악산고개 전투에서 남북의 형제가 극적으로 만나는 장면이다. 형은 국군 제8사단 16연대 박규철 소위로, 동생은 인민군 제8사단 83연대 박용철 하전사로 참전했다.

# 애국심 있는 정치

역사를 잊은 민족에게는 미래가 없다는 말이 있다. 과거는 오늘의 거울 이라는 말도 있다. 정관정요에 나오는 '세 개의 거울'은 이런 것을 명확하 게 보여준다. 첫째의 거울은 동경銅鏡이다. 자신의 용모를 늘 단정하게 한 다는 뜻이다. 둘째는 타인이라는 거울이다. 남이 하는 행동거지를 보고 자신을 바르게 한다는 뜻이다. 마지막은 과거라는 역사의 거울이다. 지나 온 발자취를 보고 오늘의 교훈과 경계로 삼는다는 뜻이다.

우리나라 역사 속의 보훈 제도의 흐름에 대해서만 다시 한 번 정리해보 자. 삼국시대 신라의 보훈은 전공을 세운 자들에 대한 포상 제도로서 상 사서賞賜署에 의하여 시행되었고 통일국가의 발전에 이바지했다. 이런 것 은 "나라를 위해 충절을 다한 공이 있는 자들에게 상賞과 작爵을 더하여 그 훈로를 표창하고자 한다."라고 새긴 진흥왕 순수비를 통하여 확인할 수 있다. 퇴역군인에 대한 지원 제도의 성격이 강했던 고려의 보훈 제도 는 고공사考功司에 의하여 시행되었고 수차 거란의 침입을 격퇴하고 국가 를 수호하는데 기여했다. 이에 비하여 조선의 보훈은 공신에 대한 광범위한 우대 제도로서 충훈부忠勳府에 의하여 시행되었고 내부 통치 질서를 관리하는 성격이 강했다. 사실 보훈 제도가 공신을 위한 특권적 제도로 변질된 것은 고려 말부터라 할 수 있다. 공양왕 때 기록을 보자.

근세에는 간신들이 정치를 문란케 하여 장수가 될 수 없는 자들이 중방에 많이 들어가 있고 많은 싸움에서 애써 싸운 사람들이 첨설(添設) 직에 있으며 상벌에 규정이 없고 군사들이 해이되어 싸우는 곳마다 공을 세우지 못합니다. 원컨대, 지금부터는 강한 적을 쳐부순 공로와 장수를 죽이고 기를 빼앗은 용맹한 자, 많은 싸움에서 공로를 세운 사람들에게 큰 공이면 상·대호군, 그보다 적은 공이면 호군과 중낭장 그리고 별장과 산원에 이르기까지 직을 바르게 주어 적을 격파한 공로를 장려하면 사람들이 다 자기 상부를 따르며 그 상관을 위하여 목숨을 바칠 것입니다. 그리고 나라의 반란을 평정할 때에 참가한 사람들에게 벼슬과 상을 주어서 후대 사람들을 고무하여야 할 것입니다.(고려사 권81 병지1)

상비군을 중심으로 했던 고려의 군사 제도는 조선에 들어와서 병농일치의 민병제로 변화되면서 군사력의 약화를 가져왔다. 율곡 이이에 의하여 십만양병설이 제기되었다지만 그것을 뒷받침할 경제력이 부족했다. 왜란을 겪은 후에도 병력 규모가 6만 명에 불과했을 정도였다. 이익의 성호사설에 의하면 당시 서울의 가구는 수만 호에 불과하여 고려 개경의 13만 호에 비하여 훨씬 적었다. 그렇기 때문에 십만 양병은 애초부터 무리였다는 것이다. 적어도 월 4만 섬의 양곡과 1천 필의 소와 말이 있어야 하는데 그것을 먹이고 관리하는 인력과 비용을 포함하면 당시의 국력으로는 감당하기 어려웠다는 것이다. 더구나 약 2할의 양반은 관직과 농지를 독점하면서도 군역은 면제됐다. 노블레스 오블리주와 정반대로 가는 이런 상황에서 강력한 군대를 만들기란 애초부터 어려운 일이었다. 조선은 왜란이라는 절체절명의 위기를 맞아 면천법免賤法, 속오군束伍軍, 작미법作

米法이라는 새로운 제도를 실시했다. 이 제도는 천민에게는 특전을 주고 양반에게는 전에 없었던 의무를 부과하는 개혁적 조치였지만 왜란이 끝나기도 무섭게 도마에 올랐다. 이와 같이 조선은 전쟁에 대비하는 것도 전쟁을 수행하는 것도 한심했다. 서애 유성룡의 징비록에는 임진왜란 때 여지없이 무너지는 조선군의 모습이 잘 나타나 있다.

> 겁먹고 크게 무너지니 그 소리가 산이 무너지는 것과 같았다. 군수품과 기계들로 길이 막혀 사람들이 지날 수 없었는데 적군이 이것을 가져다가 불살라버렸다. 옛사람이 "군사작전을 봄놀이하듯이 하니 어떻게 패하지 않을 수 있겠는가."라 했는데 당시 순찰사들의 지휘가 꼭 그 짝이었다.(이재호 역,「징비록」중에서)

당시 왜군은 충주 탄금대에서 신립을 격파하고 파죽지세로 북상하여 채 20일도 안 되어 한양을 점령했다. 전라·충청·경상 등 3도 순찰사들이 5만 명의 병력을 모아 경기도 용인 북두문산에서 1,600명 정도의 왜군과 대치했지만 적군 몇 명의 기세에 놀라 싸워보지도 못하고 무너졌다. 그도 그럴 것이 당시 3도 순찰사들은 모두 문관 출신이었다. 그에 앞서 왜군의 북상을 저지하기 위해 경상도 순변사로 임명된 이일은 3일이 자나도록 군사를 모으지 못하고 하

&lt;유성룡의 징비록&gt; 징비懲毖는 '뉘우치고 삼가다'라는 말(시경 소비편)

는 수 없이 혼자서 먼저 상주로 내려갔다. 왜군이 어디에 있는지도 모른 채 아군 집결지를 찾아가는 상황이었다. 상주에 도달하니 목사는 도망가

고 없었고 남아 있던 판관을 닦달하여 모은 병력이 고작 수백 명에 불과했다. 이런 상황에서 제대로 전투가 될 리 없었다.

서애 유성룡은 나라를 구한 요인으로 세 가지를 들었다. 첫째 하늘의 도우심이요, 둘째 백성들의 나라를 사랑하는 마음이 그치지 않았던 것이며, 셋째 명나라 구원병이 여러 차례 왔던 것 등이다. 그는 일본군이 평양에서 빨리 공격했으면 조선은 없었을 것이라고 했다. "사신을 연달아 요동에 보내 구원을 요청하고 자진하여 명나라에 합병되겠다고 빌기까지 하는 상황이었다. 그런데 무슨 일인지 일본군이 평양을 함락한 후에도 몇 달째 웅크리고 앉아 있었다. 그래서 조선에게는 재정비할 수 있는 기회가 주어졌고 때마침 명나라 구원병이 왔다. 실로 하늘의 도움심이요 사람의 힘으로 이룰 수 있는 것이 아니었다."라고 썼다. 왜란이 끝난 후 조정의 조처도 이상했다. 전쟁을 직접 수행한 공로로 준 선무공신이 18명에 불과했던 것에 비해 왕의 피난길을 수행한 호성공신은 86명에 달했다. 그나마 호성공신의 상당수가 의관, 역관, 내시 등 임금의 수발을 든 사람들이었다. 이런 정도의 안이함과 현실 인식으로 어떻게 국난을 극복할수 있었겠는가. 하기야 명나라에 귀부하자고 신하들을 채근했던 임금이었으니……. 왜란 후 전사자에 대한 지원책(제1부 '병역과 보훈 3' 참조)에도 불구하고 실은 잘 시행되지 않았던 것으로 보인다. 의병의 힘으로 나라를 구하고도 그들에게 주어진 것은 공명空名과 허상虛賞뿐이었다. 심지어 군대에 집어넣는 등으로 무거운 의무를 부과하여 불만을 샀다.

권양촌(권근 · 저자 주)이 신라의 법에 대하여 말하기를 전사자를 후히 장례지내고 작과 상을 그 일족에게까지 내리니 그 영화를 위하여 죽음을 불사하고 다투어 공을 세웠다. 지금 들으니 왜노(倭奴)의 풍속이 그러하다고 한다. 상을 줄 도리가 없어 이름을 열거하여 조정에 상청하는데 지나지 아니하고 소위 논공행상은 가설직(加設職)이며, 금군(禁軍)은 면천해 주는 것과 연한을 정하여 면역해줄 따름이다. (…) 옛 사람이 말하기를 "상을 중하게 주면 반드시 죽기로 싸우는 장졸이 있다."고 했는데, 지금은 아무런 혜택이 없는 공명(空名)으로는 어렵지 않겠는가. (…) 나라가 안정된 뒤 보답한다고 하여 군대의 대오로 편성하거나 방해진(防海陣)에 보내거나 서울로 올라와 번을 서게 하여 원망과 고통이 극에 달했다. 곡식을 바치고 벼슬을 얻은 사람 역시 그것을 면치 못했다.

이수광의 지봉유설 군도부君道部 상공賞功 편에 나오는 얘기다. 전란으로 인심을 잃을 대로 잃은 조정이 그것을 극복하는 데 앞장선 사람들에게 보답하기는커녕 괴롭히기까지 한다면 어떻게 정당성을 가질 수 있을까. 당시 유성룡은 "상은 옛날 사람들의 시일을 넘기지 않던 그 뜻을 따라야 한다."고 하여 일정한 규정에 의하여 제때에 시행해야 했다는 것을 선조에게 주청했다는 기록이 이긍익의 연려실기술 별책(제12권)에 나온다.

그러나 조선은 지봉유설에서 보는 것처럼 보훈의 실패를 경험한다. 이에 그치지 않았다. 그런 위기를 겪고도 철저하게 대비하지 못한 탓에 얼마 가지 않아 청淸 태종 앞에 엎드려 죄를 비는 치욕을 겪었다. 당시 조선에게는 '과거'라는 거울이 작동하지 않았던 것이다. 여전히 기득권을 유지하기 위한 세력 다툼에 골몰했다. 정치라는 것이 정파의 이해만 있을 뿐 애국심은 없었다. 잠시 영·정조시대의 중흥을 위한 노력이 없었던 것은 아니지만 '애국심 없는 정치'는 계속됐다. 끝없이 이어진 이기논쟁과 파쟁 속에서 임금은 설 자리가 없었다. 이완용을 총수로 하는 노론은 그들의 기득권 유지를 위하여 제 나라와 임금 대신에 일본을 선택했다. 일본이 줄 작위와 은사금을 고대하면서…….

이런 나라에서 어떻게 다시 역사가 이어졌을까? 암흑의 역사를 밝혀준

빛, 다시 나라를 되찾게 한 빛, 선인들은 그것을 민족정기라 했다. 몸은 삭아도 이름은 삭지 않는다는 마음가짐으로 성패를 불문하고 오직 의를 위해 싸울 뿐이라는 '성패불수론成敗不須論'은 선열들의 기상과 정신세계를 함축적으로 보여주는 말이다. 의병에서 독립군으로, 3·1만세운동과 임시정부 등으로 치열하게 전개된 독립운동은 대의 정신에 기초한 민족정기의 거족적 발로였다.

그러나 광복된 조국에서 그분들은 어떤 보답을 받았는가. 그리고 자유민주주의를 수호하기 위해 희생한 6·25전상용사를 비롯한 국가유공자들은 어떤 보답을 받았는가. 존경받아야 할 분들을 귀찮은 존재로 여기고, 희생의 가치를 망각하며, 마땅히 보람과 긍지로 살아야 할 분들이 자조와 실의에 빠져 있게 한 어두운 세월이 있었다. 우리의 보훈은 오랫동안 음지에 있었고 또 실패하고 있었다. 그로 인하여 국민 정신에 미친 부정적 영향이 적지 않았다.

우리는 수많은 위기를 극복하고 민족자존을 이어온 민족임을 자랑스럽게 여기고 있다. 그러나 이를 뒤집어보면 국난극복의 교훈을 민족의 정신적 에너지로 승화시키지 못하고 위기를 되풀이한 안타까움도 없지 않다. 국가 공동체를 위한 헌신과 희생을 최고의 가치로 존중하고 그에 합당한 예우를 바치는 풍토가 요구된다. 그런데도 보훈 문화는 여전히 음지에 머물고 있다. 보훈을 그늘진 곳이나 못사는 계층을 보살피는 '원호사업'으로 인식하는 한 우리는 그 어둠에서 벗어날 수 없다. 얼마 전 전상용사 한 분으로부터 매우 감명 깊은 이야기를 들었다, 그는 제시 브라운 미국 보훈부장관과 함께 사진을 찍을 기회가 있었다고 한다. 그런데 휠체어를 탄 자신과 높이를 맞추기 위해 무릎을 꿇는 장관의 태도를 보고 큰 감동을 받았다는 얘기다. 이 같은 전상용사에 대한 참된 존경과 예우는 미국이 어떻게 세계 중심국가로 우뚝 서게 됐는지를 단적으로 보여주는 좋은 예가 아닌가 한다. 경제력만이 국력의 전부는 아니다. 선진국일수록 나라를 이끌고 가는 정신적 가치를 중시하고 있다. 나아가 이를 국민의 마음속에 형상화해 가는 노력을 조금도 게을리 하지 않고 있다. 애국지사나 호국용사들이 제자리에 바로서지 않고서는 국민의 가치관도, 사회정의도 바로 설 수 없음은 자명하다. 이분들을 더이상 응달에 남겨둬서는 안 된다. 이제 그 거룩한 응달에 따사로운 햇살을 비춰야 한다. 나라를 위한 헌신이 명예로운 것이 될 때 민족의 장래도 보장되는 법이다. 보훈은 단순한 생활지원이 아니라 미래를 위한 정신을 창출하는 일이다. 그러기에 보훈은 국민의 책무다.(동아일보, 1997.6.2. '보훈의 달……「의로운 넋」에 밝은 빛을' 중에서)

이제 국력의 신장과 함께 국가유공자에 대한 보상과 예우는 많이 나아졌다. 국민들의 관심과 보훈 의식에도 변화가 나타나고 있다. 어느 정부를 가릴 것은 아니지만 보훈사업에 대한 예산지원은 과거에 비해 훨씬 나아졌다. 나라가 발전할수록 전통문화에 대한 관심이 높아진다고 한다. 보훈에 대한 관심도 그런 흐름과 별로 다르지 않은 것 같다. 우리의 국력이 신장되고 세계 속에서 차지하는 위상이 달라지니 국가에 대한 자긍심이 높아지고 이른바 '애국 마케팅'이 통하게 된 사회적 분위기와 무관하지 않다.

이제는 보훈에 대한 관심의 정도가 정부는 물론이고 정치집단의 정당성과 신뢰에 큰 영향을 미치게 되었다. 북한 문제를 둘러싼 갈등과 대립이 보훈 정책에 대한 정치 세력 간의 경쟁적 구도를 형성하고 있는 정치현실 또한 보훈에 영향을 미치고 있다. 그로 인하여 보훈의 지나친 정치화와 그로 인한 보훈의 왜곡이라는 비판과 우려가 있는 것도 사실이다. 그러나 전체적 흐름에서 보면 반세기가 흐른 뒤에, 뒤늦게나마 보훈에 대한 인식이 바뀌게 된 것은 다행스런 일이다. 선진국이라는 것, 성숙한 사회라는 것은 다름 아닌 기본에 충실한 국가를 말한다. 보훈은 국가 공동체의 가장 기본적이고 도덕적인 책무다.

보훈의 성공을 위해서는 무엇보다 먼저 보훈 정책에 대한 인식의 전환이 있어야 한다. 보훈 정책을 어려운 계층을 도와주는 일, 물질적 지원으로 이해하는 것은 잘못이다. 보훈 정책의 본질은 후손들에게 국가적 기억을 전해주는 일로서 '기억의 정치'를 통해 헌신과 봉사의 강한 국민정신을 갖게 하는 데 있다. 다시 말하면 '가치 공유'를 통하여 국가 공동체의 존립 기반을 튼튼하게 하고 선공후사의 가치관을 확산하는 무형의 사회 간접 자본이라는 것이다.

> 국가보훈의 본령은 국가를 위해 헌신한 분들이 빠짐없이, 그리고 합당한 보상과 예우가 신속하게 이뤄지도록 해서 다른 국민에 앞서 최고의 예우를 받고 복지를 누리게 함으로써 나라를 위한 헌신이 명예롭고 존경받는다는 것을 보여주는 데 있다. 선진국에서 노블레스 오블리주의 전통이 확고히 뿌리내리고 있는 이유가 어디에 있겠는가. 그것은 국가가 존재하는 한 국가유공자를 최우선 예우하는 국민정신이 내재화해 있기 때문이며 동시에 그것으로 보장하기 위해 보훈보상이 민간보상보다 나아야 한다는 원칙을 제도화하고 있기 때문이다.(문화일보, 2010. 4.7. '국가유공자 예우 기준 재조정해야' 중에서)

보훈 정책은 우리 사회에 부족한 노블레스 오블리주 정신을 뿌리내리게 하고 나라 사랑 정신을 함양하는 데 많은 노력을 기울려야 한다. 보훈 정책의 궁극적인 목표는 나라 위한 헌신이 존경받고 명예로운 사회적 기풍을 진작함으로써 사회를 건강하게 하고 나라를 튼튼하게 하며 국가의 품격과 이미지를 높이는 데 있기 때문이다. 국가 정체성에 대한 인식을 확고히 하는 역할도 보훈 정책의 중요한 역할이다. 국가유공자에 보훈을 한다는 것은 그들이 한 일을 인정하고 그 정신을 이어가는 일이다. 보훈 정책을 구성하고 있는 독립과 호국 그리고 민주주의를 위한 희생과 공헌은 우리의 근현대사의 밑거름이 되었으며 애국심의 근거이기 때문이다. 또한 보훈 정책은 통일 과정에서는 물론이고 통일 후의 국민 통합에 기여할 수 있어야 한다. 누구를 기억하고 추모할 것이며, 또 누구를 보훈할 것인가? 보훈에는 아주 미묘한 문제가 내포되어 있다. 철저하게 준비하지 않으면 안 되는 이유이다. 아울러 보훈 정책은 공간적 영역에 대한 검토를 필요로 한다. 해외 거주 독립유공자 가족 및 참전용사 그리고 유엔 한국전 참전용사를 포함한 해외 보훈사업은 물론이고 중앙아시아를 비롯한 한인 디아스포라 역시 관심을 가져야 할 영역이다. 이와 함께 보훈 정책의 관점을 여성으로 넓히는 것도 중요한 일이다. 지금까지의 보훈 정책은 여성에 대한 배려가 부족했다. 소극적 의미의 양성 평등을 넘어 여성의 삶에 대한 적극적 사고가 있어야 한다는 말이다. 이 같은 보훈 정책의 발전을 도모하기 위해서는 그 책임을 감당할 수 있는 조직, 예산, 법제 등의 제도적 인프라를 재구축하고 정책 추진 역량을 높이는 한편, 제도 운용의 원칙과 일관성을 유지할 수 있어야 한다. 일관성을 잃으면 희생과 공헌에 대한 평가가 흔들리고 그렇게 되면 신뢰의 위기가 올 수밖에 없기 때문이다.

# 참고문헌

### 여섯 가지 공

漢 大司農 鄭玄 注, 皇明後學 金蟠 訂,『周禮』.

### 부국강병의 길

이춘식,『춘추전국시대의 법치사상과 세・술』, 아카넷, 2002.

### 아홉 가지 특권 1

『고려사』.

班固(後漢) 編, 凌稚隆 輯校,『漢書』.

『삼국사기』.

http://omega33.egloos.com

『조선왕조실록』.

진수, 김원중 옮김,『정사 삼국지 위서1』, 민음사, 2007.

허원중, 심규호 옮김,『제왕치국의 어록』, 일빛, 2009.

### 여산대수의 서사

『고려사』.

사타케 야스히코, 권인용 옮김,『유방』, 이산, 2007.

『조선왕조실록』.

### 보훈 포고령

장야신, 박한나 옮김,『조조』, 휘닉스드림, 2011.

진수, 김원중 옮김,『정사 삼국지 위서 1』, 민음사, 2007.

**최초의 전사자 추모연설**

김헌, 『위대한 연설』, 인물과사상사, 2008.

투키디데스, 박광순 옮김, 『펠로폰네소스전쟁사 상』, 범우사, 1993.

폴 카트리지, 이은숙 옮김, 『스파르타 이야기』, 어크로스, 2011.

플라톤, 이정호 옮김, 『메넥세노스』, 이제이북스, 2008.

**병역과 보훈 1**

기쿠치 요시오, 김숙이 옮김, 『용병 2000년의 역사』, 사과나무, 2011.

김종성, 『한국보훈 정책론』, 일진사, 2005.

배은숙, 『강대국의 비밀』, 글항아리, 2008.

시오노 나나미, 김석희 옮김, 『로마인 이야기』, 한길사, 1995.

아담 스미스, 최임환 역, 『국부론(하)』, 을유문화사, 1992.

저스틴 폴라드, 한동수 옮김, 『알프레드대왕』, 해와 비, 2008.

**병역과 보훈 2**

김종성, 『한국보훈 정책론』, 일진사, 2005.

김호동, 『몽골제국과 세계사의 탄생』, 돌베개, 2010.

상해고적출판사, 박소정 옮김, 『문답으로 엮은 교양 중국사』, 이산, 2005.

우한 엮음, 김숙향 옮김, 『제왕』, 살림, 2010.

허원중, 심규호 옮김, 『제왕치국의 어록』, 일빛, 2009.

**병역과 보훈 3**

『고려사』.

김종성, 『한국보훈 정책론』, 일진사, 2005.

『삼국사기』.

『조선왕조실록』.

### 민족과 보훈이 만나다

박호성 편역, 『루소 사상의 이해』, 인간사랑, 2009.
에르네스트 르낭, 신행선 옮김, 『민족이란 무엇인가』, 책세상, 2002.
오사와 마사치, 김영작·이이범 외 옮김, 『내셔널리즘의 명저 50』, 일조각,
    2010.
j. j. 루소, 정성환 옮김, 『사회계약론』, 홍신문화사, 2011.
최문환, 『민족주의의 전개과정』, 삼영사, 1977.

### 은전에서 권리로 나아가다

김종성, 『한국보훈 정책론』, 일진사, 2005.

### 이름 없는 용사에 경의를 표하다

베네딕트 앤더슨, 『상상의 공동체』, 나남출판, 2002.
위키피디아 영문판.
채미하, 『신라 국가제사와 왕권』, 혜안, 2008.
투키디데스, 박광순 옮김, 『펠로폰네소스전쟁사 상』, 범우사, 1993.
피에르 노라 외, 김인중·유희수 외 옮김, 『기억의 장소』, 나남, 2010.

### 양귀비꽃과 꺼지지 않는 불꽃

김종성, 『한국보훈 정책론』, 일진사, 2005.
미국·캐나다 보훈부, 영국 재향군인회 홈페이지.
위키피디아 영문판.

### 갈등의 정치

GTAR 홈페이지.
U.S. Department of Veterans Affairs, 『VA History in Brief』.

## 기억의 정치

전진성, 『역사가 기억을 말하다』, 휴머니스트, 2005.

_____, 『기억과 전쟁』, 휴머니스트, 2009.

제프리 K. 올릭 엮음, 최호근·민유기·윤영휘 옮김, 『국가의 기억』, 민주화운동기념사업회, 2006.

피에르 노라 외, 김인중 유희수 외 옮김, 『기억의 장소』, 나남출판, 2010.

## 보훈의 수사학

김헌, 『위대한 연설』, 인물과사상사, 2008.

피에르 노라 외, 김인중 유희수 외 옮김, 『기억의 장소』, 나남출판, 2010.

## 노블레스 오블리주 1

남경태, 『역사』, 들녘, 2008.

예종석, 『노블레스 오블리주』, 살림, 2006.

## 노블레스 오블리주 2

국가보훈처, 『독립유공자 공훈록』, 1986~2012.

김승일 엮음, 『여성 독립유공자, 고구려』, 1998.

김종성, 『길이 드리울 그 이름』, 샘터사, 1998.

_____, 『민족정기와 시대정신』, 고구려, 2007.

박성수, 『삼균주의 사상과 동방의 등불, 한국』, 삼균학회, 2008.

박용옥, 「안중근의사 어머니 조마리아의 항일구국적 생애」, 제13회 한국여성 독립운동사 학술연구발표회, 2007.

예종석, 『노블레스 오블리주』, 살림, 2006.

이덕일, 『근대를 말하다』, 역사의아침, 2012.
「조선일보」, 2002.7.15, 18면.
「조선일보」, 2012.8.15, 2면 표문.

### 원호의 시작

김종성, 『한국보훈 정책론』, 일진사, 2005.
이임하, 『여성, 전쟁을 넘어 일어서다』, 서해문집, 2004.

### 첫 보은, 원호처 창설

김종성, 『한국보훈 정책론』, 일진사, 2005.
백선엽, 『나를 쏴라』, 중앙북스, 2010.
U.S. Department of Veterans Affairs, 『VA History in Brief』.

### 새마을운동과 '자립원호'

국가보훈처, 『보훈 50년사』, 2011.
김종성, 『한국보훈 정책론』, 일진사, 2005.

### 현충일 제자리 찾기

『고려사』.
『서경』.
『조선왕조실록』.

### 대형 민원과 마주하다 1

U.S. Department of Veterans Affairs, 『VA History in Brief』.

## 여성주의 관점의 보훈

이임하, 『여성, 전쟁을 넘어 일어서다』, 서해문집, 2004.

## 보훈과 국가 정체성

김종성, 『민족정기와 시대정신』, 고구려, 2007.

_____, 「올곧은 민족정기로 영원한 광복을」, 『독립기념관』(2011년 8월호), 2011.

## 보훈과 민족 통합

베트남 노동보훈사회부(MOLISA) 홈페이지.

김종성, 「남북한 보훈 제도 통합에 관한 연구」, 경희대학교대학원 박사학위 논문, 1999.

_____, 『한국보훈 정책론』, 일진사, 2005.

알링턴국립묘지, 게티스버그 국립군사공원, 미국 국립공원 관리청 홈페이지.

위키피디아 영문판.

주 베트남 한국대사관, 『베트남 통일 이후 국민 통합 과정 및 부작용과 우리 의 통일 추진에 주는 교훈』, 2005.

## 나가는 말: 애국심 있는 정치

기세춘, 『실학사상』, 바이북스, 2012.

서애 유성룡, 이재호 옮김, 『징비록』, 역사의 아침, 2007.

원작 유성룡, 글 이동환, 『징비록』, 현암사, 2007.

이철 지음, 『조선의 백과사전을 읽는다』, 알마, 2011.

정해렴 역주, 『지봉유설 정선』, 현대실학사, 2000.

## 저자약력

‖ 김종성

영남대학교 법학과
서울대학교 행정대학원
경희대학교 대학원 행정학 박사
제20회 행정고등고시
동양대학교 초빙교수
한국보훈학회 회장 역임
한국보훈학회 명예회장

韓國史研究叢書 88

# 보훈의 역사와 문화

| 초판 1쇄 발행일 | | 2012년 10월 30일 |
| 개정증보판 1쇄 인쇄일 | | 2013년 3월 28일 |
| 개정증보판 1쇄 발행일 | | 2013년 3월 29일 |

| 지은이 | | 김종성 |
| 펴낸이 | | 정구형 |
| 출판이사 | | 김성달 |
| 편집이사 | | 박지연 |
| 책임편집 | | 이원숙 |
| 편집/디자인 | | 이하나 정유진 이호진 전용완 신수빈 윤지영 |
| 마케팅 | | 정찬용 |
| 영업관리 | | 한미애 권준기 천수정 심소영 김소연 |
| 인쇄처 | | 월드문화사 |
| 펴낸곳 | | **국학자료원** |

등록일 2006 11 02 제2007-12호
서울시 강동구 성내동 447-11 현영빌딩 2층
Tel 442-4623 Fax 442-4625
www.kookhak.co.kr
kookhak2001@hanmail.net

| ISBN | | 978-89-279-0197-6*94900 |
| 가격 | | 23,000원 |